浙江省哲学社会科学重点研究基地（越文化研究中心）
课题成果（编号13JDYW02YB）

越文化研究丛书

吴从祥　著

六朝会稽
贺氏家族研究

中国社会科学出版社

图书在版编目(CIP)数据

六朝会稽贺氏家族研究/吴从祥著. —北京:中国社会科学出版社,
2015.8
　ISBN 978-7-5161-6865-3

　Ⅰ.①六… Ⅱ.①吴… Ⅲ.①家族—文化研究—绍兴市—六朝时代
Ⅳ.①K820.9

　中国版本图书馆 CIP 数据核字(2015)第 208185 号

出 版 人　赵剑英
选题策划　郭晓鸿
责任编辑　武兴芳
责任校对　王佳玉
责任印制　戴　宽

出　　　版　中国社会科学出版社
社　　　址　北京鼓楼西大街甲 158 号
邮　　　编　100720
网　　　址　http://www.csspw.cn
发 行 部　010-84083685
门 市 部　010-84029450
经　　　销　新华书店及其他书店

印　　　刷　北京君升印刷有限公司
装　　　订　廊坊市广阳区广增装订厂
版　　　次　2015 年 8 月第 1 版
印　　　次　2015 年 8 月第 1 次印刷

开　　　本　710×1000　1/16
印　　　张　19.25
插　　　页　2
字　　　数　308 千字
定　　　价　69.00 元

目　录

绪　论

六朝时期，会稽本土出现了一系列的世家大族，这些世族多以儒学闻名于世，其中最典型的当属山阴贺氏。会稽山阴贺氏历来被视为六朝时期会稽著名世家，并获得了较好的声誉。王伊同《五朝门第》云："会稽贺氏，儒学望族，实并具之。"① 李慈铭云："山阴贺氏，自晋司空循，至孙道力，曾孙损，玄孙玚，玚子革、季，及从子梁太府卿琛，六世以三礼名家，为南土儒宗。"② 贺循、贺玚、贺琛皆为一代著名礼学大师，深得当时与后世称赞。虞预《晋书》称贺循为"一时儒宗"③，何法盛《晋中兴书》称其为"江表儒宗"④，《晋书》本传称其"当世儒宗"，陈戍国称其为晋代最有权威的礼学家⑤。六朝三百七十年的礼学成就，以晋代中期最著，贺循又是此期佼佼者；贺循礼学卓然成一世之首；于魏晋名家中，最为精审。⑥《梁书·儒林列传序》："为时儒者，严植之、贺玚等首膺兹选。"贺琛与其伯父贺玚、堂兄贺革素有"梁朝三贺"之美誉。贺循丧礼学、贺玚《礼记》学以及贺琛谥法学等，不仅为一代学术经典，而且对后世影响深远，为后出礼学著作大量引用。

---

① 王伊同：《五朝门第》，中华书局 2006 年版，第 2 页。
② （清）李慈铭：《越缦堂读书记》，中华书局 1963 年版，第 264 页。
③ 《三国志·贺邵传》注引。（西晋）陈寿撰，（南朝宋）裴松之注：《三国志》，中华书局 1959 年版，第 1459 页。
④ 《太平御览》卷二四三引。（宋）李昉等：《太平御览》，中华书局 1960 年版，第 1152 页。
⑤ 参见陈戍国《中国礼制史》（魏晋南北朝卷），湖南教育出版社 2002 年版，第 167 页。
⑥ 柯金虎：《贺循及其礼学》，《玄奘人文学报》2004 年第 3 期。

（一）本课题国内外研究现状述评

对于山阴贺氏，学者们作了一些研究，这些研究主要集中在以下几个方面：（1）贺氏著作辑佚。会稽山阴贺氏，如贺循、贺场、贺琛等都著述甚丰，可惜这些著作均早已亡佚。学者们对贺氏著作进行了广泛的辑佚。严可均《全晋文》收录贺循文章四十一篇。马国翰《玉函山房辑佚书》辑有贺循《贺氏丧服谱》一卷、《葬礼》一卷、《贺氏丧服要记》一卷、贺场《礼记新义疏》一卷。王仁俊《玉函山房辑佚书续编》辑有贺循《贺氏丧服谱》一卷、《宗议》一卷、《答庾亮问宗议》一卷。王谟《汉魏遗书钞》辑有贺琛《谥法》一卷，鲁迅《会稽郡故书杂集》辑有贺循《会稽记》等。另外，台湾学者柯金虎的博士论文《魏晋南北朝礼学书考佚》对贺循、贺场、贺琛等的著述作了考辨。① （2）贺氏家族研究。对于六朝贺氏谱系，学者们作了认真梳理。清人周嘉猷的《南北史世系表》一书中有《会稽山阴贺氏世系》，王伊同的《五朝门第》一书载有《会稽山阴贺氏世系婚姻表》，刘淑芬的《六朝会稽士族》一文载有《山阴贺氏表》，傅振照的《绍兴思想史》一书载有《六朝贺氏家世梗概》，渠晓云的《六朝文学与越地文化》一书附有《六朝会稽山阴贺氏世系表》。对于贺氏家族，学者们也作了一些研究。刘淑芬的《六朝会稽士族》一文认为："山阴贺氏自东汉以来，即为经学名家，但一直到南朝末年为止，贺氏的门第始终不高，仅能算是下级士人而已。……贺氏一族则除了贺循、贺琛外，皆未至显位，可显示其非高门。"② 王永平的《"江表儒宗"：会稽贺氏之家风与家学》一文对贺氏"奉公贞正"的从政风操以及贺氏礼学传统作了论述。③ 渠晓云的《六朝文学与越地文化》一书从文学的角度对贺氏的文学成就作了简要分析。④ （3）贺氏经学研究。柯金虎的《贺循及其礼学》一文，依据其内容对贺循礼学思想作了较详细的论述，并简要地概述了贺循礼学的特征。⑤ 邹远志在一系列论文中对晋代礼学多个议题

---

① 柯金虎：《魏晋南北朝礼学书考佚》，博士学位论文，政治大学，1984 年。
② 刘淑芬：《六朝会稽士族》，载其著《六朝的城市与社会》，台湾学生书局 1992 年版，第 268、269 页。
③ 王永平：《"江表儒宗"：会稽贺氏之家风与家学》，《许昌师专学报》2002 年第 6 期。
④ 渠晓云：《六朝文学与越地文化》，人民出版社 2010 年版，第 371—384 页。
⑤ 柯金虎：《贺循及其礼学》，《玄奘人文学报》2004 年第 3 期。

作了论述，这些论文多言及贺循的礼学思想。《略论两晋兄弟相承应否为后议题》论及贺循兄弟不相继为后的观点，① 《论两晋天子宗庙迁毁议题》论及贺循的宗庙观，② 《论两晋礼家关于立宗资格的分歧》一文论及贺循的宗法思想。③ 邹远志的博士论文《经典与社会的互动：两晋礼学议题研究》对晋代众多礼学议题作了论述，其中在论述宗法、宗庙、丧服等议题时，多涉及贺循思想观点。④ 张焕君的博士论文《魏晋南北朝丧服制度研究》亦多论及贺循丧服思想。⑤ 何希淳的《〈礼记正义〉引佚书考》一书对《礼记正义》所引贺玚《礼记新义疏》42 条进行了简单考辨。⑥ 傅振照的《绍兴思想史》一书对贺氏礼学思想作了简要概说。⑦ 简博贤的《今存南北朝经学遗籍考》一书对贺玚《礼记新义疏》作了评说："贺氏疏注，颇能抉别疑似，择善为说；此其有功经注也，"贺氏疏注以宗郑为主，实"郑氏功臣也"。⑧ 焦桂美的《南北朝经学史》一书认为"通观贺氏（玚）《礼记新义疏》，其治经特色主要有二：宗郑为主，重立新说"，⑨ 并对此展开了论述："贺玚《礼记新义疏》以郑学为宗，郑注之外，亦未见援引他家之说"；"贺氏多申说郑注，而郑氏礼学尤精，故贺氏之说后来居上，创见较多"，并认为贺玚是"守郑注较严的一派"。⑩ 唐长孺《读〈抱朴子〉推论南北学风的异同》一文认为贺氏"贺循之后在南朝世代以专门《礼》学著称"，"贺玚亦撰《易》《老》《庄》三玄的讲疏，而保存在《礼记正义》中的贺玚之说，有一些颇带着玄学气味，但其为庆氏《礼》之传袭却是主要的一面"⑪。

①　《略论两晋兄弟相承应否为后议题》，《求索》2008 年第 11 期。

②　《论两晋天子宗庙迁毁议题》，《北方论丛》2009 年第 6 期。

③　《论两晋礼家关于立宗资格的分歧》，《齐鲁师范学院学报》2011 年第 4 期。

④　邹远志：《经典与社会的互动：两晋礼学议题研究》，博士学位论文，湖南大学，2010 年。该论文现已出版，《两晋礼学议题研究》，中国地质大学出版社 2013 年版。

⑤　张焕君：《魏晋南北朝丧服制度研究》，博士学位论文，清华大学，2008 年。

⑥　何希淳：《〈礼记正义〉引佚书考》，台北：嘉新水泥公司文化基金会 1966 年版。

⑦　傅振照：《绍兴思想史》，中华书局 2004 年版，第 134—139 页。

⑧　简博贤：《今存南北朝经学遗籍考》，台北：黎明文化事业股份有限公司 1975 年版，第 36 页。

⑨　焦桂美：《南北朝经学史》，上海古籍出版社 2009 年版，第 249 页。

⑩　同上书，第 249、250、251 页。

⑪　唐长孺：《读〈抱朴子〉推论南北学风的异同》，载其著《魏晋南北朝史论丛》，河北教育出版社 2000 年版，第 360、360—361 页。

　　虽然学者们对会稽贺氏作了一些研究，取得了一些成就，但也存在一些不足之处。其一，辑佚不完备。虽然马国翰、王仁俊、王谟等学者对贺循、贺玚、贺琛等人的著作进行了辑佚，但这些辑佚不完备，且有误辑。其二，研究不全面。专门研究贺氏家族的论文仅王永平的《"江表儒宗"：会稽贺氏之家风与家学》一篇。简博贤、焦桂美等学者的经学专著对贺玚《礼记新义疏》作了论述。一些研究魏晋南北朝丧礼的学位论文多论及贺循丧服思想，但仅作为材料加以引用，往往零散而不成系统。至于贺琛等人的礼学思想以及贺氏礼制建设贡献等，学者们较少言及。其三，方法较单一。学者们多以史学研究方法为主，较少兼采其他学科的研究方法，这在一定程度上影响到研究的深度与结论的可信性。

　　（二）选题的价值与意义

　　本课题研究具有多方面的学术意义与价值：（1）促进六朝世族研究。会稽贺氏虽非六朝时期一流高门，却很好地体现了江南文化世家的本色，是江南文化世家的典范，对其作深入细致的研究，有助于将六朝世家研究引向深入。（2）促进六朝礼学研究。会稽贺氏是六朝时期著名的礼学世家，礼学大师辈出，礼学著述众多，并对六朝礼制建设作出了很大的贡献。对贺氏家族作深入细致的研究，显然有助于加深人们对六朝礼学的认知与理解。（3）促进浙江文化研究。六朝时期，会稽本土文化世族有山阴孔氏、余姚虞氏、山阴贺氏等。贺氏家族的政治地位、学术传统、家族风尚等都典型地体现了浙地文化特色。对贺氏家族作深入细致的研究，将有助于浙江文化研究更深层化、细致化。此外，本课题研究对于六朝士人心态、士族政治、社会风尚等研究亦有一定的借鉴与参考价值。

　　（三）研究思路及研究方法

　　本课题以六朝时期会稽山阴贺氏家族文化为主要研究对象，将从家族宏观考察与个案微观研究两个方面来展开本课题研究。

　　（1）家族宏观考察。首先，在前人研究的基础之上，编制更为完备的《贺氏谱系表》和《贺氏年表》，从而对贺氏兴衰等有着清晰的认知。其次，对贺氏家族成员的官职变迁、社会交游等作详细考察，从而对贺氏家族的政治地位、社会地位等有着清晰的认知。再次，在《隋书·经籍志》

以及后人补编的六朝《艺文志》的基础上，详细考证贺氏著述，并对这些著述进行分类统计，从而对贺氏礼学世家的特征有更清晰的认知。最后，在上述研究基础之上，将贺氏与本土虞氏、孔氏、沈氏以及吴郡陆氏、顾氏等进行比较，从宏观上对贺氏家族的政治地位、社会地位、学术传统等有一较为清晰的认知，从而对贺氏家族特征有更深刻的认知，并揭示这些特征形成的深层原因。

（2）贺循、贺玚和贺琛个案研究。首先，在前人辑佚的基础上对贺循、贺玚和贺琛的著作进行补辑或重辑，从而获得更为完整、可信的著述文本。其次，细致考察贺循、贺玚和贺琛等人的性格特征、处世方式、入仕心态等对个人升迁及家族发展的影响。再次，在精读贺循、贺玚和贺琛的著作的基础之上，归纳出他们的治学重点、经学思想、解经特色、缺陷不足等。最后，礼学具有很强的实践性。借助《晋书》《梁书》《通典》等文献记载以及贺循、贺玚和贺琛等人今存的礼学著作，详细考察他们的礼制建设贡献。

本课题以贺氏家族文化为主要研究对象，以贺循、贺玚、贺琛等人个案为研究重点，对六朝时期会稽贺氏的学术思想、学术特征、学术传统等作较为全面的研究，以此透视六朝会稽世家发展情形，揭示当时学术世家艰难的发展道路，从而将六朝地域世家和浙江文化研究推向纵深。为了很好地实现上述研究目标，本课题研究兼采多种研究方法，择善而从，择需而取。（1）大量采用量化统计法，以可信的统计数据来证明观点。对于贺氏仕职升迁、文章著述等研究即采用此法。这可使得贺氏家族特征得到清晰、鲜明的展现。（2）将纵向对比与横向比较相结合。在研究贺循、贺玚等人礼学思想时，将纵向对比和横向对照相结合，将发展史的纵线与时代横截面相结合，从而给他们的学术成就以公正、客观的评价。（3）以文献考证和思想史研究方法为主，兼采用社会学、文化学等学科研究方法。

（四）对于相关问题的一些说明

（1）关于"六朝"，历来有狭义和广义之说。狭义"六朝"指的是 3 世纪初至 6 世纪末，建都于建康的六个历史朝代：东吴、东晋、宋、齐、梁、陈。这种提法有着浓郁的地域意识，因此其对于地域历史研究是比较适合的。中国历史自三国以降，先历西晋，再入东晋。将西晋一朝摒弃必将使人产生历史"断裂"之感。① 正因如此，继而有学者提出广义"六朝"之说，即指两晋南北朝。本书所言"六朝"是广义的，即指的是两晋南朝时期。由于历史的发展是无法以朝代的更替来作清晰划分的，因此，本书研究有时会上溯至东吴，甚至东汉，下延至隋代，甚至唐初。

（2）关于材料的使用。本书在史料运用、文献引用等方面，尽量以时间较早的材料为主。由于贺循、贺玚、贺琛等人著作早佚，今所见皆为后世辑佚本。因此，在使用这些后世辑佚本时，一方面尽量核对原文，另一方面尽量直接引自其原始出处。

（3）为了节省篇幅，本书所引常见古代典籍一般随文作注，不一一注标明版本、页码等，其版本参见文后"主要参考文献"，对于可能会引起歧义、误解或不易查找的引文，则详细标明版本、卷数、页码等。

（4）对于现代学者的研究成果，包括著作、学位论文、学术论文等，均详细注明出处，一示不掠人之美，二为便于查找核对。

（5）本书对前贤方家研究成果吸纳颇多，在此先予以致谢，如标注或有疏误，敬请方家学者批评指正，以便及时纠误、致歉。

---

① 事实上持狭义"六朝"观的学者并未能完全摒弃西晋这一历史时期，只不过是将其作简单处理罢了。

第一章　六朝会稽士族概说

早在史前时期，于越先民便创造了辉煌的文明，如良渚文化等。据《史记·越王勾践世家》记载，越王乃禹之苗裔，夏后帝少康之庶子，封于会稽，以奉守禹之祀。传二十余世至越王允常。允常之子勾践败吴，北上争霸，成为一代霸主。勾践以降，越国渐衰。周显王三十六年（前333），楚威王杀越王无彊，灭越。秦始皇二十五年（前222），王翦灭楚，越归于秦。自上古以来，会稽一直是于越的文化重心。自秦汉以降，以会稽为中心的越文化涅槃重生，不屈不挠的会稽士人再次兴起，以其胆剑精神创造了独具风貌的越地文化，成为辉煌的华夏文化不可缺失的重要组成部分。

第一节　东汉时期会稽士人的兴起

秦灭楚后于吴、越故地设会稽郡。西汉承秦制，仍置会稽郡。东汉顺帝永建四年（129）以钱塘江为界，将会稽郡划分为吴郡和会稽郡。会稽郡仍以会稽为治所，主要管理钱塘江以南地域。自秦朝以来，吴越便沦为边缘地带，其文化发展远远落后于关中及河洛一带。由于地处荒夷、文化落后等原因，西汉一朝吴越名士屈指可数，仅严忌、严助、严葱奇、朱买臣、郑吉三兄弟等十余人。这些名士或以文章著称，或以军功闻名，在文化学术方面并无多少成就。到了东汉时期，儒学在吴越得到了较大的发展。儒学的发展，导致吴越士族逐渐兴起。由于各种原因，会稽士人较吴郡士人得到了更快的发展，并迅速成为不可忽视的文化群体。

一　儒学在越地的传播

在董仲舒、公孙弘等人的倡导下，汉武帝一方面重用儒师、经生，另一方面逐步建立经学教育体系，以推动经学发展。在京师设立中央官学——太学，设博士弟子，在各地方建立不同形式的官学，同时私学也日渐兴盛。太学、地方官学以及私学是汉代庞大的经学教育体系的三大重要组成部分，为汉代经学教育的普及化、大众化作出了巨大的贡献。在西汉时期，越地经学教育相当落后，少有名儒见于经传。到了东汉时期，由于经学教育体系的完善，越地经学得到了极大的发展。越地经学的发展与经学传播有着密切的关联。东汉时期，经学在越地的传播主要有以下几种途径。

（1）地方官学

西汉景帝时期，蜀郡太守文翁修建学官于成都市中，通过官学教育使得蜀中大化。"至武帝时，乃令天下郡国皆立学校官"（《汉书·循吏传·文翁传》）。汉武帝的这一诏令可能没有得到很好的执行，① 但对地方官学的发展无疑起到了重要的促进作用。由于行政等级的差异，地方官学具有不同形态，"郡国曰学，县、道、邑、侯国曰校。校、学置经师一人。乡曰庠，聚曰序，序、庠置《孝经》师一人"（《汉书·平帝纪》）。在汉代，虽然地方官学体系不是很完善，但其作用不可忽视，"地方官学的兴起使官方的儒学教育扩展到更大的范围，初步具有了社会教育的规模"②。自东汉光武帝以来，历任会稽太守等长官的第五伦、任延、张霸、刘宠等都非常重视教化，在会稽设立了不少地方官学。如黄昌因居近学官而学经，"黄昌字圣真，会稽余姚人也。本出孤微，居近学官，数见诸生修庠序之礼，因好之，遂就经学"（《后汉书·酷吏列传·黄昌传》）。由此可见地方官学在传播经学方面的重大作用了。

（2）私学

私学范围较广，一般认为，不是政府主持的、不使用国家经费的、不在国家学校制度之内的教学活动都可称为私学。西汉时期私学便非常盛

---

① 俞启定对此诏令的真实性有所怀疑，并认为"即使有的话，至多不过是一种原则上的号召而已"。俞启定：《先秦两汉儒家教育》，齐鲁书社1987年版，第149页。

② 同上书，第152页。

行，"大师众至千余人"（《汉书·儒林传赞》）并非夸张，申公"弟子自远方至受业者千余人"（《汉书·儒林传·申公传》），吴章"为当世名儒，教授尤盛，弟子千余人"（《汉书·云敞传》）。自王莽篡汉，大儒往往隐居教授，进一步促进了私学的发展。到了东汉时期私学则更加兴盛，"其服儒衣，称先王，游庠序，聚横塾者，盖布之于邦域矣。若乃经生所处，不远万里之路。精庐暂建，赢粮动有千百。其著名高义开门受徒者，编牒不下万人"（《后汉书·儒林列传论》）。如蔡玄"学通五经，门徒常千人，其著录者万六千人"（《后汉书·儒林列传·蔡玄传》）；楼望"教授不倦，世称儒宗，诸生著录九千余人"（《后汉书·儒林列传·楼望传》）；张兴"声称著闻，弟子自远至者，著录且万人"（《后汉书·儒林列传·张兴传》）。这样的例子还很多。

东汉时期，越地私学得到了很大的发展，并且形式多元。从授经的主体来看，私学有两种形式，一种是客居经师，另一种是本地经师。相对热闹的北方而言，南方会稽无疑是一片"静土"。两汉之交，许多士人避乱会稽，以至"会稽颇称多士"（《后汉书·循吏列传·任延传》）。太平时期，亦有不少高士隐于会稽，如桓岩等。一些经师客居会稽时往往以教授为生，如王望"客授会稽"（《后汉书·刘赵淳于江刘周赵列传》）。本地学子完成学业之后亦有不少归乡里，以教授为生。如王充曾至京师太学受业，学成后"归乡里，屏居教授"（《后汉书·王充传》）。

依据传授的知识不同，汉代私学主要有儿童启蒙教育和专经教育两种类型。在汉代，儿童早期启蒙教育多在入学之前便开始了，如王充"六岁教书"（《论衡·自纪篇》）。在汉代，儿童一般"八岁入小学"（《汉书·食货志上》），如光武帝九岁时，"随其叔父在萧，入小学"[1]。东汉时期吴越亦有不少从事启蒙教育的学馆，如王充"八岁出于书馆，书馆小僮百人以上"（《论衡·自纪篇》）。私学专经教育场所多元，主要有学于师所和教于生舍两种形式。包咸曾受业太学博士，因避王莽之乱而归乡里。"太守黄谠署户曹史，欲召（包）咸入授其子。咸曰：'礼有来学，而无往教。'谠遂遣子师之。"（《后汉书·儒林列传·包咸传》）黄谠欲召包咸入

---

[1] （东汉）刘珍等撰，吴树平校注：《东观汉记校注》，中华书局 2008 年版，第 2 页。

授其子，表明达官贵族往往聘经师上门授学；而包咸不愿上门授经，而要求黄说遣子学于其舍，表明经师往往居家收弟子授学。

（3）出外求学

在师资和条件等方面，地方官学和私学很难与中央学官——太学相比，于是各地有志于学的士子，往往不远千里学于京师太学。正如赵翼所说，遭秦灭学，五经之学皆在太学，"士之向学者，必以京师为归。……盖其时郡国虽已立学……然经义之专门名家，惟太学为盛，故士无有不游于太学者"①。东汉时期，吴越远求师学风气较盛。吴越虽然远离京师，依然有不少学士千里迢迢求学于京师。包咸"少为诸生，受业长安，师事博士右师细君，习《鲁诗》《论语》"（《后汉书·儒林列传·包咸传》）。王充"到京师，受业太学，师事扶风班彪"（《后汉书·王充传》）。魏朗"从博士郤仲信学《春秋图纬》，又诣太学受五经，京师长者李膺之徒争从之"（《后汉书·党锢列传·魏朗传》）。除了学于太学之外，学子亦求学于博士或名儒。魏朗先学于博士郤仲，后方学于太学。赵晔"到犍为资中，诣杜抚受《韩诗》，究竟其术。积二十年，绝问不还，家为发丧制服"（《后汉书·儒林列传·赵晔传》）。这些人竟业之后，由于各种原因，常归乡里。王充太学竟业后，归乡里教授，赵晔在师卒后归乡里，魏朗因党禁而归乡里。他们居乡里无疑会促进乡里经学教育的发展。

以上分析表明，随着地方官学的增多、私学的兴盛以及远求师学风气的兴盛，东汉时期越地儒学得到了很大的发展，逐渐呈现兴盛状态。

二　会稽儒士学术特征

如上所说，在西汉时期，越地儒学处于沉寂时期，直至东汉时期，越地儒学才得到了很大的发展。与传统经学相比，后起的越地儒学更多地带有东汉时代气息。

（1）在治经理念上，不重家法与师法

先秦以来，各家学说往往以师徒口耳相传为主要流传形式，儒学经传

---

① （清）赵翼：《陔余丛考》卷十六"两汉时受学者皆赴京师"条，《续修四库全书》第1151册、上海古籍出版社2002年版，第536页。

亦是如此。这样，以宗师为源，弟子逐代相传，从而形成了经学传授体系，即师法。在经学流传过程中，一些经师创立自己的一家之说，即家法。汉代经学传授极重师法家法，"师法家法成为汉代经学研究和传授的最重要的学规"①，经师往往以师法家法传授，而受业者则要严守师法家法，不得随意更改。师法家法在保证经学的纯正性方面起了相当大的作用，但师法家法也严重地束缚了学习者的思想与才智，甚至使错误得不到更正而流传不止。到了东汉时期，师法家法受到了一些有识之士的批判，这一时代思潮对越地经学有不少影响。从师承来看，越地名士多有较正规的师传，如严光、王充等曾受业于京师太学，包咸、魏朗等皆受业于博士，赵晔从名儒杜抚习《韩诗》二十年。但他们解经、说经时往往并不墨守师法家法。赵晔所习为《韩诗》，而其所著《诗细历神渊》颇类于《诗纬》。王充《论衡》大量引用各家经说，如《书》曾引欧阳《尚书》、夏侯《尚书》、孔安国《尚书》等，《诗》曾引《齐》《鲁》《韩》《毛》四家，《春秋》则引《左氏》《春秋》《公羊》三家。② 由此可见，会稽儒士说经更重说从己出，而不重墨守师法与家法。

（2）尚博学，学贯古今与百家

西汉经学尚专，博士往往以一经教授，其他经师亦是如此，而儒生所学往往仅限于一经。专于一经必然导致儒生视野狭隘、学识短浅。到了东汉时期，"专经"逐渐被"通学"所取代。一方面，学者们学贯众经，将各家经说、今古文经说等融于一体；另一方面，学者往往广学诸子百家，以补救经学之弊。博学之风在会稽儒士身上表现得更为明显。王充"好博览而不守章句"，"遂博通众流百家之言"（《后汉书·王充传》），并且主张以诸子补经学之不足，《论衡》一书大量引用诸子之学。韩说"博通五经"（《后汉书·方士列传·韩说传》）。贺纯"少为诸生，博极群艺"③。魏朗"从博士郤仲信学《春秋图纬》，又诣太学受五经"（《后汉书·党锢列传·魏朗传》）。赵晔习《韩诗》二十年，著《诗细历

① 俞启定：《先秦两汉儒家教育》，齐鲁书社1987年版，第190页。
② 参见拙著《王充经学思想研究》，中国社会科学出版社2012年版，第140—210页。
③ 《后汉书·李固传》注引谢承《后汉书》。（南朝宋）范晔撰，（唐）李贤等注：《后汉书》，中华书局1965年版，第2082页。

神渊》之外，又著史著《吴越春秋》。由此可见，尚博学是东汉越地经学的一大特色。

（3）重谶纬之学

东汉前期，因君主的推崇，谶纬获得了很高的政治地位，君主往往以谶决疑，令臣子以谶纬校订《五经》异说。于是儒者争学图谶，图谶之学盛行于世。在此风气影响下，会稽儒士亦颇重谶纬之学，精通纬学众。如韩说"博通五经，尤善图纬之学"（《后汉书·方士列传·韩说传》）。魏朗曾从博士邵仲信学《春秋图纬》。赵晔著《诗细历神渊》，该书"以历言诗，犹《诗纬》之《泛历枢》也"①。谢夷吾，学风角占候。班固为文荐之曰："少膺儒雅，韬含六籍，推考星度，综校图录"（《后汉书·方士列传·谢夷吾传》）。贺纯"数陈灾异"②。东汉末的虞翻（164—232），则是汉代象数易学的集大成者，他"创立了易学史上规模宏大、体系完备，影响至深的象数易学"③。虞翻易学之精深，颇受时人之赞叹。孔融读虞翻《易注》后答书赞曰："睹吾子之治《易》，乃知东南之美者，非徒会稽之竹箭也。'"（《三国志·虞翻传》）虞翻《易注》对前代《易》说广为采纳，自然亦多受《易纬》影响。由此可见，重谶纬之学是东汉越地经学的一大特点。

三　会稽士人的兴起

如上所说，东汉时期越地儒学得到了很大的发展。儒学的发展对越地文化产生了巨大的影响，直接影响到会稽士人的兴起以及学术思潮与士风的变化等。

（1）士人群体的兴起

统观西汉一朝，吴越没有产生大儒名师，而到了东汉时期，这一情况发生了很大变化。今见于范晔《后汉书》的东汉会稽名士有21人之多，史籍明确记载具有经学背景的共12人，占总数的一半以上。此外，

---

① 惠栋语。转引自（清）王先谦《后汉书集解》，中华书局1984年版，第901页。
② 《后汉书·李固传》注引谢承《后汉书》。（南朝宋）范晔撰，（唐）李贤等注：《后汉书》，中华书局1965年版，第2082页。
③ 姜广辉主编：《中国经学思想史》（第二卷），中国社会科学出版社2003年版，第623页。

为民设礼教的许荆，受大儒张霸举荐的顾奉、公孙松以及受桓帝青睐的杨乔等，亦当是学养浓厚的儒士。这些越地名士早年或学于太学，或学于名儒，后来他们中有不少人亦成为名师大儒。魏朗学《五经》于太学，"京师长者李膺之徒争从之"（《后汉书·党锢列传·魏朗传》）。谢夷吾"才兼四科，行包九德，仁足济时，知周万物。加以少膺儒雅，韬含六籍"（《后汉书·方术列传·谢夷吾传》）。贺纯"少为诸生，博极群艺。十辟公府，三举贤良方正，五征博士，四公车征，皆不就"①。甚至还出现了一些经学世家，如包咸父子皆为帝师，先后以《论语》授明帝与和帝。六朝时期会稽出现了一些经学世家，这些经学世家有不少可上溯于东汉时会稽名士，如余姚虞氏源于汉末虞翻，山阴贺氏源于东汉贺纯。

（2）重著述之学风

经学传播不仅直接推动了经学的发展，同是亦带动了本地学术和文化的发展。在经学的影响下，东汉时期越地著述风气盛行。就经学著述而言，包咸著《论语章句》，赵晔著《韩诗谱》《诗细历神渊》等，东汉末期《易》学大师虞翻著述甚丰，曾著《周易注》《周易日月变例》《京氏易律历注》《周易集林律历》《春秋外传国语注》《老子注》等。除了经学著述之外，其他著述亦为数不少，如赵晔著《吴越春秋》，魏朗著《魏子》，吴君高著《越纽录》，周长生著《洞历》等。② 东汉越地著述虽然不算很多，但与西汉近于"荒漠"的状态相比，显然已经有了极大的发展。

（3）重忠义之士风

经学教育的发展和儒家教化的推广也导致了越地社会风尚的变化，使得越地文明程度有了明显提升，社会风气充满礼教气息。东汉时期，越地出现了不少高士与节士。严光便是高士的典型。严光与光武帝刘秀是太学时的同学，光武帝即位后，严光变姓名，隐身不见。光武帝多次征召，严光皆不就，乃隐于富春山。再如，孟尝"其先三世为郡吏，并伏节死难"。

---

① 《后汉书·李固传》注引谢承《后汉书》。（南朝宋）范晔撰，（唐）李贤等注：《后汉书》，中华书局1965年版，第2082页。

② 《越纽录》和《洞历》见王充《论衡·对作篇》等。

孟尝自己"少修操行"(《后汉书·循吏列传·孟尝传》)。杨琁之兄杨乔为尚书,"桓帝爱其才兒,诏妻以公主,乔固辞不听,遂闭口不食,七日而死"(《后汉书·杨琁传》)。在经学的影响下,吴越忠孝意识变得更为浓郁,出现了许多忠臣、孝子。范晔《后汉书·独行列传》中人物多以忠孝著称,其中越地名士共两人,占总数六分之一。这两人都是闻名的忠臣、孝子。彭修年仅十五岁,便舍身救父,强盗被感动而舍其父。为吏时,不仅勇于直言,救受诬之长官,并且与贼交战时,以身捍太守,最后中箭身亡。戴就因案受牵连,幽囚考掠,五毒参至,慷慨直辞,色不变容。虞翻说会稽"忠臣系踵,孝子连闾"①,虽有夸饰之嫌,却也有几分道理。在经学的影响下,越地出现了不少孝女、贞妇。曹娥便是其中的典型。其父潮涛迎神溺死,曹娥年仅十四岁,"乃沿江号哭,昼夜不绝声,旬有七日,遂投江而死"(《后汉书·列女传·曹娥传》)。

　　总而言之,东汉时期经学在越地得到了广泛的传播,经学的传播不仅直接推动了越地经学的发展,还对越地学术思潮、社会风尚等产生了深刻的影响。自此之后,越地学术与文化保持着良好的发展势态,并在南方文化圈中渐至领先地位,并逐渐渗透于北方主流文化之中,并对北方主流文化产生一定的影响。

表1.1　　　　　　　　东汉会稽名士一览表(附士女二人)

姓名	出生地	简　介	资料来源
郑弘	会稽山阴	举孝廉,髡头负斧质,为焦贶讼罪。政有仁惠,官至太尉。	《后汉书·郑弘传》
杨琁	会稽乌伤	举孝廉,官至零陵太守。	《后汉书·杨琁传》
杨乔	会稽乌伤	杨琁之兄,桓帝爱其才貌,诏妻以公主,乔固辞不听,遂闭口不食,七日而死。	《后汉书·杨琁传》
钟离意	会稽山阴	少为督邮,以《春秋》《诗》说太守,举孝廉,官至尚书。	《后汉书·钟离意传》
顾奉	会稽	为张霸举荐,官至颖川太守。	《后汉书·张霸传》
公孙松	会稽	为张霸举荐,官至司隶校尉。	《后汉书·张霸传》

①　《三国志·虞翻传》注引《会稽典录》。(西晋)陈寿撰,(南朝宋)裴松之注:《三国志》,中华书局1959年版,第1325页。

续表

姓名	出生地	简　介	资料来源
王充	会稽上虞	到京师，受业太学，师事扶风班彪，好博览而不守章句，博通众流百家之言。仕郡为功曹，著《论衡》《养性》等。	《后汉书·王充传》
魏朗	会稽上虞	从博士邵仲信学《春秋图纬》，又诣太学受《五经》，京师长者李膺之徒争从之，著《魏子》。	《后汉书·党锢列传·魏朗传》
朱隽	会稽上虞	以孝养致名，好义轻财，举孝廉，以军功，封侯，破黄巾军。	《后汉书·朱隽传》
许荆	会稽阳羡	举孝廉，官至桂阳太守，郡滨南州，风俗脆薄，不识学义，许荆为设丧葬婚姻制度，使知礼禁。	《后汉书·许荆传》
孟尝	会稽上虞	其先三世为郡吏，并伏节难。少修操行，为孝妇申冤。先举孝廉，后举茂才，官至合浦太守。	《后汉书·循吏列传·孟尝传》
黄昌	会稽余姚	居近学官，数见诸生修庠序之礼，因好之，遂就经学。官至颍川太守。	《后汉书·酷吏列传·黄昌传》
包咸	会稽曲阿	少为诸生，受业长安，师事博士右师细君，习《鲁诗》《论语》。建武中，入授皇太子《论语》，又为其《章句》。	《后汉书·儒林列传·包咸传》
包福	会稽曲阿	包咸之子，亦以《论语》授和帝。	《后汉书·儒林列传·包咸传》
赵晔	会稽山阴	诣杜抚受《韩诗》，积二十年，著《吴越春秋》《诗细历神渊》《韩诗谱》等。	《后汉书·儒林列传·赵晔传》
彭修	会稽毗陵	年十五以身救父，为狱吏申冤。与贼战，以身捍太守，中箭亡。	《后汉书·独行列传·彭修传》
戴就	会稽上虞	因案受牵连，幽囚考掠，五毒参至，慷慨直辞，色不变容。举孝廉，官至光禄主事。	《后汉书·独行列传·戴就传》
韩说	会稽山阴	博通五经，尤善图纬之学。举孝廉，官至江夏太守。	《后汉书·方术列传·韩说传》
谢夷吾	会稽山阴	学风角占候。举孝廉，官至钜鹿太守，班固荐之曰："少膺儒雅，韬含六籍，推考星度，综校图录。"	《后汉书·方术列传·谢夷吾传》
严光	会稽余姚	少有高名，与光武帝同游学。光武帝即位，乃变名姓，隐身不见，不应帝召，耕隐于富春山。	《后汉书·逸民列传·严光传》
贺纯	会稽山阴	少为诸生，博极群艺。十辟公府，三举贤良方正，五征博士，四公车征，皆不就。官至江夏太守。	《后汉书·李固传》注引谢承《后汉书》
澹台敬伯	会稽	师博士薛汉。	《后汉书·儒林列传·薛汉传》
吴君高	会稽	著《越纽录》。	《论衡·对作篇》
周长生	会稽	著《洞历》。	《论衡·对作篇》

续表

姓名	出生地	简介	资料来源
虞翻	会稽余姚	汉末著名经学家，精于象数《易》学，著《周易注》等，深得孔融等时人称赞。	《三国志·吴书·虞翻传》
孝妇	会稽上虞	上虞有寡妇至孝养姑，姑年老寿终，其女弟诬孝妇，孝妇冤死。	《后汉书·循吏列传·孟尝传》
曹娥	会稽上虞	父溯涛迎神溺死，十四岁曹娥沿江号哭，昼夜不绝声，旬有七日，遂投江而死。	《后汉书·列女传·曹娥传》

第二节　东吴时期会稽士族

如上所说，在东汉时期，会稽士人逐渐兴起，会稽文化得到了较大的发展。到了东汉末期，随着军阀割据局面的形成，会稽士人借此机遇得到了更大的发展。

自东汉献帝兴平二年（195）孙策渡江占据吴、会等郡，便开始了孙氏对江东的统治，直至东吴亡国（280），孙吴政权统治江东长达八十六年之久。自孙策占据江东以来，孙吴政权便与江东世族有着密切的关联。对此学者们作了不少研究，[①] 这些论著多以吴郡士族为主，较少关注会稽士族与孙氏政权之关系。由于受到历史、地理、政治、经济、文化等因素影响，会稽士族与孙吴政权之关系颇异于吴郡士族与孙吴政权之关系。

一　孙策与会稽士族

孙策、孙权以及三嗣主（孙亮、孙休、孙皓）统治江东共计八十六年，其中孙策为会稽太守前后仅六年，孙权统治长达五十二年，三嗣主共计二十八年。在这三个不同时期，会稽士族与孙吴政权的关系呈现出不同的情形。

孙策、孙权之父孙坚一生主要征战于江北，其先后讨伐黄巾军和董卓，以军功官至长沙太守、豫章刺史等职，封乌程侯。孙坚主要征战于江

---

① 可参见田余庆《孙吴建国的道路——论孙吴政权的江东化》，《秦汉魏晋史探微》（重订本），中华书局 2004 年版，第 262—295 页；方北辰《魏晋南朝江东世家大族述论》上编第二章《孙吴时期江东世家大族的政治活动》，台北：文津出版社 1991 年版，第 19—60 页。

北，与江东士族不仅无仇怨，且略有恩惠之举。① 孙坚英年早逝，却为其子孙策、孙权的发达打下了基础。孙坚卒后，其子孙策依附于袁术，并从袁术处讨得其父部曲千余人。孙策率其父部曲及其从者数千人，渡江转战，所向皆破，莫敢当其锋。孙策据会稽，自领会稽太守，以亲信为吴郡等郡太守，于是遂有江东。孙策骁勇善战，但军令严明，不扰于民，颇得百姓拥护。《江表传》："百姓闻孙郎至，皆失魂魄；长吏委城郭，窜伏山草。及至，军士奉令，不敢虏略，鸡犬菜茹，一无所犯，民乃大悦，竞以牛酒诣军。"② 对于故乡部曲孙策采取宽容的态度，"发恩布令，告诸县：'其刘繇、笮融等故乡部曲来降首者，一无所问；乐从军者，一身行，复除门户；不乐者，勿强也。'旬日之间，四面云集，得见兵二万余人，马千余匹，威震江东，形势转盛"③。对有义之人孙策亦示宽大。吴人严白虎对抗孙策，兵败投许昭，程普请击之，孙策曰："许昭有义于旧君，有诚于故友，此丈夫之志也。"④ 乃舍之。⑤

孙策入会稽，颇得一些会稽士族拥护。孙策入郡，会稽余姚人董袭迎于高迁亭（《三国志·董袭传》）。吴郡钱唐人全柔为会稽东部都尉。"孙策到吴，（全）柔举兵先附"（《三国志·全琮传》）。入主会稽郡之后，对于曾为官吏的会稽士人，孙策大多依然予以任用，对于一些名士甚至努力加以笼络。⑥ 山阴人贺齐时为太末长。建安元年（196），"孙策临郡，察齐孝廉"（《三国志·贺齐传》），拜为永宁长，领都尉事。余姚虞翻曾为原会稽太守王朗功曹，多方为王朗献计。王朗败走，虞翻追随营护。归来

① 孙坚为长沙太守时，陆康从子作宜春长，为贼所攻，孙坚越境救之。参见《三国志·孙坚传》注引《吴录》。据《三国志·陆逊传》记载，陆康乃陆逊从祖父。可见孙坚对陆氏家族颇有恩惠。

② 《三国志·孙策传》注引。（西晋）陈寿著，（南朝宋）裴松之注：《三国志》，中华书局1959年版，第1104页。

③ 《三国志·孙策传》注引《江表传》。（西晋）陈寿著，（南朝宋）裴松之注：《三国志》，中华书局1959年版，第1105页。

④ 《三国志·孙策传》注引《吴录》。（西晋）陈寿著，（南朝宋）裴松之注：《三国志》，中华书局1959年版，第1105页。

⑤ 《三国志·孙策传》注引《吴录》载：盛宪为吴郡太守，以高岱为上计，举孝廉。后许贡来领郡，高岱将盛宪避难于许昭家。孙策所言当指此类事。

⑥ 川胜义雄云："孙策还积极开展拉拢吴、会稽等地的势力派豪强入自己阵营的工作。"［日］川胜义雄：《六朝贵族制社会研究》，徐谷芃、李济沧译，上海古籍出版社2007年版，第106页。

后，"策复命为功曹，待以交友之礼，身诣翻第"（《三国志·虞翻传》）。《江表传》载："策书谓翻曰：'今日之事，当与卿共之，勿谓孙策作郡吏相待也。'"① 孙策对会稽士人的信用，会稽士人亦予以相应回报。孙策伐黄祖，欲假道豫章郡，虞翻为孙策说豫章太守华歆，"讨逆将军智略超世，用兵如神"②，华歆从之，遣吏迎孙策。后汉献帝召虞翻为侍御使，曹操为司空辟之，皆不就。

对于一些顽抗和不合作的会稽强宗大族，孙策则采取杀戮的态度。《会稽典录》："孙策平定吴、会，诛其英豪。"③《傅子》："孙策……以父坚战死，少而合其兵将以报仇，转斗千里，尽有江南之地，诛其名豪，威行邻国。"④ 对此，史籍亦有所记载。《吴录》："时有乌程邹他、钱铜及前合浦太守嘉兴王晟等，各聚众万余或数千。引兵扑讨，皆破之。策母吴氏曰：'晟与汝父有升堂见妻之分，今其诸子兄弟皆已枭夷，独余一老翁，何足复惮乎？'乃舍之，余咸族诛。"⑤ 总体而言，孙策占据会稽时，对会稽士族往往以宽容、笼络为主，以杀戮为辅，以求得会稽士族的合作与拥护。⑥

二 孙权时期的会稽士人

孙策占据江东仅六年便卒，临终时将其位传于其弟孙权，并叮嘱曰："举江东之众，决机于两陈之间，与天下争衡，卿不如我；举贤任能，各

---

① 《三国志·虞翻传》注引。（西晋）陈寿著，（南朝宋）裴松之注：《三国志》，中华书局 1959 年版，第 1317 页。

② 《三国志·虞翻传》注引《江表传》。（西晋）陈寿著，（南朝宋）裴松之注：《三国志》，中华书局 1959 年版，第 1318 页。《吴历》记载虽略有不同，但虞翻盛赞孙策、华歆迎孙策等情节颇为一致。

③ 《三国志·孙韶传》注引。（西晋）陈寿撰，（南朝宋）裴松之注：《三国志》，中华书局 1959 年版，第 1214 页。

④ 《三国志·孙权传》注引。（西晋）陈寿撰，（南朝宋）裴松之注：《三国志》，中华书局 1959 年版，第 1149 页。

⑤ 《三国志·孙策传》注引。（西晋）陈寿撰，（南朝宋）裴松之注：《三国志》，中华书局 1959 年版，第 1105 页。

⑥ 后世一些学者往往夸大孙策的杀戮之举。除上文列举的王晟等因反抗被夷族之外，其他士族被杀往往事出有因。孙策杀许贡乃出个人恩怨；周氏兄弟均为守将，与其父孙坚颇多恩怨，周禺为吴郡太守许贡所杀，仅周昕因反抗孙策，兵败被杀。这些与以杀戮地方豪强来强化其统治并无太多关联。

尽其心，以保江东，我不如卿"（《三国志·孙策传》）。是时，孙氏虽据有会稽、吴郡、丹杨、豫章、庐陵等五郡，但形势依然较为严峻。一方面，各郡"深险之地犹未尽从，而天下英豪布在州郡"；另一方面，那些追随孙氏兄弟的将士往往"以安危去就为意，未有君臣之固"（《三国志·孙权传》）。于是孙权以张昭、周瑜等为亲信，努力"招延俊秀，聘求名士"，同时"分部诸将，镇抚山越，讨不从命"（《三国志·孙权传》）。

对于各地官吏以及地方豪强，孙权继续沿用其兄政策，用其可用者，杀其顽抗或不合作者。初孙策表李术为庐江太守。孙策亡后，李术不肯事孙权，并且多纳其亡叛。孙权移书求索，不予，乃攻李术于皖城，屠其城，枭术首。[①] 对于会稽士人孙权亦是如此。一些先前效力于孙策的会稽士人，如虞翻、贺齐、董袭、全柔等，继续效力于孙权。同时，孙权亦擢用一些会稽名士。吴范，会稽上虞人。以治历数知风气闻于郡中。举有道，诣京都，世乱不行。"会孙权起于东南，范委身服事"（《三国志·吴范传》）。骆统，会稽乌伤人。"孙权以将军领会稽太守，统年二十，试为乌程相，民户过万，咸叹其惠理。权嘉之，召为功曹，行骑都尉，妻以从兄辅女"（《三国志·骆统传》）。阚泽，会稽山阴人。察孝廉，除钱唐长，迁郴令。孙权为骠骑将军（219），辟西曹掾（《三国志·阚泽传》）。山阴人丁览，仕郡至功曹，守始平长。"孙权深贵待之，未及擢用，会病卒，甚见痛惜，殊其门户。"[②] 对于不合作者，孙权则以武力诛之。会稽名士盛孝章，曾为吴郡太守，以疾去官。盛孝章素有高名，孙策忌之，"其人困于孙氏，妻孥湮没，单子独立，孤危愁苦……而身不免于幽执，命不期于旦夕"[③]。孔融荐之于曹操，征为骑都尉，制命未至，为孙权所杀。盛孝章被杀原因，史书无载。孔融《与曹公书论盛孝章》云："今之少年，喜谤前辈，或能讥平孝章。"[④] 可见盛孝章被杀乃因其不与孙氏合作，有人告其谋反。

---

① 《三国志·孙权传》注引《江表传》。（西晋）陈寿撰，（南朝宋）裴松之注：《三国志》，中华书局 1959 年版，第 1116 页。

② 《三国志·虞翻传》注引《会稽典录》。（西晋）陈寿撰，（南朝宋）裴松之注：《三国志》，中华书局 1959 年版，第 1323 页。

③ （东汉）孔融：《与曹公书论盛孝章》，载（清）严可均辑《全后汉文》，商务印书馆 1999 年版，第 839 页。

④ 同上。

经过多年苦心经营，江东形势逐渐好转。建安十三年（208），曹操率领大军南下，孙权却能够从全境抽得数万精兵抗曹，而无多少后顾之忧。曹操败归，孙吴政权变得更为稳定。三年后（211），孙权徙治秣陵（南京），不久改名建业。由于地缘关系，孙氏政权与吴郡大族逐渐建立更为亲密的合作关系。建安二十四年（219），陆逊大败刘备，三国鼎立局面正式形成。曹丕、刘备先后称帝，于是孙权亦改号称吴王。自此，东吴政权进入鼎盛时期。随着孙权徙治建业以及国内外形势的变化，东吴政权性质逐渐发生变化。在前期，孙权重用的是江北士族，如周瑜、鲁肃、吕蒙等。到了孙权黄武年间（222—229），随着这些江北英豪先后谢世，孙权被迫起用江东士人，① 于是江东士人逐渐在政坛占据主导地位。在孙权后期，孙氏政权主要依赖于江东士族，准确地说，孙氏主要依赖的是吴郡士族，而不是会稽士族。

王莽之乱，许多士人避乱江东，导致"会稽颇称多士"（《后汉书·循吏列传·任延传》）。东汉时期，会稽的儒学发展颇胜于吴郡，儒生名士远胜于吴郡。② 虞翻《易》学代表两汉象数易学的最高成就，③ 孔融见而赞曰："睹吾子之治《易》，乃知东南之美者，非徒会稽之竹箭也。"（《三国志·虞翻传》）由于受到家学、师法等影响，江东学风较为保守，④ 这在会稽士族学风中得到更为典型的体现，如虞翻《易》学集两汉象数易学之大成，贺循家族六世以礼学闻名等。正因如此，会稽士族很好地继承和保持着东汉后期儒士的清议之风与耿直之风。虞翻曾斥责糜芳"失忠与信，何以事君"（《三国志·虞翻传》）。吴范"为人刚直"（《三国志·吴范传》），魏腾"性刚直，行不苟合"⑤。在创业时期，为了赢得会稽士人的合作与拥护，孙权倾心结交于会稽名士。到了晚期，孙权颇为刚愎自用，对于忠谏之士不仅不予重用，甚至加以打击。保持着耿直与清议之风

---

① 参见王志邦《六朝江东史论》，中国青年出版社1989年版，第21—24页。

② 参见拙著《东汉吴越名士一览表》，载拙著《王充经学思想研究》，中国社会科学出版社2012年版，第82—84页。

③ 姜广辉主编：《中国经学思想史》（第二卷），中国社会科学出版社2003年版，第623页。

④ 参见吴晓岚《六朝江东士族的家学门风》，江苏古籍出版社2003年版，第15—17页。

⑤ 《三国志·吴范传》注引《会稽典录》。（西晋）陈寿撰，（南朝宋）裴松之注：《三国志》，中华书局1959年版，第1423页。

的会稽士人与孙权之间的关系变得越来越紧张,不少会稽名士遭到疏远或流放。吴范曾主动委身服事孙权,并言"江南有王气",劝孙权自立为王。后论功行封,以吴范为都亭侯。诏临当出,孙权"恚其爱道于己也,削除其名"(《三国志·吴范传》)。魏朗性格刚直,前得罪于孙策,赖孙策母救得免,后困逼于孙权,几为孙权所杀,幸友人吴范救之。对于早年有恩于己的虞翻,孙权亦是如此。"(虞)翻性疏直,数有酒失。(孙)权与张昭论及神仙,翻指昭曰:'彼皆死人,而语神仙,世岂有仙人也!'权积怒非一,遂徙翻交州。"(《三国志·虞翻传》)"积怒非一"表明孙权对虞翻早存怨恨之心,而此事不过是引火线罢了。虞翻被流放交州十九年不得归,以致老死南方。可见孙权对虞翻怨恨之深。此外,吴郡人沈友"正色立朝,清议峻厉"[1],亦为孙权所杀。

可见,在孙权后期,由于地缘、士风等原因,孙氏政治与会稽士族之间关系日渐疏远,会稽士族在政治上的地位越发变得无足轻重了。[2] 董袭卒于建安十八年(213),吴范卒于黄武五年(226),贺齐卒于黄武六年(227),虞翻卒于嘉禾三年(234),阚泽卒于赤乌五年(242)等,随着早年仕于孙氏的会稽士人先后谢世,仕于孙氏政权的多为这些士人的后代,如虞翻诸子、贺齐子孙等,其他会稽士人则少有机会仕于朝廷,更遑言位居高官了。

孙权后期,有三次打击江东世族的大事件。其一是黄武四年(225)张温、暨艳事件;其二是嘉禾五年(236)吕壹校事事件,其三是前后持续达六年(245—250)之久的"二宫构争"事件。前二者主要目的是打击吴郡大姓,并未涉及会稽士族。"二宫构争"事件指的是居东宫的皇太子孙和与居鲁王宫的第四子鲁王之间的争夺帝位继承权的斗争。支持太子孙和的主要以吴郡世族为主,有陆逊、诸葛恪、顾谭、朱据、滕胤、施绩、丁密等人;支持鲁王则以江北士人为主,有步骘、吕岱、全琮、吕

---

① 《三国志·孙权传》注引《吴录》。(西晋)陈寿撰,(南朝宋)裴松之注:《三国志》,中华书局 1959 年版,第 1117 页。

② 学者认为,"由于孙吴立国前后会稽郡大族人物或采取武力反抗或以'忤意见谴',少有进入孙吴权力中心,从而在各个方面受到排挤和压制,其势力、声名地位都落在了吴郡世家的后面"。王永平《六朝江东世族之家风家学研究》,江苏古籍出版社 2003 年版,第 263 页。从以上分析可以看出,此说显然不合于当时实情。

据、孙弘等。① 卷入这次权力之争的北方士人和吴郡士人众多，而会稽士人仅有尚书丁密、中书令孙弘二人卷入其中。丁密乃丁览之子，② 孙弘会稽人，③ 为人"佞伪险诐"（《三国志·张休传》）。二人《三国志》中无传，可见乃平常之辈。

从以上分析可以看出，在孙权前期，会稽士人地位虽逊于江北士人和吴郡士人，但涌现了一些较为重要的人物，如董袭、虞翻、贺齐、骆统、阚泽等；至孙权后期，由于地缘、士风等原因，孙权与会稽士人关系日渐疏远，会稽士人在政治之中逐渐被边缘化，不仅为官者数量日减，并且地位亦日降，少有居高位者。

孙权卒后，三嗣主孙亮、孙休、孙皓统治江东共计二十八年。在此期间，会稽士族在政治之中进一步被边缘化。三嗣主时期，位居高官的会稽士人屈指可数。丁览之子丁固"历显位，孙休时固为左御史大夫，孙皓即位，迁司徒"④。钟离牧，会稽山阴人，孙休时为平魏将军、扬武将军，领武陵太守。贺齐之孙贺邵，孙休即位，出为吴郡太守，孙皓时迁中书令，领太子太傅。山阴朱育，孙休时仕郡门下书佐，"后仕朝，常在台阁，为东观令，遥拜清河太守，加位侍中"⑤。此外，虞翻诸子、谢渊等亦仕于朝。

三 孙吴政权与会稽士人之关系的影响

以上分析可以看出，在孙吴时期，会稽士人的政治地位呈渐次递降的趋势。在孙策时期和孙权前期，会稽士人颇被重视，会稽士人与孙氏政权关系较为密切。到了孙权后期以及三嗣主时期，因地缘、士风等原因，孙氏政权与会稽士人关系日渐疏远，会稽士人在政治中逐渐被边缘化，不仅

---

① 参见《三国志·孙和传》注引殷基《通语》。（西晋）陈寿撰，（南朝宋）裴松之注：《三国志》，中华书局 1959 年版，第 1369 页。

② 参见《三国志·虞翻传》注引《会稽典录》。（西晋）陈寿撰，（南朝宋）裴松之注：《三国志》，中华书局 1959 年版，第 1323—1324 页。丁固原名密，因避滕密，改作固。

③ 《三国志·张休传》注引《吴录》。（西晋）陈寿撰，（南朝宋）裴松之注：《三国志》，中华书局 1959 年版，第 1225 页。

④ 《三国志·虞翻传》注引《会稽典录》。（西晋）陈寿撰，（南朝宋）裴松之注：《三国志》，中华书局 1959 年版，第 1324 页。

⑤ 同上书，第 1326 页。

出仕人数少，并且位居高官者更少。孙吴时期会稽士族政治地位的变迁对此后会稽士族的发展产生了很大的影响。

（1）会稽士族政治地位的边缘化

如上所说，在孙吴时期，会稽士族在政治中逐渐被边缘化。这一结果导致了两晋时期会稽士族政治地位的进一步边缘化。西晋灭吴后，吴郡士人和会稽士人皆沦为亡国之余，但二者地位依然并非完全平等。平吴之后，晋武帝司马炎对东吴之地的基层地方政府采取不触动的措施，"其牧守已下皆因吴所置"（《晋书·武帝纪》）。如上所说，在孙吴时期，吴郡士人的政治地位显然高于会稽士人，晋朝的这一措施进一步维护了这一现实。虽然采取了一些防范措施，但江东叛乱依然不时出现。华谭献计曰："所安之计，当先筹其人士，使云翔闾阎，进其贤才，待以异礼"（《晋书·华谭传》）。晋武帝善之，乃下诏征陆喜等十五人，加陆喜为散骑常侍（《晋书·陆喜传》）。其后，陆机、陆云、顾荣等亦被征至洛阳。陆喜为陆逊弟之子，陆机、陆云二人为陆逊之孙，顾荣乃顾雍之后，此数子皆为孙吴时期占据重要政治地位的吴郡世族之后。而会稽士人却无一人被征聘。这显然与东吴时期吴郡陆氏、顾氏拥有很高的政治地位有关。直至陆机、顾荣等人举荐，会稽名士贺循方征至洛阳。其后吴郡士人顾秘、陆晏（陆机之弟）、张翰、张瞻等先后得以出仕。而会稽士人依然少有士人得以出仕。到东晋时期，会稽士人为东晋王朝的建立也立下了汗马功劳，可是，会稽士族政治地位依然逊于吴郡士族。东晋时期，会稽士族仅有虞氏、孔氏在政坛较为活跃。吴郡士族，如陆氏、顾氏、张氏地位依然较高，如陆玩官至司空，位三公，顾众、顾和、陆纳皆居高官。可见，两晋时期，会稽士族地位的沉沦与其在孙吴时期政治地位的下降密切相关，是东吴时期地位下降继续发展的结果。到了南朝，会稽士族地位依然不如吴郡士族，其原因亦与此有关。

（2）会稽士族从政治向地方转变

如上所说，孙吴、两晋时期，会稽士族在政治上逐渐被边缘化，他们出仕机会较少，为高官机会更少。于是，当吴郡士族热衷于政治时，会稽士族则逐渐转向于地方经营。在东吴时期，吴郡士族拥有大量私人部曲，如陆逊拥有部曲五千人，朱桓拥有部曲万口，而会稽士族几乎没有。孙吴时为将的会稽士人有贺齐、董袭、骆统、阚泽等。阚泽"家世农夫"
（《三国志·阚泽传》），贺齐"少为郡吏"（《三国志·贺齐传》），皆出身
低微，董袭、骆统等皆未有部曲之记载。到了晋代，会稽士族则拥有强大
的实力和经济基础。西晋末年，石冰叛乱，贺循却能"合众应之"（《晋
书·贺循传》），平定叛乱，迎还故会稽相张景。王含、沈充叛乱，虞潭能
"于本县招合宗人，及郡中大姓，共起义军，众以万数"（《晋书·虞潭
传》）。虞喜虽为人赞为"守道清贞，不营世务，耽学高尚，操拟古人"
（《晋书·儒林列传·虞喜传》），却以藏户当弃市（《晋书·山遐传》）。
东晋末期，虞亮因贪财而被诛，"公（刘裕）既作辅，大示轨则，豪强肃
然，远近知禁。至是会稽余姚虞亮复藏匿亡命千余人。公诛亮"（《宋
书·武帝纪中》）。到了南朝时期，会稽士人家族更甚。《宋书·孔灵符
传》："灵符家本丰，产业甚广，又于永兴立墅，周回三十三里，水陆地二
百六十五顷，含带二山，又有果园九处。"《南齐书·虞悰传》："治家富
殖，奴婢无游手。""县大姓虞氏千余家，请谒如市，前后长令莫能绝"
（《梁书·良吏列传·沈瑀传》）。不仅如此，会稽士族的强大，甚至影响
到流寓会稽的北方士族的地域分布，他们往往避开地方士族较强的地域，
而选择"会稽土著豪门士族势力薄弱的剡溪——上虞江流域的剡、始宁、
上虞诸县"①。可见，到了两晋时期，会稽士族在地方拥有强大的力量，
这与会稽士族自东吴以来失意于政治，从而用心于地方经营有关。

　　（3）向学术世家转变

　　如上所说，自东吴以来，会稽士族在政治上便逐渐被边缘化，此后这
种情形一直未能得到根本改变。政治的边缘化，一方面使得会稽士族从政
坛淡出，而向地方转变，同时也使得会稽士族继续保持良好的家学、师
法，向着学术世家转变。在孙吴时期，贺氏以武功而闻名，贺邵以耿直而
获罪，其子贺循少罹家难，流放海隅。于是贺循弃武习文，勤于经学，终
成一代礼学大师。贺循早卒，故未能给其家族带来多少庇护，致使其子孙
仕途并不发达。正因如此，其家族保持着良好的礼学传统，六世以三礼学
见长，成为著名的江东礼学世家，至梁代出现了贺玚、贺琛、贺革等礼学

---

　　①　王志邦：《六朝江东史论》，中国青年出版社1989年版，第51页。

大家。再如，余姚虞氏。虞翻以《易》学闻名于世，其子弟在仕途颇为通达。到了晋代，除了虞潭一支在仕途上较为显赫之外，其余各支在仕途皆差强人意，却保持着良好的学术传统。虞喜多次不应征聘，专心经传，著述多种。虞预雅好经史，著《晋书》《会稽典录》《诸虞传》等。这使得虞氏逐渐转变成为学术世家。据《隋书·经籍志》统计，魏晋南朝江东世家共计经学著作 45 部，其中会稽贺氏贺循、贺场、贺道养 3 人共 9 部，余姚虞氏虞喜 2 部，会稽孔氏孔伦 1 部，会稽谢氏谢沈 4 部；魏晋南朝史学著作共 40 部，其中会稽谢氏谢沈、谢承 2 人 2 部，虞氏虞预、虞通之共 3 部，贺氏贺循、贺场 2 部。这些学术世家的形成与会稽士族在政治上的不得意密切相关。

总而言之，在孙策时期和孙权前期，会稽士人颇被重视，在政治上颇有些地位，到了孙权后期以及三嗣主时期，会稽士人在政治上逐渐被边缘化，位居高官者很少。孙吴时期政治地位的边缘化导致会稽士族由官场而转向地方经营，成为地方豪强大族。另一方面使得会稽士族重视学术，导致一些士族从政治世家向学术世家转变，出现了一系列颇有名望的学术世家，如贺氏、虞氏等。

第三节　两晋时期会稽士族

自孙策占据江东以来，会稽士族逐渐登上政坛。在孙吴前期，会稽士族颇为活跃，到了后期，随着孙吴政权的"江东化"，会稽士族在政治上日渐边缘化。东吴的灭亡，既给会稽士族以较大打击，也给会稽士族发展带来新的转机。两晋时期，会稽士族呈现出新的发展面貌，且各家族呈现出不同的发展态势。

一　西晋时期

如上所说，在孙吴后期，会稽士族在政治上日渐边缘化，而吴郡士族在政治上地位日隆，占据着绝对的主导地位。西晋灭吴后，吴郡士人和会稽士人皆沦为亡国之余，在政治上均无多少地位可言。平吴之后，晋武帝对东吴故地的基层地方政府采取不变动的措施，"其牧守已下皆因吴所置"（《晋书·武帝纪》）。不久又下诏"吴之旧望，随才擢叙"（《晋书·武帝纪》）。这些官样文章在现实中并没有得到认真落实，① 以至江东士族颇多怨言，"江南初平，人物失叙"②。刘颂上疏亦云："孙氏为国，文武众职，数拟天朝，一旦堙替，同于编户。不识所蒙更生之恩，而灾困逼身，自谓失地，用怀不靖。"（《晋书·刘颂传》）于是，尽管晋武帝对东吴故地采取了一些防范措施，但江东叛乱依然不时出现。对此，华谭献计曰："所安之计，当先筹其人士，使云翔阊阖，进其贤才，待以异礼。"（《晋书·华谭传》）

晋武帝善之，乃下诏征陆喜等十五人，"主者可皆随本位就下拜除，敕所在以礼发遣，须到随才授用"（《陆喜传》），以陆喜为散骑常侍。其后，陆机、陆云、顾荣等亦被征至洛阳。陆喜为陆逊弟陆瑁之子，陆机、陆云二人为陆逊之孙、陆抗之子，顾荣乃顾雍之孙。此三人皆为吴郡高门世族之后，且皆曾仕于孙吴政权。至此，会稽士人却无一人被征聘。这显然与东吴时期吴郡陆氏、顾氏拥有很高的政治地位有关。直至经陆机、顾荣等人举荐，会稽贺循"久之，召补太子舍人"（《晋书·贺循传》）。"久之"，表明朝廷对会稽士族不够重视。与此同时或稍后，吴郡士人顾秘、陆晏（陆机之弟）、张翰、张瞻等先后得以出仕，而会稽士人依然少有士人得以出仕。这显然与东吴时期会稽士族政治地位不高有关。

西晋时期，江东士人出仕机会较少，不仅如此，出仕后依然受到江北士人的轻视与排挤。陆机、陆云兄弟卷入八王权力之争，最终沦为权力斗争的牺牲品；周处执着于忠义，最终被北方士人逼死战场。于是一些有识之士弃官东归，如顾荣、纪瞻、陆玩、张翰等。面对混乱的政坛，会稽士人亦多选择退隐。贺循入仕不久便赶上政局混乱，惠帝永宁元年（301），赵王伦篡位，转侍御史，贺循辞疾去职。后除南中郎长史，不就，东归故里会稽。山阴人孔愉自吴平入洛阳，未受任用，惠帝末，亦离洛东归。会稽人仕士人亦有少许善终者，如虞潭出为祁乡令、醴陵令等，丁潭除郎

---

① 陈寅恪先生认为，"只是当时起用吴人的政策开始实行不久，西晋便爆发了八王之乱，从而停顿下来"。万绳楠整理：《陈寅恪魏晋南北朝史讲演录》，黄山书社 1987 年版，第 147 页。

② （西晋）陆云：《与戴季甫书》，载（清）严可均辑《全晋文》，商务印书馆 1999 年版，第 1084 页。

中，迁丞相西阁祭酒等。

总体而言，在西晋时期，会稽士人很少受到朝廷重视，得以出仕者极少，更不用说重用了。尽管如此，会稽士族对西晋政权还是表现出强烈的忠义之节。对于一些篡位者、叛乱者，会稽士族多采取不合作的态度。赵王伦篡位，将贺循升为侍御史，贺循辞疾去职。后东海王越命为参军，征拜博士，并不起。后除南中郎长史，不就。陈敏叛乱，以贺循为丹杨内史，"循辞以脚疾，手不制笔，又服寒食散，露发袒身，示不可用，敏竟不敢逼"（《晋书·贺循传》）。东海王越命为参军，征拜博士，并不起。孔愉由洛归乡里，遇石冰、封云叛乱，封云逼孔愉为参军，不从将杀之，赖封云司马张统营救获免（《晋书·孔愉传》）。对于一些叛乱，会稽士族往往竭力加以平定。石冰叛乱，贺循为平定叛乱出力不少。《晋书·贺循传》："前南平内史王矩、吴兴内史顾秘、前秀才周玘等唱义，传檄州郡以讨之。循亦合众应之。（石）冰大将抗宠有众数千，屯郡讲堂。循移檄于宠，为陈逆顺，宠遂遁走，（程）超、（宰）与皆降，一郡悉平。循迎（张）景还郡，即谢遣兵士，杜门不出，论功报赏，一无豫焉。"虞潭，"值张昌作乱，郡县多从之，潭独起兵斩昌别率邓穆等"（《晋书·虞潭传》）。陈敏反，虞潭东下讨敏弟于江州。永嘉末，杜弢构逆，时为南康太守的虞潭，率众讨之。其母孙氏"勉潭以必死之义，俱倾其资产以馈战士，潭遂克捷"（《晋书·列女传·虞潭母孙氏传》）。

从以上可以看出，西晋时期，君主虽然征聘一些江东士人，却多以东吴时期吴郡大族后胄为主，很少关照到会稽士人，会稽士人在政治上边缘化更为严重。尽管如此，以保守和稳重见称的会稽士族依然积极拥护司马氏政权，他们不仅不与篡位者、叛乱者合作，而且竭力参与平定叛乱活动，以维护司马氏统治。

二　会稽士族与东晋之建国

自八王之乱始，北方政局动荡不安，于是许多江东士人弃职东归。永嘉元年（307），时为太傅辅政的东海王越以琅邪王司马睿为安东将军，都督扬州江南诸军事、假节，镇建邺。于是，司马睿开始了南方的经营。为了得到江东士族拥护，① 王导建议司马睿对江东世族采取积极笼络的态度，王导谏曰："顾荣、贺循，此土之望，未若引之以结人心。二子既至，则无不来矣。"（《晋书·王导传》）司马睿从之，乃使王导躬造贺循、顾荣，二人皆应命而至，由是吴会风靡，百姓归心焉。除了贺循、顾荣之外，王导还举荐了丹杨秣陵人纪瞻、义兴阳羡人周玘等。不仅如此，司马睿对这些江东名望多加优宠。"元帝镇江东，以（顾）荣为军司，加散骑常侍，凡所谋画，皆以咨焉。荣既南州望士，躬处右职，朝野甚推敬之"（《晋书·顾荣传》）。"元帝为安东将军，引为军咨祭酒，转镇东长史。帝亲幸（纪）瞻宅，与之同乘而归"（《晋书·纪瞻传》）。对于会稽士人，司马睿虽加以任用，但并未重用。"时南土之士未尽才用"（《晋书·顾荣传》），顾荣又向元帝进贤，其中就包括会稽杨彦明、谢行言以及贺循，"凡此诸人，皆南金也"（《晋书·顾荣传》）。如上所说，贺循是与顾荣齐名的江东名望，顾荣较早便受到司马睿器重，而其对贺循的恩宠则来得晚得多。"元帝为安东将军（307），复上（贺）循为吴国内史"，"及帝承制（312），复以（贺循）为军咨祭酒。循称疾，（王）敦逼不得已，乃舆疾至。帝亲幸其舟，因咨以政道。循羸疾不堪拜谒，乃就加朝服，赐第一区，车马床帐衣褥等物"（《晋书·贺循传》）。贺循尚且如此，更不用说其他会稽士人了。可见，司马睿对会稽士人的重视远不如吴郡、丹杨等地士人。

尽管如此，会稽士人一如既往地效忠于司马睿政权。江东草创，盗贼多有，帝思所以防之，咨于贺循，贺循建议重兵守险奥处，多置亭候、厘清职责等。在立国之前，会稽士人为司马睿立下了不少功劳。永嘉六年（312），江州刺史华轶不奉诏，司马睿遣将讨之，贺循、虞潭、孔愉等皆参与讨伐华轶行动。孔愉时为参军，以功封不亭侯；贺循亦以功当封亭侯，辞而不受；虞潭时为南康太守，亦奉命讨伐华轶。

建兴五年（317）三月，琅邪王司马睿承制改元，称晋王于建康，次年（318）三月称帝。东晋初期，司马氏政权颇不稳定，十年间有多次重

① 川胜义雄认为，"几乎没有任何军事力量的司马睿等在刚开始时，全盘依靠江南豪族的战斗能力"。参见［日］川胜义雄《六朝贵族制社会研究》，徐谷芃、李济沧译，上海古籍出版社 2007 年版，第 145 页。

大叛乱。元帝永昌元年（322），王敦举兵反；明帝太宁二年（324），王敦再次起兵；成帝咸和二年（327），流民帅苏峻反。在一系列叛乱之中，会稽士人竭力效忠于朝廷。太宁二年（324），王敦令其兄王含、周抚、邓岳等起兵攻京师，沈充帅万余人来会。《晋书·虞潭传》："会王含、沈充等攻逼京都，潭遂于本县招合宗人，及郡中大姓，共起义军，众以万数，自假明威将军。乃进赴国难，至上虞。明帝手诏潭为冠军将军，领会稽内史。潭即受命，义众云集。……遣长史孔坦领前锋过浙江，追蹑充。潭次于西陵，为坦后继。"其母孙氏"仍尽发其家僮，令随潭助战，贸其所服环佩以为军资"（《晋书·列女传·虞潭母孙氏传》）。苏峻反，成帝"加（虞）潭督三吴、晋陵、宣城、义兴五郡军事。会王师败绩，大驾逼迁，潭势弱，不能独振，乃固守以俟四方之举。会陶侃等下，潭与郗鉴、王舒协同义举。侃等假潭节、监扬州浙江西军事。潭率众与诸军并势，东西掎角。遣督护沈伊距管商于吴县，为商所败，潭自贬还节"（《晋书·虞潭传》）。可见，在两次叛乱中，身为地方长官的虞潭都积极参与平定叛乱，并立下了一定功劳。苏峻之乱，虞预"先假归家，太守王舒请为咨议参军。峻平，进爵平康县侯，迁散骑侍郎"（《晋书·虞预传》）。孔愉为吴兴太守，沈充反，孔愉"弃官还京师"（《晋书·孔愉传》）。苏峻作乱，孔愉"朝服守宗庙"（《晋书·孔愉传》）。苏峻逼迁天子于石头，侍中丁潭等"随从不离帝侧"（《晋书·丁潭传》）。王敦反，孔坦与虞潭积极起兵讨伐。苏峻反，孔坦多次进策，惜不为王导所用。苏峻挟天子迁石头，孔坦奔陶侃，陶侃引为长史。孔坦又为陶侃献计，分散苏峻兵力，遂败苏峻（《晋书·孔坦传》）。

由此可见，在东晋初期，会稽士族并未受到较多重视，其地位远不如吴郡士族，更不用说北方士人了。虽则如此，在一系列叛乱中，会稽士族竭力效忠于东晋朝廷，为东晋王朝的建立及稳定作出了较大的贡献。

三　东晋后期会稽士族之发展

如上所说，在东晋创立和巩固过程中，江东族发挥了重大的作用，因此，东晋君主对江东士族也作出了一些优遇之举。元帝大兴元年（318）诏曰："其吴之高德名贤或未旌录者，具条列以闻"（《晋书·元帝纪》）。

明帝太宁三年（325）诏曰："吴时将相名贤之胄，有能纂修家训，又忠孝仁义，静己守真，不闻于时者，州郡中正亟以名闻，勿有所遗。"（《晋书·明帝纪》）这使得江东士族的政治地位有所提高。方北辰指出："从王敦之乱平息之际开始，他们对江南世家大族作出了具有实际意义的让步，这种让步包括政治和经济两个方面。在政治上，他们允许一些江东世家大族的重要人物进入统治集团核心，分享一部分权力。"① 此说颇有些道理。

如上所说，从西晋至东晋前期，会稽士族并没有受到司马氏政权重视，但在一系列反叛乱活动中，会稽士族，如虞氏、孔氏等，表现出非凡的忠义之举，因此，在政治上，会稽士人获得了相当的发展空间。自永嘉元年（307）司马睿出镇建业，至其卒（323）十年余间，会稽士人仅贺循以年老望重而受到重用，官至中书令、太子太傅，开府仪同三司。可是贺循（319）卒后，虽有少许会稽士人任职于朝廷，却无一人官到高位。如元帝指定的七位顾命大臣中便有吴郡陆晔，且身居要职，领军将军并录尚书事，却无一会稽士人。苏峻叛乱之后，"江东世家大族在东晋统治集团核心中所应占有的席位即完全得到肯定"②，会稽士人方得任以高位。苏峻之乱后，虞潭进爵武昌县侯。母忧后征为侍中、卫将军。既至，更拜光禄大夫、开府仪同三司，给亲兵三百人，侍中如故。其子虞仡官至右将军司马，其孙虞啸父为侍中，"为孝武帝所亲爱"（《晋书·虞啸父传》）。孔安国"孝武帝时甚蒙礼遇"（《晋书·孔家国传》）。苏峻叛乱平定之后，孔愉徙大尚书，转尚书右仆射，领东海王师，寻迁左右仆射，后又为尚书仆射。其三子孔闿、孔汪、孔安国皆至高官。长子孔闿嗣爵，位至建安太守。孔汪为征虏将军、平越中郎将、广州刺史。孔安国仕历侍中、太常，再为会稽内史、领军将军，后历尚书左右仆射。孔愉从子孔坦迁吴兴内史，加建威将军，后拜侍中，加散骑常侍，迁尚书。孔严为扬州大中正，尚书。不仅如此，对于会稽士族的过失，晋帝亦往往多加宽容。虞啸父参加王廞谋反，仅废为庶人，未加治罪，四年后又复拜尚书。虞喜以藏户当弃市，山遐欲将其绳之以法，诸豪强言于执事，以喜有高节，不宜屈辱。

---

① 方北辰：《魏晋南朝江东世家大族述论》，台北：文津出版社 1991 年版，第 73 页。
② 同上书，第 76 页。

结果，朝廷对此不予理会，虞喜相安无事，而山遐反倒被免官。可见，朝廷对虞氏的宽容了。

到了东晋中后期，朝廷颇多变更，如桓温、桓玄篡位等，但会稽士人往往采取不卷入的态度，因此会稽士人在政坛较为平静，虽然有一些士人在朝廷为官，但并无杰出人才，更无位居高位者。

四　两晋会稽士族的特征

两晋时期是会稽士族发展的重要时期，以上对这一时期会稽士族的发展情况作了简要分析。随着时代的变迁，会稽士族不仅呈现出新风貌，而且展现出新特征。

（1）政治地位的边缘化

如上所说，早在孙吴后期时期，吴郡大家族，如陆氏、顾氏等，在孙吴政治中占有极其重要的位置，而会稽士族在政治上逐渐被边缘化。到了晋代，这一情况不仅未得到改变，反倒有进一步发展的趋势。西晋时期，会稽仅贺循一人被征聘入洛为官，元帝时，亦仅贺循一人受到重用。会稽士人为东晋王朝的建立和巩固作出了很大贡献，在一系列叛乱中，会稽士人表现出更多的忠义。在王敦、苏峻叛乱中，吴郡士人往往采取观望的态度，吴兴世族如沈氏等，反倒参加叛乱，而会稽士人则坚决拥护皇权，积极讨伐叛逆，并为平定叛乱立下大功。正因如此，东晋时期，会稽士人在明帝和成帝时，政治地位得到提升，山阴孔氏及余姚虞氏有不少在朝中为高官。但除了孔、虞二氏之外，在朝廷为官的会稽士人依然较少，就连贺循家族也同样被边缘化。到了东晋中后期，这种情形变得更为严重。可见，在两晋时期，除了个别家族，如孔氏、虞氏之外，会稽士人在政坛并无多少地位。

（2）坚守儒学传统

东吴时期，江东学风多具保守气息。到了晋代（特别是东晋时期），由于吴郡士人与江北士人交往较多，因而较早地受到玄学风气的浸染。张翰随贺循入洛，为官时日以酒酣，却因思鲈鱼而弃官东归等，这一系列行为颇有魏晋名士之风度。吴郡顾敷、张玄、张凭等皆长于清谈。《世说新语·夙惠》："司空顾和与时贤共清言，张玄之、顾敷是中外孙。……二儿共叙客主之言，都无遗失。"《世说新语·文学》："张（凭）乃遥于末坐判之，言约旨远，足畅彼我之怀，一坐皆惊。"而会稽士人却多依然坚守儒学传统，保持着良好的情操。贺循少时便"操尚高厉，童龀不群，言行进止，必以礼让"（《晋书·贺循传》）。陆机称其"服膺道素，风操凝峻"（《晋书·贺循传》），元帝称其"冰清玉洁，行为俗表"（《晋书·贺循传》）。虞潭母孙氏常勉之以忠义之节，因此面对叛乱，虞潭都竭力加以讨伐。苏峻之乱，叛兵入京，孔愉朝服守宗庙。孔愉敢于直言，他批判温峤废守母丧，直言批判王导治国过失，"其守正如此"（《晋书·孔愉传》）。其子孔汪"以直亮称"（《晋书·孔安国传》），孔安国"以儒素显"。"时茹千秋以佞媚见幸于会稽王道子，汪屡言之于帝（孝武帝）"（《晋书·孔汪传》）。孝武帝待之甚厚，及帝崩，安国"形素羸瘦，服衰绖，涕泗竟日，见者以为真孝"（《晋书·孔安国传》）。成帝幸丞相王导家，拜导妻曹氏，有同家人，孔坦切谏，以至得罪权臣王导。当玄风盛行时，虞预"雅好经史，憎疾玄虚，其论阮籍裸袒，比之伊川被发，所以胡虏遍于中国，以为过衰周之时"（《晋书·虞预传》）。可见，在玄风浸染之下，会稽士族依然多保持着儒家忠义、直谏、刚正等传统。

（3）渐染玄学气息

东晋前期，会稽士人多坚守儒学传统，可是到了第二代之后，一些会稽士人亦染玄学气息。虞潭之孙虞啸父为侍中时，孝武帝问道："卿在门下，初不闻有所献替邪？"（《晋书·虞啸父传》）而虞啸父却以为帝欲求美食，可见其俗气了。王廞举兵，虞啸父行吴兴太守，于是虞啸父便入吴兴应王廞。可见，其早已将其祖父虞潭的忠义传统遗失。晋代孔群及子孙皆耽于酒。孔群性嗜酒，尝与亲友书云："今年田得七百石秫米，不足了曲蘖事。"（《晋书·孔群传》）到了南朝，会稽士族儒学气息渐淡，玄学气息渐浓，但较吴郡士人依然为保守，更不用说江北士人了。当然，亦有少许会稽士族沾染玄学气息，如"贺玚亦撰《易》《老》《庄》三玄的讲疏，而保存在《礼记正义》中的贺玚之说，有一些颇带着玄学气味"。[①]

---

① 唐长孺：《读〈抱朴子〉推论南北学风的异同》，载其著《魏晋南北朝史论丛》，河北教育出版社 2000 年版，第 360—361 页。

而著名的会稽"四族之后"孔沈、魏颛、虞存、虞球、谢奉等的成名，"是受到了会稽本地的清谈风尚沾溉的结果"①。

总而言之，两晋时期是会稽士族发展的重要时期。在西晋时期，会稽士族依然未受到重视，直至东晋前期，会稽士人在一系列叛乱中表现出对朝廷无比坚定的忠义，会稽士族方获得一定的政治地位。可是到了东晋后期，会稽士人在政坛依然没有多少地位。两晋时期是会稽士族风气的渐变时期。在西晋时期及东晋前期，会稽士人多坚守儒学传统，到了东晋中后期，亦渐染玄学风气。

第四节　南朝时期会稽士族

在孙吴前期，一些会稽士族因军功而获得了一定的政治地位，但到了后期，因地缘等原因，会稽士族在政治中逐渐被边缘化。在西晋时期，只有极少数会稽士人得到朝廷任用。在东晋前期，会稽士人在一系列叛乱中表现出对朝廷无比的忠义，会稽士族方获得一定的政治地位。但这种兴起仅仅是昙花一现，到了东晋后期，会稽士人在政坛依然没有多少地位。在风云巨变的南朝时期，当江北士族与江东吴郡士族日渐没落之时，会稽士族却依然在政治上保持着一定的地位，这为隋唐时期会稽士族的发展打下了良好的基础。

一　宋齐时期

南朝时期不仅朝代更替快，一百七十年（420—589）更换了四个朝代，而且帝王更替更快，南朝共有二十四位皇帝，人均不过六七年。这种快节奏的变换使得士人为了生存而忘却了忠义，完全以家族或个人利益为权衡一切的出发点。在风云巨变的时代，各家族往往依附于可靠的政治人物，以求得家族的生存与发展。而一些政治家亦想借助于有实力的家族支持，以实现个人野心。因此，在南朝时期，对于家族的发展来说，与君主的关系比其他因素更为重要。如前文所说，随着政治地位的边缘化之后，

---

① 吴正岚：《六朝江东士族的家学门风》，南京大学出版社 2003 年版，第 273 页。

一些会稽士族热衷于地方经营，发展成为地方豪强，只有少数会稽士族热衷于政治，努力参与政治之中。不同的政治态度与志向导致不同家族在南朝时期的兴衰形成更为明显的两极化趋势。

刘裕原本是北府军刘牢之手下将领，征讨孙恩颇有功劳。安帝元兴元年（402）三月，桓玄入建康掌权，次年十二月桓玄称帝，国号楚。元兴三年（404）二月，刘裕起兵丹阳，讨伐桓玄。桓玄败走，不久死亡。晋安帝复位，于是刘裕执掌朝政。为了提升个人声誉，刘裕进行了两次北伐，安帝义熙五年（409）北伐南燕，安帝义熙十二年（416）北伐后秦，并于义熙七年（411）彻底平定南方卢循叛乱。经过十余年的苦心经营，刘裕方才以禅让的形式夺得帝位。刘裕以征伐建立功业，故其称帝之后，对早年追随他征战的军功家族颇加重用。自东晋以来，江东士族逐渐分化，文化型世家在政治上依然有一定地位，如吴郡陆氏、顾氏等，而地方豪强型士族因受到打击而无闻于时，如吴兴沈氏、周氏等。晋宋的朝代更替则为江东地方豪强型士族的兴起提供了难得的机遇，"江东世家大族中军功家族的兴起，是和刘裕的崛起同时发生的"[①]。刘裕起兵时，只有少数江东世家采取积极支持的态度，如吴郡张氏、吴兴沈氏以及会稽孔氏等。因江东一些军功家族，如吴兴沈氏，对刘氏政权给予了极大支持，故在刘宋时期这些家族得到了空前的发展。这导致了自东晋建国以来江东世家政治地位低于侨姓世家的格局得到改变。"晋宋变革之际，侨姓世家大族实力下降，江东世家大族中一批军功家族却乘时崛起。结果，到了刘宋后期，江东世家大族的整体实力，不仅超过侨姓世家大族，而且强大到可以左右政局的程度。"[②] 会稽士族并未像吴兴沈氏那样借助朝代更替而"大翻身"，但也获得了一些发展机会。其中善于观察风云的山阴孔氏便利用了这一机遇而得到了很好的发展。

孔靖，字季恭，会稽山阴人也。始察孝廉，为著作佐郎，太子舍人，镇军司马等职。遭母忧，居故里。隆安五年（401），丧中被起用为建威将军、山阴令，不就。安帝隆安三年至五年（399—401），时为刘牢之部将

---

① 方北辰：《魏晋南朝江东世家大族述论》，台北：文津出版社1991年版，第82页。
② 同上书，第87页。

的刘裕受命讨伐孙恩叛乱，隐居故里的孔靖颇结好于刘裕，刘裕东征孙恩，屡至会稽，孔季恭"曲意礼接，赡给甚厚"（《宋书·孔季恭传》）。刘裕欲讨伐桓玄，孔季恭为其献计。"高祖后讨孙恩，时桓玄篡形已著，欲于山阴建义讨之。季恭以为山阴去京邑路远，且玄未居极位，不如待其篡逆事彰，衅成恶稔，徐于京口图之。不忧不克。"此建议为刘裕采纳，"高祖亦谓为然"（《宋书·孔季恭传》）。正因如此，平定桓玄后入京掌权，刘裕不忘孔季恭之功，"及帝定桓玄，以季恭为（会稽）内史，使赍封板拜授，正与季恭相值，季恭便回舟夜还"（《宋书·孔季恭传》）。此后，孔季恭官位不断升迁，"征为右卫将军，加给事中，不拜。寻除侍中，领本国中正，徙琅邪王大司马司马。寻出为吴兴太守，加冠军"（《宋书·孔季恭传》）。此后任尚书右仆射、加散骑常侍、本州大中正，侍中、左光禄大夫等职。"辞事东归，高祖饯之戏马台，百僚咸赋诗以述其美。及受命，加开府仪同三司"（《宋书·孔季恭传》）。孔季恭之弟孔灵符亦仕途通达，先后为辅国将军、郢州刺史、丹阳尹、会稽太守等职。另外，孔琳之一支亦颇盛。孔琳之，会稽山阴人，东晋孔沈之孙。孔琳之曾为桓玄祭酒，曾谏桓玄废谷钱，又谏复肉刑。后为刘裕长史、侍中、吴兴太守、御史中丞等职，又领本州大中正，迁祠部尚书。其子孔邈官至扬州治中从事史。其孙孔颙，任南义阳太守、临海太守、宁朔将军等职，曾领本州大中正等。孔颙之弟孔道存官至南郡太守，侍中、行雍州事等。此外见于史书的还有孔处。孙处，会稽永兴（萧山）人。从刘裕东征孙恩，为振武将军，封县侯。后力讨卢循叛乱，病卒。

萧道成乃一武将，宋明帝崩，遗诏其与袁粲等共掌机事。后废帝刘昱败亡后，萧道成立顺帝刘准，两年后废之而自立为帝，建立南齐。南齐首尾仅二十四年，却历经七帝，其中齐武帝萧赜在位十一年，其余各帝则如走马灯，在位时间都比较短。"萧齐二十四年间，是江东世家大族中军功家族势力的消退阶段"[1]，江东世族在政治上被忽视。曾为萧道成夺得吴郡的张瑰曾向齐武帝发牢骚说："陛下御臣等若养马，无事就闲厩，有事复牵来。"（《南史·张瑰传》）沈文季亦发出"南风不竞，非复一日"之

---

① 方北辰：《魏晋南朝江东世家大族述论》，台北：文津出版社1991年版，第87页。

叹（《南齐书·沈文季传》）。

会稽士族与萧氏政权并无多少关联，因此会稽士族，仅余姚虞氏还有些地位，其他家族皆无闻于世。虞悰，祖虞啸父，晋左民尚书，父秀之，黄门郎。虞悰初州辟主簿，后累至州治中，别驾，黄门郎。早年虞悰交好于萧道成。"初，世祖（萧道成）始从官，家尚贫薄，（虞）悰推国士之眷，数相分与，每行，必呼上同载，上甚德之。"（《南齐书·虞悰传》）萧道成称帝后，虞悰仕途颇为通达。齐高帝建元初（479），转太子中庶子，迁后军长史等职，寻为豫章内史，迁辅国将军、蜀郡太守，转司徒司马。齐郁林王萧昭业立，改领左军将军，扬州大中正，兼大匠卿。明帝立，虞悰称疾不陪位，后称疾东归。虞玩之，会稽余姚人。在宋废帝时，萧道成执政，虞玩之为左丞，便与萧道成有不少交往，宋顺帝时迁骁骑将军，黄门郎，领本部中正。萧道成即位后，敕其与傅坚意检定簿籍。久官年疾，遂还乡里。虞愿，会稽余姚人，其主要生活于刘宋时期。宋文帝元嘉末为浔阳王府墨曹参军。宋明帝立，"以愿儒史学涉，兼蕃国旧恩，意遇甚厚"（《南齐书·良政列传·虞愿传》），除太常丞，尚书祠部郎，领五郡中正。后出为晋平太守。在郡时以仁义为治。迁中书郎，领东观祭酒。其兄虞季，上虞令。

南齐时孔氏仅有孔稚珪有名于世。孔稚珪，山阴人，祖道隆，位侍中。父灵产，为晋安太守。宋后废帝元徽中，孔灵产为中散、太中大夫。颇解星文，好术数。萧道成辅政，沈攸之起兵，孔灵产密白萧道成曰："攸之兵众虽强，以天时冥数而视，无能为也。"（《南齐书·孔稚珪传》）萧道成验其言，擢迁光禄大夫。孔稚珪颇有文名。萧道成为骠骑将军，以孔稚珪为记室参军。迁中书郎，尚书左丞。后为骁骑将军、御史中丞，迁骠骑长史，辅国将军。建武初，迁冠军将军、平西长史、南郡太守。

从以上分析可以看出，在刘宋时期，会稽士族仅孔氏一枝独秀，其他会稽士族皆无闻于世。[①] 在萧齐时期，余姚虞氏因与萧道成颇有交往，故较为活跃。另外山阴孔氏孔灵产、孔稚珪父子等亦较为活跃，仕途颇为通

---

① 刘宋以后，会稽士族在政治上地位削弱，刘淑芬先生将其客观原因归于会稽士族与中央关系的弱化以及地缘性因素，是颇有道理的。参见刘淑芬《六朝会稽士族》，载其著《六朝的城市与社会》，台湾学生书局1992年版，第277—279页。

达。其余士族皆少有知名者。

二　梁陈时期

齐东昏侯萧宝卷荒淫残暴，萧衍之兄萧懿为东昏侯所杀。永元三年（501）二月萧衍襄阳起兵，征讨东昏侯。东昏侯败亡，萧衍立萧宝融为帝，是为齐和帝。不久，萧衍以禅让的形式夺得帝位，建立梁朝。在萧梁时期，江东世家大族发生了较大的变化。如上所说，早在两晋时期，吴郡士族和会稽士族便开始由武转文，而豪强型的吴兴沈氏和周氏皆因受到打击而无闻于时。在宋齐时期，军功世家吴兴沈氏及吴郡张氏得到了极大的发展，以至在宋齐时期，"沈、张二族已经取代顾、陆二族，成为南朝江东世大族的冠冕"①。而会稽士族依然处于边缘化，仅虞氏和孔氏还较为活跃。萧衍建国之后，采取了一系列不同于宋、齐的治国方略。②与宋、齐诸帝出于武夫不同，梁武帝虽武将出身，却颇有文采，曾为南齐竟陵王幕府文人集团"竟陵八友"之一。因此，萧衍对文学之士和学术之士颇为重用。《隋书·百官志上》："（中书省）通事舍人，旧入直阁内。梁用人殊重，简以才能，不限资地，多以他官兼领。"以至遭到世人抱怨，"举世怨梁武父子爱小人而疏士大大"③。据学者统计，梁代中书通事舍人共二十八位，出身江东世家大族者，有吴郡的朱异、顾协，会稽的孔休源、孔子祛、虞荔，吴兴的沈峻等人。④"梁武帝所选的中书通事舍人，又多擅长经术与文章，与宋、齐时多为缺乏文化修养者不同。"⑤不管如何"梁武喜用寒门之练达者，固确乎不易之事实"⑥。

如上所说，会稽士族一直保持着良好的学术传统，较少随时代变迁而变异。在梁代，以学术而立世的会稽世家得到了相当的发展。以礼学而闻

---

①　方北辰：《魏晋南朝江东世家大族述论》，台北：文津出版社1991年版，第90页。

②　参见周一良《论梁武帝及其时代》，载其著《魏晋南北朝史论集》，北京大学出版社1997年版，第338—368页。

③　王利器：《颜氏家训集解》（增补本），中华书局1993年版，第318页。

④　参见方北辰《魏晋南朝江东世家大族述论》，台北：文津出版社1991年版，第91页。

⑤　同上。

⑥　周一良：《南朝境内之各种人及政府对待之政策》，载其著《魏晋南北朝史论集》，北京大学出版社1997年版，第70页。

名于世的贺氏自贺循卒后，一直无闻于世。到了梁代，随着贺玚和贺琛的兴起之后，贺氏家族颇有复兴之势（详后文）。此外，山阴孔氏亦得到了较好的发展，甚至出现了人臣之极的权臣。

孔休源，会稽山阴人。父珮早卒，孔休源十一岁而孤。早年曾从吴兴沈麟士受经，略通大义。孔休源早年颇以才学闻名。齐明帝建武四年（497）举秀才，太尉徐孝嗣深善之。为竟陵王西邸学士，选为太学博士。即帝位之后，萧衍欲求一解朝仪者，徐勉荐孔休源曰："孔休源识具清通，谙练故实，自晋、宋《起居注》诵略上口。"（《梁书·孔休源传》）萧衍亦素闻之，即日除兼尚书仪曹郎中。"是时多所改作，每逮访前事，体源即以所诵记随机断决，曾无疑滞。吏部郎任昉常谓之为'孔独诵'。"（《梁书·孔休源传》）除给事黄门侍郎，迁长兼御史中丞，正色直绳，无所回避，百僚惮之。梁武帝多次让孔休源辅佐诸侯王出镇重要州郡。出为宣惠晋安王府长史、南郡太守，行荆州府州事；后为始兴王憺府长史，南郡太守、行府州事如故；复为晋安王府长史、南兰陵太守，别敕专行南徐州事。孔休源专行徐州事时，晋安王对其特别敬重，"常于中斋别施一榻，云'此是孔长史坐'，人莫得预焉"（《梁书·孔休源传》）。普通七年（526）扬州刺史临川王萧宏死后，梁武帝以授孔休源宣惠将军、监扬州，实为扬州刺史。孔休源监扬州历七年。中大通二年（530），加金紫光禄大夫。此时萧武帝对其宠信达到极致。

> 每车驾巡幸，常以军国事委之。昭明太子薨，有敕夜召休源入宴居殿与群公参定谋议，立晋安王纲为皇太子。自公卿珥貂插笔奏决于休源前，休源怡然无愧，时人名为兼天子。（《南史·孔休源传》）

孔休源才学渊博，为人清忠正直，故深得梁武帝器重，成为梁朝前期的权臣。孔休源先后出辅佐诸侯王出镇重要州郡，后又监荆州达七年之久。显然，其对梁武帝前期"长期而较稳定的统治局面的形成，具有积极的促进作用"①。因孔休源通达，故其子孙仕途亦可。其长子孔云童官至

---

① 方北辰：《魏晋南朝江东世家大族述论》，台北：文津出版社 1991 年版，第 92 页。

扬州别驾，少子孔宗轨，历尚书都官郎，司徒左西掾，中书郎。《梁书·儒林列传》有孔金、孔子祛二人。孔金，会稽山阴人。少师事何胤，通《五经》，尤明《三礼》《孝经》《论语》。为五经博士，迁尚书祠部郎。其子孔俶为太学博士，兄子元素善《三礼》，有盛名。孔子祛，会稽山阴人。精通经学，曾协助贺琛撰《梁官》，为萧衍《五经讲疏》及《孔子正言》二书义证。著书多种。

可见，在梁朝时期，以学术见长的会稽士族地位得到了相当大的提升，一些学术名士如孔休源、贺琛等，皆位至高官。

梁武帝晚年颇为昏庸，不顾群臣劝阻，收容北方叛将侯景。不仅如此，对如此反复无常的小人不仅不加以防范，反倒宠信有加。太清二年（548）八月，侯景起兵叛，次年三月攻破京师建康，梁武帝被饿死。其后，虽然元帝萧绎平定叛乱，重建梁朝，但毕竟不过昙花一现，三年后江陵为西魏攻破。陈高祖陈霸先原本元帝萧绎手下将领，平定侯景叛乱颇有功。元帝败亡后，555年十月，陈霸先立敬帝萧方智，陈霸先擅政。557年十月，陈霸先称帝，梁代灭亡。589年，陈都城建康为隋将韩擒虎攻破，陈朝灭亡。

侯景之乱，江东地区遭到了很大破坏，江东士族遭到沉重打击，[1] 大量名士死于战乱。就会稽士人而言，在陈朝初期，除了梁代遗老外，皆无闻于世。到了陈朝中期，一些士族逐渐活跃起来，谢氏、虞氏、孔氏皆不乏名士。

谢岐，会稽山阴人。少机警好学，见称于梁世，为尚书金部郎，山阴令。侯景之乱，流寓东阳。后参预陈高祖机密，任尚书右丞，中书舍人，黄门侍郎等。其弟谢峤，为世通儒。

虞荔，会稽余姚人。祖权，梁廷尉卿、永嘉太守，父检，平弱始兴王谘议参军。侯景之乱，率亲属入台，除镇西谘议参军。侯景平，元帝征为中书侍郎，贞阳侯，授扬州别驾，不就。陈文帝时，除太子中庶子，寻领大著作、东扬州二州大中正。其弟虞寄侯景之乱时，亦入台，除镇南湘东

---

① 苏绍兴先生就侯景之乱对江东的破坏和对南朝士人所带来的迫害作了详细考察。详情参见苏绍兴《侯景乱梁与南朝士族衰落的关系》，载其著《两晋南朝的士族》，台北：联经出版事业公司1993年版，第33—48页。

王谘议参军，加贞威将军。后寄身于陈宝应，为陈宝应所杀。虞荔之子虞世基、虞世南，入隋唐后并有高名。

贺氏有贺德基，其祖文发，其父淹，三世儒学。贺德基精于《礼记》，累迁尚书祠部郎。另有寒门韩子高。韩子高，会稽山阴人，家本微贱。侯景之乱，流寓京师。陈文帝蒨出镇吴兴，韩子高为其亲信。文帝继位，除右将军。天嘉三年（562），封文招县子，邑三百户。次年，迁员外散骑常侍、壮威将军、成州刺史。六年，征为右将军，至都，镇领军府。高宗入辅，求出为衡、广诸镇。后因参预谋反，被杀。

陈朝时，最为发达的会稽士族则为孔氏。孔奂，会稽山阴人。孔奂数岁而孤，为叔父虔所养。起家扬州主簿、宣惠湘东王行参军。侯景叛乱，依侯景将侯子鉴。侯景乱平，为司徒王僧辩辟，为左西曹掾，后补扬州治中从事史。入陈之后，孔奂历经五帝，仕途通达。陈霸先称帝，迁太子中庶子。后除晋陵太守。文帝时，征为御史中丞，领扬州大中正，迁散骑常侍，领步兵校尉，中书舍人，掌诏诰，扬、东扬二州大中正。高宗即位，进号仁威将军、云麾始兴王长史，余并如故。迁吏部尚书，加散骑常侍。陈后主时，迁中书令，领左骁将军、扬东扬丰三州大中正，转太常卿，侍中、中正并如故。

孔范为陈朝后期恩幸。孔范，会稽山阴人。陈太建中，位宣惠江夏王长史。后主继位，为都官尚书，与江总等并为狎客。"后主性愚狠，恶闻过失，每有恶事，范必曲为文饰，称扬赞美。"（《南史·恩幸列传·孔范传》）孔范与后主宠妃孔贵人结为兄妹，宠遇优渥，言听计从。孔范诋毁诸将，致使"将帅微有过失，即夺其兵，分配文吏"（《南史·恩幸列传·孔范传》）。隋师南下，又劝后主长江不设防。大敌当前，孔范以其徒居中，未阵而北，孔范脱身遁免。陈朝灭亡，孔范最终未能逃脱惩处。"及至长安，事并露，隋文帝以其奸佞谄惑，并暴其过恶，名为四罪人，流之远裔，以谢吴、越之人。"（《南史·恩幸列传·孔范传》）

从以上分析可以看出，在整个六朝时期，会稽士族唯以善于逢迎的孔氏一直处于不衰之地。宋齐时有孔靖、孔灵符、孔琳之、孔稚珪，而梁陈时有权重一时的孔休源以及孔奂，陈后主时却出现了奸佞幸臣孔范。虞氏虽不太发展，却不时有名士出现。南齐时有虞玩之、虞悰，梁陈时有虞荔。以学术立世的贺氏自贺循之后，则一直处于边缘化状态，直到梁陈时期，情况有所变化。梁代出现了名儒贺玚以及高官贺琛，至陈时有贺德基三代。其他，如谢氏、钟氏、丁氏等，皆没落无闻。

一句话，在南朝时期，会稽士族分化为两类，一类以学术立世，另一类以政治立世，前者以贺氏为代表，后者以孔氏为代表，虞氏则介于两者之间。除此之外，其他家族则在政治巨变中逐渐没落。

第二章　贺氏家族兴衰

会稽贺氏是六朝时期著名的学术世家，大师辈出，学术著作宏富。但由于历史久远、史料缺乏等原因，关于贺氏的起源、发展等依然有许多问题值得再作深入探讨与研究。为了便于后文专题论述的展开，在此首先对会稽贺氏的起源以及六朝时期贺氏家族的发展情况作一简要概说。

第一节　贺氏溯源

据早期史料记载，贺氏原为庆氏，因避东汉安帝父讳而改为贺氏。东晋虞预《晋书》：

> 贺氏本姓庆氏。齐伯父纯，儒学有重名，汉安帝时为侍中、江夏太守，去官。与江夏黄琼、汉中杨厚俱公车征，避安帝父孝德皇帝讳，改为贺氏。齐父辅，永宁长。①

虞预（约285—340），会稽余姚人，东吴虞翻曾孙。虞预与晋代名士贺循（260—319）同郡，且年龄相隔不过二十余岁，二人当有些交往。因此，虞预《晋书》所记，贺氏源出庆氏当为可信。后世不少典籍沿用其说。唐代林宝撰《元和姓纂》卷九"贺氏"条对贺氏起源及传嗣作了更

---

① 《三国志·贺齐传》注引。（西晋）陈寿撰，（南朝宋）裴松之注：《三国志》，中华书局1959年版，第1377页。

详细的记载：

> 姜姓，齐公族庆父之后，庆克生庆封，以罪奔吴。汉末徙会稽山
> 阴，后汉庆仪为汝阴令，庆普之后也，曾孙纯避汉安帝父讳，始改贺
> 氏。孙齐吴大将军，[①] 齐孙中书令劢，劢生晋太子太傅循，循十二代
> 唐太子中书舍人德仁，德仁侄孙彭州刺史默，德仁侄曾孙太子宾客知
> 章生曾。[②]

《元和姓纂》卷九"庆氏"条引下《姓苑》云：

> 庆父之后，庆克生庆封。庆封奔吴，子孙徙下邳。……汉末，庆
> 氏自下邳又徙会稽。……庆仪，后汉汝阴令；孙庆酺；子侍中质，[③]
> 讳姓贺氏。[④]

《元和姓纂》将贺氏起源上溯至春秋齐桓公，认为庆氏出于庆父之后，
后因罪奔会稽山阴，并一直在山阴延续下来。庆封奔吴，早期史籍有所记
载。《左传》襄公二十八年：庆封因乱先奔鲁，"既而齐人来让，（庆封）
奔吴。吴句余[⑤]予之朱方，聚其族焉而居之，富于其旧"。《史记·吴太伯
世家》："王余祭三年，齐相庆封有罪，自齐来奔吴。吴予庆封朱方之县，
以为奉邑。"可见，《元和姓纂》所记大体可信。后世典籍多从此说。宋
代郑樵《通志·氏族略第三》：

> 庆氏，姜姓，齐桓公之子公子无亏之后也。元亏生庆克，亦谓之庆

---

① 《元和姓纂》认为贺齐为贺纯之孙，而虞预《晋书》则明确记载贺纯为贺齐伯祖父。刘
淑芬等学者从虞预《晋书》，而王伊同等学者则从《元和姓纂》。如上所说，虞预与贺循为同时代
人，其记载当远较数百年后唐人记载可信。故本书从之。
② （唐）林宝：《元和姓纂》，《文渊阁四库全书》第890册，台湾商务印书馆1986年版，第713页。
③ 原文按语："按前贺姓，《姓纂》云贺纯避汉安帝讳，改为贺氏，此云质，与前不合。"
（唐）林宝：《元和姓纂》，《文渊阁四库全书》第890册，台湾商务印书馆1986年版，第717页。
④ （唐）林宝：《元和姓纂》，《文渊阁四库全书》第890册，台湾商务印书馆1986年版，第717页。
⑤ 服虔以余末为余祭。转引自杨伯峻《春秋左传注》（修订本），中华书局1981年版，第
1149页。

父，名字通用，是亦以字为氏者，望出广陵。……贺氏即庆氏也，姜姓齐桓公之支庶也。自齐庆父之后，皆以庆为氏。至后汉汝阴令庆仪，即庆普之裔也。仪之孙酺，酺子侍中质，避安帝父讳，改为贺氏。①

宋人施宿《嘉泰会稽志》卷三：

> 贺氏，齐之六族庆封之后，汉有侍中庆纯，避安帝讳改为贺氏。吴贺齐、贺劭，唐贺知章，皆会稽人，望出河南广平。知章之后有铸，以诗文得名。于元祐中自称鉴湖遗老。又有道士贺仲清者，会稽人，亦自言知章之后，绍兴中犹在。②

关于会稽贺氏起源，还有另一种说法。宋人张淏所撰《续会稽志》（即《宝庆会稽志》）卷四：

> 贺铸引谢承《会稽先贤传》谓（镜）湖本名庆湖，皆图志所逸，今备录之。铸《庆湖遗老集序》云：贺本庆氏，后稷之裔，太伯始居吴。至王僚遇公子光之祸，王子庆忌挺身奔卫，妻子进度浙水，隐会稽上。越人哀之，予湖泽之田，俾擅其利，表其族曰庆氏，名其田曰庆湖。今为镜湖，传讹也。汉安帝时避帝本生讳，改贺氏，水亦号贺家湖。《家牒》载谢承《会稽先贤传》叙略如此。③

谢承，会稽山阴人，乃孙权谢夫人之弟。④ 谢承"博学洽闻，尝所知见，终身不忘"，⑤ 撰有《后汉书》百余卷。谢承虽然早于虞预数十年，

---

① （南宋）郑樵：《通志二十略》，中华书局1995年版，第115页。

② （南宋）施宿：《嘉泰会稽志》，《文渊阁四库全书》第486册，台湾商务印书馆1986年版，第71—72页。

③ （南宋）张淏：《续会稽志》，《文渊阁四库全书》第486册，台湾商务印书馆1986年版，第491页。

④ 谢承生平可参见《三国志·吴书·妃嫔传·吴主权谢夫人传》以及注引《会稽录》。

⑤ 《三国志·吴书·妃嫔传·吴主权谢夫人传》注引《会稽典录》。（西晋）陈寿撰，（南朝宋）裴松之注：《三国志》，中华书局1959年版，第1197页。

但贺铸所引资料晚出，因此不可轻信。马端临在《文献通考》中对此便提出了质疑。《文献通考》卷二百四十四"庆湖遗老集"条：

> 陈氏曰：朝奉郎共城贺铸方回撰自序言外监知章之后，且推本其初出王子庆忌，以庆为姓，居越之湖泽。今所谓镜湖者，本庆湖也，避汉安帝父清河王讳，改为贺氏，庆湖亦转为镜。未知其说何所据也。其《东山乐府》张文潜序之，铸后居吴下，叶少蕴为作传，详其出处，且言与米芾齐名。然铸生皇祐壬辰，视米芾犹为前辈也。①

马氏虽言未知所据，但对前人说法进行了质疑。顾炎武《日知录》卷二十三"贺氏"条亦云："按古但有以王父字为氏，无以名为氏者。庆忌，名也，不得为氏。而镜湖本名鉴湖，庆古音羌，声不相近。"② 贺铸所引《会稽先贤传》认为贺氏源出吴太伯之后。吴王僚被公子光（即吴王阖庐）刺杀，其子庆忌奔卫，其妻子度逝水，隐于会稽。此类说法颇多疑问。《史记》《吴越春秋》等记载，公子光刺杀王僚后自立，是为吴王阖庐。阖庐自立后，王僚之子庆忌逃到了卫国。阖庐以之为心病，派要离将其刺死后才算放心了。试想，如果庆忌妻子逃到了越地会稽，吴王阖庐怎么能轻易放过他们呢？此其一。其二，与史籍所载镜湖命名不合。杜佑《通典》卷二：

> 顺帝永和五年（140），马臻为会稽太守，始立镜湖，筑塘周回三百十里，灌田九千余顷，至今人获其利。③

《太平御览》卷六十六引《会稽记》有更详细的记载：

> 汉顺帝永和五年，会稽太守马臻创立镜湖，在会稽、山阴两县界。筑塘蓄水，高丈余，田又高海丈余。若水少，则泄湖灌田；如水

---

① （元）马端临：《文献通考》，中华书局1986年版，第1933页。

② （清）顾炎武著，黄汝成集释，栾保群、吕宗力校点：《日知录集释》，上海古籍出版社2006年版，第1288页。

③ （唐）杜佑撰，王文锦等点校：《通典》，中华书局1988年版，第36页。

多，则开湖泄田中水入海，所以无凶年。堤塘周回三百一十里，溉田九千余顷。①

二书所言，"镜湖"为会稽太守马臻所立。或许马臻以原湖为基础修建了新镜湖。但不可否认，在马臻时代，人们称此湖为"镜湖"，而非"庆湖"或"贺家湖"。如上所说，贺纯是安帝（107—125）时由"庆"姓改"贺"姓，其家"庆湖"亦当改为"贺家湖"。事过数十年，为何会稽太守马臻时依然称为"镜湖"，而非"贺家湖"呢？② 此外，且"庆忌"是名，非姓。如果庆忌之妻子逃往越地，又怎能以名为姓呢？既然如此，后世又怎么会衍生出此类传说呢？《史记·吴太伯世家》："王余祭三年，齐相庆封有罪，自齐来奔吴。吴予庆封朱方之县，以为奉邑，以女妻之，富于在齐。"吴王以女妻庆封，不见于《左传》，此或《左传》遗漏，或《史记》据民间传闻增补。不管如何，至少在西汉时，便有吴王余祭以女妻庆封之说。这样，齐庆氏便与吴王联系起来了。后来，庆氏或许为了自抬身世，将其祖与吴王联系起来了，于是便有贺氏源出吴王僚之子庆忌之说了。

总而言之，贺氏原为庆氏，其源出齐国庆父之后，春秋时期奔吴，居吴朱方（即丹徒），汉末徙居会稽山阴。因避安帝讳而改为贺姓。自西周初至汉代，贺氏谱系大体如下：

吕尚——齐桓公——无亏——庆克（庆父）——庆封（奔吴）——庆普——庆仪——庆□——庆醢——庆纯（贺纯）

第二节　魏晋时期贺氏家族

如上所说，庆氏自居吴以来，虽为地方大姓，却一直无闻于史。直至

---

① （北宋）李昉等：《太平御览》，中华书局1960年版，第315页。
② 张校军主编《绍兴鉴湖》云："'镜湖'是东汉永和以后形成的水利工程的名称。当然，因庆氏聚居而得名的庆湖即贺家湖，在镜湖工程形成以后均被镜湖堤拦蓄入内，成为镜湖的一部分。"此说颇有道理。张校军主编：《绍兴鉴湖》，西泠印社出版社2010年版，第67页。

汉代，贺氏方才在政治上逐渐活跃起来，并逐渐发展成为江东著名世家。

据上引虞预《晋书》以及唐人《元和姓纂》记载，汉代贺氏源出庆普。庆普是西汉时著名礼学大师。《汉书·儒林传》载：

> （后）仓说《礼》数万言，号曰《后氏曲台记》，授沛闻人通汉子方、梁戴德延君、戴圣次君、沛庆普孝公。孝公为东平太傅。……由是《礼》有大戴、小戴、庆氏之学。

据《汉书·艺文志》记载，庆氏《礼》、二戴《礼》学，均被立于学官。据上引《元和姓纂》记载，庆普之后庆仪曾为汝阴令。庆仪曾孙庆纯因避东汉安帝之父河清王刘庆之讳，始改贺氏。关于贺纯，范晔《后汉书》无传，且仅有三次提及贺纯，两次见于《黄琼传》，一次见于《李固传》。据《后汉书·黄琼传》记载，由于黄琼举荐，初继位的顺帝车征会稽贺纯。谢承《后汉书》对其一生有简要记载：

> 纯字仲真，会稽山阴人。少为诸生，博极群艺。十辟公府，三举贤良方正，五征博士，四公车征，皆不就。后征拜议郎，数陈灾异，上便宜数百事，多见省纳。迁江夏太守。①

东晋虞预《晋书》记载更详：

> 贺氏本姓庆氏。齐伯父纯，儒学有重名，汉安帝时为侍中、江夏太守，去官。与江夏黄琼、汉中杨厚俱公车征，避安帝父孝德皇帝讳，改为贺氏。齐父辅，永宁长。②

总而言之，在汉代，会稽贺氏始涉足政坛，但地位不高，影响不大。

---

① 《后汉书·李固传》注引。（南朝宋）范晔撰，（唐）李贤等注：《后汉书》，中华书局1965年版，第2082页。

② 《三国志·贺齐传》注引。（西晋）陈寿撰，（南朝宋）裴松之注：《三国志》，中华书局1959年版，第1377页。

一　东吴时期

到了东吴时期，出现了贺齐、贺邵等重要人物，贺氏也从而崛起于政坛。从以上可以看出，不管是早期的庆普、庆仪，还是贺纯，都是以经术而著称，皆以学术入仕的。到了东汉末期，随着军阀混战局面的形成，纯粹凭借经术是很难立于世的。《后汉书·献帝纪》："今耆儒年逾六十，去离本土，营求粮资，不得专业。结童入学，白首空归，长委农野，永绝荣望，朕甚愍焉。"儒生仕途壅塞可见一斑了。或出于种种原因，东吴时期会稽贺氏弃文从武，皆以军功而著称于世。

东吴时期，最早闻名于史的会稽贺氏便是贺齐（？—227）。虞预《晋书》：

> 贺氏本姓庆氏。齐伯父纯……避安帝父孝德皇帝讳，改为贺氏。齐父辅，永宁长。①

《晋书·贺循传》云："贺循字彦先，会稽山阴人也。其先庆普，汉世传《礼》，世所谓庆氏学。族高祖纯，博学有重名，汉安帝时为侍中，避安帝父讳，改为贺氏。曾祖齐，仕吴为名将。"以辈分论之，贺辅为贺循高祖，故贺纯为贺循族高祖。可见，虞预《晋书》所记，贺齐之父贺辅与贺纯是兄弟关系，是可信的。②

贺齐（？—227），少为郡吏，守剡长，斩杀犯罪县吏斯从，并破其族人叛乱。后转太末长，诛恶养善。建安元年（196），孙策为会稽太守，举贺齐为孝廉，为永宁长。后兼南部都尉，平定侯官长商升叛乱。八年（203），贺齐进兵建安，立都尉府。大破洪明等人叛乱。拜东平校尉。十年（205），转讨上饶。十三年（208），迁威武中郎将，讨丹阳黟、歙。孙权分割歙、黝诸县，立新都郡，贺齐为太守，加偏将军。十六年（211），贺齐讨余杭民郎稚叛乱。因平乱有功，孙权赐以辂骏马。十八年

---

①　《三国志·贺齐传》注引。（西晋）陈寿撰，（南朝宋）裴松之注：《三国志》，中华书局 1959 年版，第 1377 页。

②　一些学者编撰贺氏谱表时，将贺纯与贺辅误为两代人，认为贺辅出于贺纯，显然不确。

（213），讨平豫章东部民叛乱。迁奋武将军。二十年（215），从孙策征合肥。二十一年（216），讨伐鄱阳民尤突。孙权黄武初（222），拒曹休，保全全军。次年，生擒叛将晋宗。迁后将军，假节、领徐州牧。孙权黄武六年（227）卒。可见，贺齐一生奔波于战场，讨伐山越，平定叛乱，抗击敌侵，为孙吴政权的建立和稳定立下了赫赫功勋。

贺齐之二子贺达及贺景皆为名将。[①] 对贺达、贺景及二人之子，《会稽典录》有所记载：

> 景为灭贼校尉，御众严而有恩，兵器精饰，为当时冠绝，早卒。达颇任气，多所犯迕，故虽有征战之劳，而爵位不至，然轻财贵义，胆烈过人。子质，位至虎牙将军。景子邵，别有传。[②]

至东吴后期，会稽贺氏地位转衰。这在贺邵身上表现得最为明显。贺邵（227—275），贺齐之孙，贺景之子。孙休即位（258），贺邵由中郎迁为散骑中常侍，出为吴郡太守。孙皓时，入为左典军，迁中书令，领太子太傅。贺邵见孙皓凶暴骄矜，政事日弊，遂上书，进行劝谏。孙皓不但不听，反倒恨之。"邵奉公贞正，亲近所惮"（《三国志·贺邵传》）。虞预《会稽典录》对此亦有所记载："贺邵美容止，正其衣冠，尊其胆视，动静有常。与人交，久益敬之。至于官府，左右莫见其跣。坐常着袜，希见其足。"[③] 《世说新语》记载有贺邵治吴一事。《世说新语·政事》：

> 贺太傅作吴郡，初不出门，吴中诸强族轻之，乃题府门云："会稽鸡，不能啼。"贺闻故出行，至门反顾，索笔足之曰："不可啼，杀吴儿。"于是至屯诸邸，检校诸顾、陆役使官兵及藏逋亡，悉以事言上，罪者甚众。陆抗时为江陵都督，故下请孙皓，然后得释。

---

① 《三国志·贺齐传》："后四年卒，子达及弟景皆有令名，为佳将"。此处"弟"乃就贺达而言，并非就贺齐而言。岑仲勉《元和姓纂（附四校记）》卷九对此作了详细考证。（唐）林宝撰，岑仲勉校记：《元和姓纂（附四校记）》，中华书局1994年版，第1836—1837页。

② 《三国志·贺齐传》注引。（西晋）陈寿撰，（南朝宋）裴松之注：《三国志》，中华书局1959年版，第1381页。

③ 《太平御览》卷三百八十九引。（北宋）李昉等：《太平御览》，中华书局1960年版，第1801页。

可见，贺邵公正谨严。然处衰世，故反倒招致灾祸。于是群小共潜贺邵谤毁国事，[①] 被诘责。但未予以追究，官复原职。后贺邵中恶风，口不能言，去职数月。孙皓疑其托病，收付，掠考，邵卒无一语。后贺邵终被杀害，其家属徙临海。贺邵有弟名惠，亦出仕为官。《吴历》曰："中书郎奚熙潜宛陵令贺惠。惠，邵弟也。遣使者徐粲讯治，熙又潜粲顾护不即决断。皓遣使就宛陵斩粲，收惠付狱。会赦得免。"[②]

二 两晋时期

如上所说，贺邵不幸罹难，其家属流徙临海，直至吴亡，乃得还乡里。到了晋代，随着贺循逐渐登上政坛，贺氏家族再次辉煌一时。

贺循（260—319），字彦先，贺邵之子。少婴家难，流放海隅，吴平，乃得还本郡。贺循自幼以礼自律，"操尚高厉，童龀不群，言行进止，必以礼让"（《晋书·贺循传》）。国相丁乂请为五官掾，后嵇喜举秀才，除阳羡令。为阳羡令时，贺循"以宽惠为本，不求课最"（《晋书·贺循传》）。后转武康令。为武康令时，贺循禁民间厚葬，政教大行，邻城宗之。但因无援于朝，故久而不迁。后时为著作郎的陆机上疏举荐。久之，乃得召补太子舍人。赵王伦篡位，转为侍御史，辞疾去职。后除南中郎长史，不就。惠帝永宁二年（302），石冰扬州叛乱，逐会稽相张景。贺循积极参与叛乱平定。叛乱平定后，贺循便"杜门不出，论功报赏，一无豫焉"（《晋书·贺循传》）。晋帝永兴三年（306），陈敏叛乱，贺循称疾不任伪职。元帝为安东将军（307），上循为吴国内史。元帝迁镇东将军，欲以贺循为军司马，贺循称疾不起。及元帝承制（312），复以为军咨祭酒，犹称病不起，王敦乃舆疾至。元帝亲幸其舟，并加以赏赐。后讨伐华轶有功，封乡侯，固辞。元帝建武初（317），为中书令，后改拜太常，常侍如故。及元帝即位，以循为太子太傅，太常如故。晚年，改授左光禄大夫、开府仪同三司。病时，太子亲临者三焉，往还皆拜，儒者以为荣。大兴二年（319）卒，帝素服举哀，赠司空。将葬，帝又出临其柩，哭之尽哀，

---

① 笔者认为贺邵受陷害可能与其治吴时得罪吴郡顾氏、陆氏有关。

② 《三国志·孙皓传》注引。（西晋）陈寿撰，（南朝宋）裴松之注：《三国志》，中华书局 1959 年版，第 1170 页。

遣兼侍御史持节监护。皇太子追送近途，望船流涕。能享有如此之礼遇，人臣少有也。

贺循精于礼学，在当时便享有盛誉。《晋书·贺循传》："朝廷疑滞皆咨之于循，循辄依经礼而对，为当世儒宗"。虞预《晋书》亦云："时朝廷初建，动有疑议，宗庙制度皆循所定，朝野咨询，为一时儒宗。"①

《世说新语》中记录贺循言行共4条。《纰漏》第2条，记载元帝问及其父被孙皓所杀一事。《规箴》第13条，记载贺循规劝廷尉张闿一事。此两条被《晋书》所采纳，另外两条不见他书记载，可补正史之缺，故特引述如下：

> 会稽贺生，体识清远，言行以礼，不徒东南之美，实为海内之秀。（《言语》）
>
> 贺司空入洛赴命，为太孙舍人。经吴阊门，在船中弹琴。张季鹰本不相识，先在金阊亭，闻弦甚清，下船就贺，因共语。便大相知说。问贺："卿欲何之？"贺曰："入洛赴命，正尔进路。"张曰："吾亦有事北京。"因路寄载，便与贺同发。初不告家，家追问乃知。（《任诞》）

第一条对贺循多加盛赞，称其为"海内之秀"；第二条记载其与张翰慕名与之一起入洛。

值得一提的是贺循修西兴运河一事。《嘉泰会稽志》卷十载："运河在府西一里，属山阴县，自会稽东流县界五十余里，入萧山县。《旧经》云：晋司徒贺循临郡，凿此以溉田。"② 此《旧经》指提是北宋大中祥符年代所修的《越州图经》。③ 这是一部官修方志，其说当有一定依据。但此处记载颇有一些疑误之处。如贺循生前并未任司徒一职，其死后赠司

---

① 《三国志·贺邵传》注引。（西晋）陈寿撰，（南朝宋）裴松之注：《三国志》，中华书局1959年版，第1459页。

② 《文渊阁四库全书》第486册，台湾商务印书馆1986年版，第192页。

③ 参见陈桥驿《浙东运河的变迁》，载其著《吴越文化论丛》，中华书局1999年版，第347页。

空，故后世多称其为贺司空，如孙绰有《贺司空像赞》，《隋志》亦多"贺司空"，如"梁有《丧服要记》六卷，晋司空贺循撰"，"晋司空《贺循集》"等。至于贺循修西兴运河时间，学者们意见不一。陈桥驿先生认为在公元前 300 年前后。① 其实不然。据《晋书·贺循传》记载，301 年至 307 年 7 月之前，贺循皆去职不仕。307 年 7 月，元帝为安东将军，复上贺循为吴国内史，且与贺循言及吴旧事。可见贺循接受了此职。次年，东海王越命为参军，征拜博士，并不起。这表明，贺循依然任吴国内史。直至 311 年 5 月，元帝迁镇东将军，以其为军司，不起。至 312 年 2 月，元帝承制，复为其为军咨祭酒。此后，贺循历任中书令、太常太子太傅等职。从《贺循传》记载可以看出，贺循修西兴运河只可能在其任吴国内史期间，即 307 年至 311 年。

不无遗憾的是，入东晋后，贺循死得过早（东晋建国第三年），故对其家族发展并没有多少庇护。其子贺隰，康帝时官至临海太守，其余子孙皆无闻于后。

从以上分析可以看出，在汉代，贺氏以贺纯为代表，便以儒学闻名于世。到了东吴时期，贺氏家族又以军功而闻名，涌现出一些武职将军，如贺齐、贺景、贺达等。到了东吴后期，贺氏又转向儒业，如贺邵等。在两晋时期，贺氏家族出现了贺循这样的礼学大师，从而使得贺氏家族成为著名的礼学世家，奠定了贺氏在六朝学术史上的地位。

第三节　南朝时期贺氏家族

东吴时期，会稽贺氏是当时颇有名望的世家大族。经过一番波折，到了晋代，出现了贺循这样著名的礼学大师，贺氏再次辉煌一时。惜自贺循之后，贺氏逐渐衰微。百余年后，直至梁代贺玚、贺琛等人的出现，贺氏家族再复兴，并一直保持着较好的名望，直到隋唐时期。

贺玚（452—510），字德琏，晋代司空贺循之玄孙，齐梁之际著名礼学家。贺玚伯祖贺道养工卜筮，其祖道力，善《三礼》，仕宋为尚书三公

---

① 陈桥驿：《浙东运河的变迁》，载其著《吴越文化论丛》，中华书局 1999 年版，第 347 页。

郎、建康令。其父贺损亦传家业。贺玚少传家业。齐时，沛国刘瓛为会稽府丞，见贺玚深赞之，曾谓吴郡张融曰："此生神明聪敏，将来当为儒者宗。"（《梁书·儒林列传·贺玚传》）刘瓛荐之为国子生。举明经，扬州祭酒，俄兼国子助教。历奉朝请、太学博士、太常丞，遭母忧去职。梁代天监初（503），复为太常丞。有司举治宾礼，召见说《礼》义，高祖异之，诏朝朔望，预华林讲。天监四年（505）初，开五馆，以贺玚兼《五经》博士。后又别诏为皇太子定礼，撰《五经义》。贺玚悉礼旧事，时高祖方创定礼乐，其所建议，多见施行。天监七年（508），拜步兵校尉，领《五经》博士。天监九年（510），卒于馆，时年五十九。贺玚著《礼》《易》《老》《庄讲疏》《朝廷博议》数百篇，《宾礼仪注》一百四十五卷。贺玚于《礼》尤精，馆中生徒常百数，弟子明经封策至数十人。《梁书·儒林列传》及《南史》有传。贺玚有二子贺革、贺季，皆传其业。

贺革（479—540），字文明，贺玚长子，亦是当时著名礼学家。少以家贫，躬耕供养，年二十，始辍耒就父受业，精力不怠，遂通《三礼》。及长，遍治《孝经》《论语》《毛诗》《左传》。起家晋安王国侍郎、兼太学博士，侍湘东王读。曾受命为邵陵、湘东、武陵三王讲礼。后迁湘东王府行参军，转尚书仪曹郎。不久除秣陵令，迁国子博士。于学讲授，生徒常数百人。后出为西中郎湘东王谘议参军，兼江陵令。湘东王初于府置学，以贺革领儒林祭酒，讲《三礼》，听者甚众。不仅如此，贺革治事颇有政绩。其曾前后再监南平郡，为民吏所德。不久加贞威将军，兼平西长史、南郡太守。贺革性至孝，常恨贪禄代耕，不及养。在荆州历为郡县，所得俸秩，不及妻孥，专拟还乡造寺，以申感思。其子贺徽，美风仪，深为贺革喜爱。不幸先卒，贺革哭之，因遇病而卒。大同六年（540），卒官，时年六十二。

贺季，贺革之弟，亦明《三礼》，历官尚书祠部郎，兼中书通事舍人。累迁步兵校尉、中书黄门郎，兼著作。

梁代，贺氏另一位更重要的人物便是贺琛。贺琛（481—549），字国宝，贺玚之侄。少从其伯父贺玚受经学，尤精《三礼》，曾于乡里聚徒教授。梁普通中（520—527），临川刺史辟为祭酒从事吏。梁高祖萧衍闻其名，特召见，与语礼，赞之。补王国侍郎，不久迁太学博士，稍迁中卫参军、尚书通事舍人，参礼仪事。累迁通直正员郎，舍人如故。又征西鄱阳王录事，兼尚书左丞，满岁为真。迁员外散骑常侍。顷之，迁御史中丞，参礼仪事如先。坐事，免官。俄复为尚书左丞，迁给事黄门侍郎，兼国子博士，转通直散骑常侍，领尚书左丞，并参礼仪事。久之，迁太府卿。太清二年（548），迁云骑将军、中军宣城王长史。侯景举兵袭京师时，王移入台内，以贺琛与司马杨曒守东府。侯景攻陷城，贺琛受伤被擒。贼舆其至城下，劝仆射王克、领军朱异开城纳贼。王克让之，泣涕而止。次年（549）城陷，贺琛逃归乡里。其冬，贼进寇会稽，复执之，以为金紫光禄大夫。后遇疾卒，年六十九。贺琛曾受诏撰《新谥法》，至今施用。另外，撰《三礼讲疏》《五经滞义》及诸仪注凡百余篇。贺琛之子贺诩，太清初（547）自仪同西昌侯掾，出为巴山太守，在郡遇乱，卒。

陈隋之际，贺氏另一支逐渐兴起。贺德基字承业，世传《礼》学。祖文发，父淹，仕梁俱为祠部郎，并有名当世。德基少游学于京邑，积年不归，衣资馨乏，又耻服故弊，盛冬止衣夹襦裤。德基于《礼记》称为精明，居以传授，累迁尚书祠部郎。德基虽不至大官，而三世儒学，俱为祠部，时论美其不坠焉。《陈书·儒林列传》及《南史·儒林列传》有传。

除了贺德基之外，贺德仁一支亦比较活跃。贺德仁，越州山阴人也。父朗，陈散骑常侍。德仁少与从兄德基俱事国子祭酒周弘正，咸以词学见称，时人语曰："学行可师贺德基，文质彬彬贺德仁"（《旧唐书·文苑列传·贺德仁传》）。德仁兄弟八人，时人方之荀氏。陈鄱阳王伯山为会稽太守，改其所居甘渚里为高阳里。德仁事陈，至吴兴王友。入隋，仆射杨素荐之，授豫章王府记室参军。王以师资礼之，恩遇甚厚。及炀帝即位，豫章王改封齐王，又授齐王府属。及齐王获谴，府僚皆被诛责，唯德仁以忠谨免罪，出补河东郡司法。素与隐太子善。及高祖平京师，隐太子封陇西公，用德仁为陇西公友，巡迁太子中舍人，以衰老不习吏事转太子洗马。时萧德言亦为洗马，陈子良为右卫率府长史，皆为东宫学士。贞观初，德仁转赵王友，无几卒，年七十余。有文集二十卷。德仁弟子纪、敳，亦以博学知名。高宗时贺纪官至太子洗马，修五礼。贺敳至率更令，兼太子侍读。兄弟并为崇贤馆学士，学者荣之。到了唐代，贺德仁一支又出现了贺知章这样的大诗人。贺知章，会稽永兴人，太子洗马德仁之族孙也（《旧唐书·文苑列传·贺知章传》)。

从以上分析可以看出，在梁代因出现贺玚、贺琛等著名礼学大师，故贺氏兴盛一时。入陈之后，贺文发一支逐渐兴起，出现了贺德基、贺德仁兄弟，直到唐代出现了贺知章这样的著名诗人，使得贺氏名誉不衰。

另有一些贺姓人士，亦可能出于会稽贺氏，现附于下。《搜神记》卷十五载：

> 会稽贺瑀，字彦琚，曾得疾，不知人，惟心下温，死三日，复苏。云："吏人将上天，见官府。入曲房，房中有层架。其上层有印，中层有剑，使瑀惟意取之。而短不及上层，取剑以出。门吏问何得，云：'得剑'。曰：'恨不得印，可策百神。剑，惟得使社公耳。'"疾愈。果有鬼来，称社公。①

《北堂书钞》卷八十引《录异传》与此大体相同。② 另刘义《幽明录》卷载有贺思令学琴一事：

> 会稽贺思令善弹琴，尝夜在月中坐，临风抚奏。忽有一人，形貌甚伟，著械，有惨色。至其中庭称善。便与共语，自称嵇中散。谓贺云："卿手下极快，但于古法未合。"因授以《广陵散》。贺因得之，于今不绝。③

此亦见于《太平御览》诸书。④ 贺瑀和贺思令皆为会稽人，可能皆源出山阴贺氏。

---

① （东晋）干宝撰，汪绍楹点校：《搜神记》，中华书局 1979 年版，第 182—183 页。
② （唐）虞世南：《北堂书钞》(2)，学苑出版社 1998 年版，第 48 页。《文渊阁四库全书》本《北堂书钞》卷八十七所载较为简略，但大意相近，现抄录如下：《录异传》云："会稽贺瑀曾得疾，不愈。一日入社，见曲房中有层架，其上有剑，瑀取剑以出。盖其剑可以驱绝百神，其疾遂愈也。"《文渊阁四库全书》第 889 册，台湾商务印书馆 1986 年版，第 409 页。
③ （南朝宋）刘义庆撰，郑晚晴辑注：《幽明录》，文化艺术出版社 1988 年版，第 115—116 页。
④ 《太平御览》卷五七九及卷八八四所引皆作《世说》，可能因二书皆为刘义庆所编，故致误。

第三章　贺氏家族考辨

　　六朝时期，各地涌现出众多著名的强宗大族。无论从政治地位，还是从社会影响来看，北方的世家大族远胜南方世家大族。就南方世家大族而言，吴郡世族又一直胜过会稽世族。而就会稽世族而言，孔氏、虞氏影响较大，贺氏、谢氏、丁氏等次之。会稽贺氏是一个典型的学术世家，其政治地位远不及其学术地位。基于此类原因，各种研究中古世家的著作，都往往忽略了贺氏。[①] 以至一些学者将贺氏斥于会稽著名士族之外，认为"贺氏的门第始终不高，仅能算是下级士人而已"[②]。其实，决定一个世家门第的并非仅仅是官职，其社交对象、婚嫁对象，以及学术影响等，都会对一个家族的门第产生一定的影响。正基于此，下面从仕职官位、社会交游、文章著述等三个方面，对贺氏家族作了全面分析，从而比较客观地评价贺氏家族在六朝时期的政治地位、社会影响、学术影响等。

第一节　政治仕进

　　士族的主要内容，实指累世官宦、门阀显耀及经学传家等诸方面而言，而尤其以在官宦上显达为士族主要的高低标准。[③]

---

　　① 如吴正岚《六朝江东士族的家学门风》虽言及会稽孔氏、虞氏，却未言及会稽贺氏。吴正岚：《六朝江东士族的家学门风》，南京大学出版社 2003 年版。

　　② 刘淑芬：《六朝会稽士族》，载其著《六朝的城市与社会》，台湾学生书局 1992 年版，第268 页。

　　③ 毛汉光：《两晋南北朝主要文官士族成分的统计分析与比较》，载其著《中国中古社会史论》，上海书店出版社 2002 年版，第143—144 页。

自曹魏实行九品官人法之后，官职品位对于一个家族的地位和发展极其重要。如上所说，东汉时期，江南一带较为落后，但到了东吴时期，随着孙氏政权的建立，江东文化得到了快速的发展，世家大族逐渐形成，吴郡有顾、陆、张、朱等大族，而会稽则有孔、虞、谢、贺等大族。进入两晋南朝时期后，这些江东大族的政治地位各有升降，相对而言，会稽贺氏则一直保持着良好的发展态势。

一　会稽贺氏仕职官位考辨

如上所说，会稽贺氏源于庆氏。东汉时有贺纯，晋虞预《晋书》："贺氏本姓庆氏。齐伯父纯，儒学有重名，汉安帝时为侍中、江夏太守，去官。与江夏黄琼、汉中杨厚俱公车征，避安帝父孝德皇帝讳，改为贺氏。"[①] 据《后汉书·百官志》记载，侍中比二千石，九品官人法中居三品；江夏太守，二千石，九品官人法中居五品。

东吴时贺辅，官至永宁长，四百石，居九品。贺辅之子贺齐（？—227），少为郡吏，后守剡长。建安元年（196）为永宁长，不久为南部都尉，八年（203）贺齐进兵建安，立都尉府，不久拜为平东校尉。十三年（208）迁威武中郎将（六品），为新都郡太守（五品），加偏将军。十八年（213）迁奋武将军（四品），迁后将军（四品），领徐州牧（四品）。贺齐之子贺景为灭贼校尉[②]（五品），贺齐次子贺达为虎牙将军（五品）。贺景之子贺邵（227—275），孙休即位（258）为散骑中常侍，出为吴郡太守（五品）。孙皓即位（264），入为左典军（四品），迁中书令（三品），为太子太傅（三品）。

两晋时，贺邵之子贺循（260—319）因罹父难，少时流放海隅，至吴平（280）方得归乡里。贺循先为五官掾，经嵇喜举荐，除阳羡令（八品），后为武康令。经陆机等人举荐，召补太子舍人（六品）。赵王伦、

---

① 《三国志·贺齐传》注引。（西晋）陈寿撰，（南朝宋）裴松之注：《三国志》，中华书局1959年版，第1377页。

② 灭贼校尉《通典·职官》无载。考之魏时官品，校尉大多分布于第四品至第六品中，五营校尉等为第四品，西域校尉等为第五品，度支中郎校尉等为第六品。灭贼校尉很可能是第五品。

陈敏、周馥等征聘，皆不就。元帝为安东将军（307），为吴国内史（五品）。元帝为镇东大将军（311），以贺循为军司马（六品），不就。元帝承制（312），强以其为军咨祭酒（五品）。元帝建武初（317），为中书令（三品），加散骑常侍（三品）。后改拜太常。元帝践位，以贺循为太子太傅（三品），太常如故。改左光禄大夫（三品）、开府仪同三司。卒后赠司空（一品）贺循之子贺隰官至临海太守（五品）。

　　到了宋、齐时期，贺氏政治地位有所下降。贺循之孙贺道力宋时为尚书三公郎、建康令①（六品），而贺道养为宋太学博士（六品）。② 另有贺道期，贺循之孙，元嘉初为太学博士。③ 仅梁代贺场之父贺损，不见为官记载。贺场（452—510）南齐时为扬州祭酒，后为太学博士（六品），太常丞（六品）。梁代天监初（503），复为太常丞，兼《五经》博士。天监七年（508），拜步兵校尉④（四品），领《五经》博士。贺场有二子贺革、贺季。贺革（479—540），起家晋安王国侍郎、兼太学博士，侍湘东王读。曾受命为邵陵、湘东、武陵三王讲礼。后迁湘东王府行参军，转尚书仪曹郎。不久除秣陵令，迁国子博士（六品）。后出为西中郎湘东王谘议参军，兼江陵令。不久加贞威将军、兼平西长史、南郡太守（五品）。贺季，历官尚书祠部郎，兼中书通事舍人。累迁步兵校尉（四品），中书黄门郎，兼著作。

　　贺琛，初为临川王祭酒从事史，后补王国侍郎，兼太学博士，迁中卫参军事、尚书通事舍人。累迁通直正员郎，又征西鄱阳王中录事，兼尚书左丞。迁员外散骑常侍（五品），迁御史中丞（四品）。迁尚书左丞（三品），迁给事黄门侍郎（四品），兼国子博士。迁太府卿（三品）。太清二年（548），迁云骑将军、中军宣城王长史。其子贺诩，为巴山太守（五品）。

---

　　① 建康为大县，其令当为千石，属第六品。
　　② 《隋书·经籍三》："梁有《贺子述言》十卷，宋太学博士贺道养撰。"（唐）魏征等撰：《隋书》，中华书局1973年版，第1002页。
　　③ 参见（清）严可均辑《全宋文》贺道期小传，商务印书馆1999年版，第424页。不知严氏何据，姑暂从之。
　　④ 《后汉书·百官四》：步兵校尉，比二千石，属五营校尉之一。《通典·职官十八》载魏时官品，五营校尉为第四品。

　　陈代贺氏贺文发一支，虽不发达，但祖孙三代贺文发、贺淹、贺德基，三世为尚书祠部郎（七品）。另外，贺朗一支后世影响更大。贺朗陈时为散骑常侍（三品）。其子贺德仁，陈时为吴兴王友（六品），隋时为豫章王府记室参军（六品），入唐后为太子舍人（六品），太子洗马（六品）。

　　现将东汉以降，至南朝陈时贺氏成员最高任职情况列表如下：

六朝会稽贺氏最高任职官品一览表

朝代	三品	四品	五品	六品	七品	无职
汉	贺纯（侍中）					
吴	贺邵（中书令）	贺齐（后将军）	贺质（虎牙将军）贺达（将军①）贺景（灭贼校尉）		贺惠（宛陵令）②	
晋	贺循（中书令）		贺隰（临海太守）			
宋					贺弼（记事参军）③	
宋				贺德养（太学博士）贺道力（建康令）贺道期（太学博士④）		
梁	贺琛（御史中丞）	贺玚（步兵校尉）贺季（步兵校尉）	贺革（南郡太守）贺诩（巴山太守）			贺徽（早卒）

---

　　① 《三国志·孙权传》：嘉禾二年三月，"将军贺达等将兵万人，金宝珍货，九锡备物，乘海授（公孙）渊"。

　　② 贺惠为贺邵弟。参见《三国志·孙皓传》注引《吴历》。

　　③ 《资治通鉴》卷一百二十九："（竟陵王刘诞）记室参军山阴贺弼固谏……"《江南通志》卷一百十五："南北朝宋贺弼，字仲辅，山阴人，竟陵王诞记室。"

　　④ 《宋书·礼志四》：元嘉六年，博士贺道期议。沈约：《宋书》，中华书局1974年版，第462页。

续表

朝代	三品	四品	五品	六品	七品	无职
陈	贺朗 （散骑常侍）			贺德仁 （吴王兴友）	贺文发、 贺淹、 贺德基 （尚书祠部郎）	
隋						
总计	5人	3人	6人	4人	5人	1人

从上表可以看出，自东吴以来，直至陈代，贺氏仕途颇为通达，官至五品以上者甚多。

二　"会稽四族"考辨

对于六朝士族，史书虽有不少具体的记载，但并未作整体概括。今所见最早对中古士族作概括的当属柳芳。《新唐书·儒林列传·柳冲传》载柳芳云：

> 过江则为"侨姓"，王、谢、袁、萧为大；东南则为"吴姓"，朱、张、顾、陆为大；山东则为"郡姓"，王、崔、卢、李、郑为大；……

"柳芳这个论断的年限很不清楚"[①]，其说是否合于魏晋南朝士族实情，颇值得质疑。[②] 虽则如此，柳芳此说产生了极其深远的影响，以至学者多宗之。"朱张顾陆"是否是江东士族的最佳代表，颇值得怀疑。魏晋时期，江东吴郡士族以陆、顾为代表，张氏地位不甚高。至于朱氏，自东晋至整个南朝，皆未有名声显赫者。[③] 虽则如此，大多学者比照"吴郡四

---

① 唐长孺：《士族的形成和升降》，载其著《魏晋南北朝史论拾遗》，中华书局1983年版，第61页。

② 对此唐长孺先生作了很好的论说："'朱张顾陆'是孙吴旧姓，东晋南朝朱氏不见有名人物，梁代朱异甚至自称寒士。侨姓中萧氏始起，实因刘宋外戚，后来又是两朝皇帝，才得与王、谢、袁并列。……柳芳以萧氏和王、谢、袁并列，恐怕实以梁陈以后萧氏的地位为断。"唐长孺：《士族的形成和升降》，载其著《魏晋南北朝史论拾遗》，中华书局1983年版，第61—62页。

③ 最近研究六朝江东士族著作亦多未论及朱氏，如吴正岚《六朝江东士族的家学门风》（南京大学出版社2003年版）和王永平《六朝江东世族之家风家学研究》（江苏古籍出版社2003年版）皆仅论及吴郡的陆氏、顾氏、张氏，而未及朱氏。

姓"提出"会稽四姓"之说。至于"会稽四姓"所指，学者们意见不一。如唐长孺等学者以虞、魏、孔、贺为会稽士族代表，[①] 而王仲荦则以孔、魏、虞、谢为会稽士族代表。[②] 其实，"会稽四姓"的提法并不见得合理。此外，人们往往将"会稽四姓"与《世说新语》中所谓"会稽四族"混为一谈。"会稽四族"之说源出《世说新语·赏誉》：

> 会稽孔沈、魏顗、虞球、虞存、谢奉，并是四族之俊，于时之杰。孙兴公目之曰："沈为孔家金，顗为魏家玉，虞为长（虞存字长）、林（虞球字林）宗，谢为弘道（谢奉字弘道）伏。"

此后宋代王弘亦提及"会稽四族"，《宋书·王弘传》载，弘议曰："……己未间，会稽士人云数十年前，亦有四族坐此被责，[③] 以时恩获停。"《世说新语》中所言"会稽四姓"是否是魏晋时会稽士族的最佳代表呢？显然不是。

1. 魏顗等人并非出于会稽四族最显赫支系

此五人，唯有孔沈于《晋书》有传。孔沈乃孔愉堂弟孔群之子。《世说新语·言语》注引《孔氏谱》："沈字德度，会稽山阴人。祖父奕，全椒令。父群，鸿胪卿。沈至琅邪王文学。"[④] 《晋书》对其生平有简单介绍。《晋书·孔沈传》：

> 沈字德度，有美名。何充荐沈于王导曰："文思通敏，宜登宰门。"辟丞相司徒掾、琅邪王文学，并不就。从兄坦以裘遗之，辞不受。坦曰："晏平仲俭，祀其先人，豚肩不掩豆，犹狐裘数十年，卿复何辞！"于是受而服之。是时沈与魏顗、虞球、虞存、谢奉并为四族之俊。

---

① 参见唐长孺《东汉末期的大姓名士》，载其著《魏晋南北朝史论拾遗》，中华书局1983年版，第25页。

② 参见王仲荦《魏晋南北朝史》，上海人民出版社1979年版，第156页。

③ 刘淑芬先生认为此处"会稽四族"指的是孔、魏、虞、谢。参见刘淑芬《六朝会稽士族》，载其著《六朝的城市与社会》，台湾学生书局1992年版，第258页。此说不尽可信。

④ （南朝宋）刘义庆著，（南朝梁）刘孝标注，余嘉锡校笺：《世说新语校笺》（修订本），上海古籍出版社1993年版，第105页。

《晋书》本传亦将其魏颢、虞球、虞存、谢奉等并称为"四族之俊"，或源出《世说新语》，或二者同出于某一更早资料。孔沈祖孔奕，仅为全椒令，千石。其父群为鸿胪卿，二千石。会稽孔氏是魏晋时期会稽最显赫的世家，其中孔愉一支地位最尊，而旁支孔群较为平凡。

会稽魏氏，六朝时期，并无一人正史有传，① 仅《世说新语》注引《魏氏谱》给我们提供了少许信息。《世说新语·排调》注引《魏氏谱》："颢字长齐，会稽人。祖胤，处士。父说，大鸿胪卿。颢仕至山阴令。"② 东汉末有魏朗，会稽上虞人（《后汉书·党锢列传》），任尚书、河内太守等，著有《魏子》一书。魏颢可能与魏朗同族。魏颢祖父胤为处士，而其父说为大鸿胪卿，中二千石。魏颢本人亦仅为山阴令，千石。除魏颢之外，魏氏尚有魏隐兄弟。《世说新语·赏誉》：

> 魏隐兄弟，少有学义，总角诣谢奉。奉与语，大说之，曰："大宗虽衰，魏氏已复有人。"

注引《魏氏谱》："（魏）隐字安时，会稽上虞人。历义兴太守、御史中丞。弟逖，黄门郎。"③ 魏隐兄弟与魏颢当是同族。

至于虞氏，乃会稽时期著名士族，东吴时有虞翻，虞翻子孙众多，皆为高官，正史立传者有虞喜、虞预、虞潭、虞啸父等。至于虞球、虞存，二人并非虞翻之后，但可能是同族。虞球、虞存二人资料仅见于《世说新语》注引《虞氏谱》。《世说新语·赏誉》注引《虞氏谱》："球字和琳，会稽余姚人。祖授，吴广刺史。父基，右军司马。球仕至黄门侍郎。"④《世说新语·政事》注引孙统《（虞）存诔叙》曰："存字道长，会稽山阴

---

① 最近研究会稽士族的著作均未论及会稽魏氏，如吴正岚《六朝江东士族的家学门风》（南京大学出版社 2003 年版）、王永平《六朝江东世族之家风家学研究》（江苏古籍出版社 2003 年版）、渠晓云《六朝文学与越地文化》（人民出版社 2010 年版）等，当与六朝时期会稽魏氏影响不大有关。

② （南朝宋）刘义庆著，（南朝梁）刘孝标注，余嘉锡校笺：《世说新语校笺》（修订本），上海古籍出版社 1993 年版，第 813 页。

③ 同上书，第 480 页。

④ 同上书，第 469 页。

人也。祖阳，散骑常侍。父伟，州西曹。存幼而卓拔，风情高逸，历卫将军长史、尚书吏部郎。"① 另外，虞存有弟虞謇，字道真，仕官郡功曹。② 可见二人家势并不显赫。

至于会稽谢氏，东汉有谢夷吾，东吴有谢承，孙权谢夫人之弟，其子谢勖、谢崇等。《世说新语·雅量》注引，《晋百官名》曰："谢奉字弘道，会稽山阴人。"《谢氏谱》曰："奉祖端，散骑常侍。父凤，丞相主簿。奉历安南将军、广州刺史、吏部尚书。"③

从以上分析可以看出，孔沈等五人，皆为晋代会稽士族第二代或第三代人物，他们的祖辈、父辈官职并不是很高，大多不过二千石，而他们自身官位亦多不过千石。如上所说，魏晋时期，会稽士族最为显然的当属孔氏和虞氏，而孔氏中唯孔愉这支最为显赫，孔群这支比较平凡。在虞氏中，唯虞潭这支最为显赫，而虞授、虞阳这两支皆较为平凡。可见，从门第而言，这五人并非出于会稽四族最显赫的支系。

2. 魏颛等人也并非会稽四族最优秀代表

魏晋时期，会稽四族孔、虞、魏、谢皆人才甚众。孔氏孔严与孔沈为堂兄弟。孔严甚有才学，获简文帝赞颂（《世说新语·品藻》）。《中兴书》曰："（孔）严字彭祖，会稽山阴人。父俭，黄门侍郎。严有才学，历丹阳尹、尚书、西阳侯，在朝多所匡正。为吴兴太守，大得民和。后卒于家。"④ 虞预少好学，有文章，著《晋书》四十余卷，《会稽典录》二十篇，《诸虞传》十二篇，诗赋碑诔论难数十篇。虞喜（281—356）博学好古，专心经传，著《安天论》《毛诗略》《孝经注》《志林》等。另，虞翻曾孙、虞潭兄子虞騑素有高名。⑤《世说新语·品藻》载："会稽虞騑，

---

① （南朝宋）刘义庆著，（南朝梁）刘孝标注，余嘉锡校笺：《世说新语校笺》（修订本），上海古籍出版社 1993 年版，第 180 页。

② 参见《世说新语·政事》。

③ （南朝宋）刘义庆著，（南朝梁）刘孝标注，余嘉锡校笺：《世说新语校笺》（修订本），上海古籍出版社 1993 年版，第 373 页。

④ 《世说新语》注引。（南朝宋）刘义庆著，（南朝梁）刘孝标注，余嘉锡校笺：《世说新语校笺》（修订本），上海古籍出版社 1993 年版，第 522 页。

⑤ 《虞光禄传》："騑字思行，会稽余姚人。虞翻曾孙，右光禄潭兄子也。"（南朝宋）刘义庆著，（南朝梁）刘孝标注，余嘉锡校笺：《世说新语校笺》（修订本），上海古籍出版社 1993 年版，第 510 页。

元皇时与桓宣武同侠①，其人有才理胜望。王丞相尝谓骏曰：'孔愉有公才而无公望，丁潭有公望而无公才，兼之者其在卿乎？'骏未达而丧。"《虞光禄传》曰："骏未登台鼎，时论称屈"。② 谢氏谢沈博学多识，明练经史，何充、庾冰并称"沈有史才"（《晋书·谢沈传》），撰《晋书》三十余卷，《后汉书》百卷，《汉书外卷》《尚书注》《毛诗注》，所著述及诗文论著皆行于世，"其才学在虞预之右云"（《晋书·谢沈传》）。会稽孔氏孔汪"好学有志行"（《晋书·孔汪传》），"以直亮称"，而其弟孔安国"以儒素显"（《晋书·孔安国传》），安帝称其"贞慎清正"（《晋书·孔安国传》）。孔坦"少方直，有雅望，通《左氏传》，解属文"（《晋书·孔坦传》）。虞喜"少立操行，博学好古"（《晋书·儒林列传·虞喜传》）。相反，入选为"四族之俊"的魏颢却乏于才学。《世说新语·排调》："魏长齐（颢）雅有体量，而才学非所经。"如上所说，作为"四族之俊"的谢奉却盛赞魏隐兄弟，"大宗虽衰，魏氏已复有人"（《世说新语·赏誉》）。可见其对魏隐兄弟颇为看好，而对魏颢并不是很赏识。正如学者所说："会稽的四大旧姓人才辈出。从门资、德行、学识等方面看，'四族之俊'都不能算是同辈中的佼佼者。"③ 因此，不管从文才，还是从德行方面来看，魏颢等人皆并非会稽四族最为优秀的代表。

　　3. 孙绰评论重在风度与玄谈

　　既然魏颢等人并非会稽四族之最优秀人才，孙绰何以对此五人极为赞赏呢？这当与孙绰评价标准有关。④ 孙绰（314—371），⑤ 字公汉，东晋著名作家，东晋中期玄学中坚人物之一⑥。孙绰乃孙楚之孙，孙纂之子。其祖孙楚"才藻卓绝，爽迈不群，多所陵傲，缺乡曲之誉"（《晋书·孙楚

---

　　① 余嘉锡认为"同侠"盖"同僚"之误。（南朝宋）刘义庆著，（南朝梁）刘孝标注，余嘉锡校笺：《世说新语校笺》（修订本），上海古籍出版社1993年版，第511页。

　　② 《世说新语》注引。（南朝宋）刘义庆著，（南朝梁）刘孝标注，余嘉锡校笺：《世说新语校笺》（修订本），上海古籍出版社1993年版，第510—511页。

　　③ 吴正岚：《六朝江东士族的家学门风》，南京大学出版社2003年版，第268—269页。

　　④ 王永平亦认为，"《世说新语》的记述可能代表了东晋人的看法"。王永平：《六朝江东世族之家风家学研究》，江苏古籍出版社2003年版，第262页。

　　⑤ 关于孙绰生卒年，参见曹道衡《晋代作家六考》，载其著《中古文学史论文集》，中华书局2002年版，第310页。

　　⑥ 参见徐公持《魏晋文学史》，人民文学出版社1999年版，第512页。

传》)。孙绰与其兄孙统、其从弟孙盛，皆"诞任不羁，而善属文，时人以为有楚风"(《晋书·孙统传》)。孙绰博学善著文，少有高尚之志。"居于会稽，游牧山水，十有余年"(《晋书·孙绰传》)。不仅如此，孙绰性通率，好讥调，曾嘲讽同行的习凿齿。其子孙嗣，"有绰风"(《晋书·孙绰传》)。可见，孙绰家族世代颇好魏晋风度，多任诞放纵。再看看魏颧等人举止：

　　魏长齐(颧)雅有体量，而才学非所经。初宦当出，虞存嘲之曰："与卿约法三章：谈者死，文笔者刑，商略抵罪。"魏怡然而笑，无忤于然。(《世说新语·排调》)
　　何骠骑(充)作会稽，虞存弟謇作郡主簿，……(虞)存时为何上佐……　注引孙统《(虞)存诔叙》："(虞)存幼而卓拔，风情高逸。"① (《世说新语·政事》)
　　谢安南(奉)免吏部尚书还东，谢太傅赴桓公司马出西，相遇破冈。既当远别，遂停三日共语。太傅欲慰其失官，安南辄引以它端。虽信宿中途，竟不言及此事。太傅深恨在心未尽，谓同舟曰："谢奉故是奇士。"(《世说新语·雅量》)
　　简文云："谢安南(奉)清令不如其弟，学义不及孔严，居然自胜。"注云："言奉任天真也。"② (《世说新语·品藻》)
　　孔廷尉(坦)以裘与从弟沈，沈辞不受。廷尉曰："晏平仲之俭，祠其先人，豚肩不掩豆，犹狐裘数十年，卿复何辞此?"于是受而服之。(《世说新语·言语》)

　　孔沈让裘一事亦见于上引《晋书·孔沈传》。以上为《世说新语》中魏颧等人资料。从以上资料可以看出，魏颧等五人多具魏晋风度，如魏颧"雅有体量"，虞存"风情高逸"，谢奉"任天真"等。不仅如此，他们多与当时名流交往，如谢奉交与谢安，虞存仕于何充幕下，甚至赢得了当时

---

① (南朝宋)刘义庆著，(南朝梁)刘孝标注，余嘉锡校笺：《世说新语校笺》(修订本)，上海古籍出版社1993年版，第180页。
② 同上书，第522页。

名流的称赞，如谢安称谢奉为"奇士"，孙统（孙绰之兄）称虞存"风情高逸"等。正如学者所云："'四族之俊'的成名，与清谈名士孙绰、孙统、谢安、简文帝等人的推扬有着很大关系。"① 可见，《世说新语》中孙绰所言"四族之俊"，因此五人多染有魏晋放达之风度，且与当时清谈名流交往颇多，故深得名流美誉。正因如此，这五人被孙绰视为"四族之俊"。而颇有才学与儒学之风尚的名士如孔汪、孔安国、虞预②、虞喜等自然难以入选了。

4. "会稽四姓"并不能涵盖魏晋时期会稽所有著名世族

除上述孔、魏、虞、谢四家之外，会稽著名世家至少还有丁氏、贺氏等。丁氏，始见于《三国志·虞翻传》："初，山阴丁览，太末徐陵，或在县吏之中，或众所未识，翻一见之，便与友善，终成显名。"《会稽典录》对丁览家世有更详细的记载：

> 览字孝连，八岁而孤，家又单微，清身立行，用意不苟，推财从弟，以义让称。仕郡功曹，守始平长。为人精微洁净，门无杂宾，孙权深贵待之，未及擢用，会病卒，甚见痛惜，殊其门户。览子固，字子贱，本名密，避滕密，改作固。……固少丧父，独与母居，家贫守约，色养致敬，族弟孤弱，与同寒温。……历显位，孙休时固为左御史大夫，孙皓即位，迁司徒。……子弥，字钦远，仕晋，至梁州刺史。孙潭，光禄大夫。③

《晋书·丁潭传》对丁潭家世有更为详细的记载。丁潭初为郡功曹，察孝廉，除郎中，稍迁丞相西阁祭酒。元帝践祚，拜驸马都尉、奉朝请、尚书祠部郎。经贺循推荐，用为琅邪王郎中令。元帝大兴三年（320），迁王导骠骑司马，转中书郎，出为广武将军、东阳太守。成帝

---

① 吴正岚：《六朝江东士族的家学门风》，南京大学出版社 2003 年版，第 271 页。
② 虞预甚至对魏晋风度极其反感。《晋书·虞预传》："预雅好经史，憎疾玄虚，其论阮籍裸袒，比之伊川被发，所以胡虏遍于中国，以为过衰周之时。"
③ 《三国志·虞翻传》注引。（西晋）陈寿著，（南朝宋）裴松之注：《三国志》，中华书局1959 年版，第 1323—1324 页。

时，为散骑常侍、侍中。苏峻之乱，以功赐爵永安伯，迁大尚书，徙廷尉，累迁左光禄大夫、领国子祭酒、本国大中正，加散骑侍中。其子丁话位至散骑侍郎，丁固位至御史大夫、司徒，其子丁弥亦官至二千石。而其孙丁潭亦仕途通达，官至大尚书、左光禄大夫，丁潭之子亦至散骑侍郎。可见，在魏晋时期，丁氏确为当时著名世家。至于会稽贺氏，东吴时贺齐官至后将军、徐州牧，贺邵官至中书令、太子太傅，而贺循官至中书令、太常、司空等，其子贺隰亦官至临海太守。可见，在魏晋时期，贺氏亦为当世著名世家。由此可见，《世说新语》所言"会稽四族"并不能涵盖魏晋时期会稽所有世家，其将丁氏、贺氏排除在外，显然不太合适。[①]

从以上分析可以看出，《世说新说》中所"会稽四族"并没有涵盖魏晋时期会稽所有著名世家大族，如贺氏、丁氏等，亦是当时著名的世家大族。不仅如此，孙绰提到的五位士人，也非并这四姓中最优秀的人才。因这五人多染有放达之风度，且交好于当时的清谈名流，故深得孙绰称赞，将此五人誉为会稽"四族之俊"。由于受到《世说新语》中此说的影响，后世学者多将此四族视为魏晋，以至六朝时期会稽最为著名的世家。此类提法显然不太妥当。唐长孺等学者以虞、魏、孔、贺，作为会稽世族代表，更适合于汉末魏初时的情形。

三　会稽贺氏非高门考辨

以上分析表明，虽然会稽贺氏、丁氏等未被孙绰纳入会稽四族之列，但这并不意味着这些家族地位低于谢氏、魏氏等。所谓"士族"乃"士"与"族"相结合而产生的大家族。自东汉时期，各地便出现了一些强宗大族，[②]到了魏晋时期，随着"地方豪族之士大夫化，以及士大夫之家族化"，[③]

---

①　王伊同《五朝门第》一书罗列了五朝时期七十五家高门权门世系婚姻表，其中会稽士族仅罗列了孔氏、虞氏与贺氏，而没有魏氏、谢氏以及丁氏、钟离氏等。王伊同：《五朝门第》，中华书局 2006 年版。

②　参见唐长孺《东汉末期的大姓名士》，载其著《魏晋南北朝史论拾遗》，中华书局 1983 年版，第 25 页。

③　毛汉光：《中古士族性质之演变》，载其著《中国中古社会史论》，上海书店出版社 2002 年版，第 79 页。

许多大家族逐渐发展成为士族。对于士族，历来有"大族""大姓""世族""世家""高族""高门大族"等多种说法。① 这些说法往往大同小异。对于士族的界定，学者们标准不一。《魏书·官氏志》所载士族标准：其一，累官三世以上；其二，任官需达五品以上者。② 毛汉光先生认为"同时合于这两个条件者，视为士族"。③ 就会稽贺氏而言，东吴时贺齐官至后将军（三品）、徐州牧，贺景官至灭贼校尉（五品），贺邵官至中书令（三品）、太子太傅，而贺循官至中书令（三品）及太常、司空（一品）等，其子贺隰亦官至临海太守（五品），其孙贺德养为太学博士（六品）。会稽贺氏为魏晋时期士族，显然是毫无疑义的。毛汉光在《两晋南北朝士族政治之研究》一书中编第六章，将贺旸列为寒素，显然不确切。苏绍兴已作辩驳。④

由于政治地位高低不同，士族又有高门与寒门之分。在九品官人法的体系下，乡品二品以上的是高门，也可以称为上级士人，乡品二品以下则是寒门，其中乡品三品至五品者为下级士人，乡品六品至九品为上级庶民。⑤ 据此，刘淑芬先生认为，"会稽四族和丁、钟离氏为高门，贺氏则属下级士人"⑥。刘先生并且进一步按照起家官、历仕清要之官、担任州大中正以及出仕年龄等四个具体标准加以考察。⑦ 刘氏标准是否合理在此不作分析。以刘氏标准衡量侨姓王、谢等，当然是比较合理的。但如若以此衡量江东士族，则难免有"捉襟见肘"之感。就会稽士族而言，孔氏、虞氏显然是高门。但至于"会稽四姓"中的魏氏、谢氏以及钟离氏是否为高门，颇值得再商榷。就魏氏而言，魏颛之父官至大鸿胪卿（三品），魏颛仅为山阴令。魏氏另一支，魏隐为义兴太守（五品），魏逖黄门郎（五品）。

①　参见苏绍兴《两晋南朝的士族·叙论》，台北：联经出版事业公司1993年版，第1—2页。

②　（北齐）魏收：《魏书》，中华书局1974年版，第3014页。

③　毛汉光：《两晋南北朝主要文官士族成分的统计分析与比较》，载其著《中国中古社会史论》，上海书店出版社2002年版，第144页。

④　苏绍兴：《评介毛汉光〈两晋南北朝士族政治之研究〉》，载其著《两晋南朝的士族》，台北：联经出版事业公司1993年版，第245—246页。但贺邵为东吴中书令，苏氏误作晋朝。

⑤　刘淑芬：《六朝会稽士族》，载其著《六朝的城市与社会》，台湾学生书局1992年版，第258—259页。

⑥　同上书，第259页。

⑦　同上。

就谢奉这支而言，其祖谢端官至散骑常侍（三品），其父谢凤仅为丞相主簿，谢奉官至吏部尚书（三品），其弟谢聘官至侍中（三品）。另外，谢沈，官仅著作郎（六品）。就钟离氏而言，汉代有钟离意。东吴钟离牧为其七世孙。钟离牧之父钟离绪，为楼船都尉（四品），其兄钟离骃则仅为上计吏。钟离牧官至扬武将军（五品）、武陵太守。其长子钟离袆袭其爵位，二子钟离盛为尚书郎（六品），三子钟离循为偏将军（四品）。钟离牧之三子钟离循为抗晋派，晋平吴时，战死。其余二子官位不变。因此，晋平吴后，钟离氏自然走向衰微，自此之后一直无人见于史籍。相比较而言，在魏晋时期贺氏一直较为显达。虽然贺氏少有任清职者（或许与贺氏以学术入仕有关），但并非刘氏所言"两晋南朝，贺氏累世仕宦不辍，然其所任之官多非高品清职；东晋南朝贺氏任官少有超出六品以上者"①。言贺氏多非高品清职是有一定道理的，但说少有超出六品以上者则不太合适。东晋贺循官至中书令（三品）、太常，其子贺隰官至临海太守（五品），梁代贺玚官至步兵校尉（四品），梁代贺琛官至御史中丞（三品），梁代贺革官至南郡太守（五品），贺琛之子贺诩官至巴山太守（五品）。就刘氏所制《山阴贺氏表》所列，仅宋、齐之际贺道力官至建康令，建康为大县，其令当为六品，仅贺损一人无为官记载。但较之刘氏将钟离氏归于高门，而将贺氏归于下级士人，显然不妥。贺氏有贺循、贺琛官至高位，而刘氏却将此归于特殊的历史因素造成的，并认为二人仕至高位时，年岁已高。② 这些理由显然是站不住脚的。其实，任清职是高门的特权之一，是评价门第的一个重要参考标准，但并非高门皆须任清职。就刘氏所列会稽士族谱系表中，如会稽谢氏中仅有谢奉之祖谢端任清职散骑常侍，而上虞魏氏中亦仅魏逊任黄门侍郎，山阴丁氏仅丁话任散骑侍郎，而钟离氏自汉代钟离意（为鲁相，五品）之后，连续五代不见于记载，其后钟离绪、钟离牧、钟离盛三代为官亦不高。刘氏却硬将钟离氏归于高门，不知何故。综合言之，刘氏将贺氏列为下级士人，而将魏氏、钟离氏列为高门显然不太合适。

　　姚察《梁书·朱异贺琛传论》："朱异、贺琛并起微贱，以经术逢时，

　　① 刘淑芬：《六朝会稽士族》，载其著《六朝的城市与社会》，台湾学生书局1992年版，第268页。

　　② 同上。

至于显贵。"《梁书·贺琛传》载，贺琛早年学于伯父贺场，可能与其父早亡有关。以上分析表明，贺场之祖贺损可能未为官，贺场之父官职不显当与此有关。再加上宋、齐朝代更替，必然导致贺氏地位下降。贺场早年教授于乡里，贺琛家贫，常贩粟以自给，后亦教授乡里，这些皆与贺损未仕有关。但是，经济对于士族地位的影响不可高估。苏绍兴先生指出："自晋至陈，士族所赖以稳定及发展其政治地位，经济因素，并不重要。"① "两晋南朝士族维持其政治地位之各种因素中，经济因素绝不重要。政治地位之盛衰与经济力量之消长，关系极微。"② 并且指出，"士族家境清贫无碍于其政治前途"③。因此，并不能因为贺琛早年家贫而将贺氏归为下级士人。其实，到了南朝后期，很多一流高门也难以保持其旧日高姿态。如谢安九世孙谢贞到陈代便非常落魄。其父早卒，时逢侯景之乱，亲属离散。二十年余，谢贞还朝，虽历经数职，最后仅为南平王友（六品）。更为可怜的是，后主赦令，"谢贞在（南平）王处，未有禄秩，可赐米百石"（《陈书·孝行列传·谢贞传》）。此足见其仕途的落魄了，其最终在贫困与伤感中离开人世。贺道力仅为建康令，贺损未仕，其子孙贺场、贺琛等早年自然难免贫寒。姚察"微践"意当指此。此并不可作为贺氏非高门的依据之一。

　　隋末唐初人编写的《敦煌天下姓族谱残卷》列越州大族即包括了贺氏。但刘氏却认为"这已是隋唐时代的情况，若论六朝会稽高门，显然不宜把贺氏计算在内"④。刘氏把贺氏入选归于贺知章的兴起。其实自东吴以来，贺氏一直长盛不衰，直至陈代、隋代依然有贺朗、贺德基、贺德仁等见载于正史。正如学者所说，列卷大致可以代表隋末唐初士族的状况。⑤

---

① 苏绍兴：《浅论两晋南朝士族之政治地位与其经济力量之关系》，载其著《两晋南朝的士族》，台北：联经出版事业公司1993年版，第51页。

② 同上书，第54页。

③ 同上书，第53页。

④ 刘淑芬：《六朝会稽士族》，载其著《六朝的城市与社会》，台湾学生书局1992年版，第269页。

⑤ 唐耕耦：《敦煌写本天下姓望族谱残卷的若干问题》，转引自刘淑芬《六朝的城市与社会》，台湾学生书局1992年版，第307页。毛汉光认为《敦煌唐代氏族谱残卷》是天宝元年至乾元元年间（742—758）作品。参见毛汉光《敦煌唐代氏族谱残卷之商榷》，载其著《中国中古社会史论》，上海书店出版社2002年版，第433页。

而贺知章（659—744）的兴起，乃是盛唐时的事了，与敦煌姓谱残卷似乎没有太多关系。王伊同先生《五朝门第》一书中罗列了七十五家高门权门世系婚姻表，其中会稽贺氏赫然位列其中。此外，毛汉光先生将会稽贺氏列为"中古政治社会最重要的士族"之一。[1] 可见自东吴以来，会稽贺氏一直发达不衰，因此会稽贺氏当为中古时期高门士族。

第二节　社会交游

一个家族的社会地位不仅体现于官宦方面，还体现于社会交游方面。这里的社会交游指的是人们在社会生活中形成的各种交往关系，包括师生关系、朋友关系、仕宦关系、姻娅关系等。在此对会稽贺氏社会交游作一全面考察，以此揭示会稽贺氏的社会地位以及社会影响等。

一　贺循

如上所说，会稽贺氏可上溯至东汉时的贺纯。因贺纯之前为"庆"姓，故略而不论。据《后汉书·黄琼传》记载，顺帝永建中（126—132）由于公卿举荐，黄琼与贺纯、杨厚等俱公车征，至皆拜议郎。《后汉书·李固传》载李固上顺帝疏云："臣前在荆州，闻（杨）厚、（贺）纯等以病免归，诚以怅然，为时惜之。"据《后汉书·李固传》记载，阳嘉二年（133），李固因对策为议郎。李固于顺帝永和中（136—141）为荆州刺史。可见，李固为议郎时曾与贺纯共事。从以上分析可以看出，贺纯与黄琼、杨厚、李固等当有交往。

贺齐深得孙权器重。建安元年（196），孙策为会稽太守，察贺齐孝廉，此后贺齐一直竭力效忠于孙策和孙权。因军功显赫，孙权对贺齐赏赐有加。"被命诣所在，及当还郡，权出祖道，作乐舞象。赐齐辎车骏马，罢坐住驾，使齐就车。齐辞不敢，权使左右扶齐，令导吏卒兵骑，如在郡仪"（《三国志·贺齐传》）。

---

[1]　毛汉光：《中古家族之变动》，载其著《中国中古社会史论》，上海书店出版社2002年版，第60页。

贺邵，孙休时为散骑中常侍，出为吴郡太守。孙皓时入为左典军，迁中书令，领太子太傅，曾上疏劝谏孙皓。《世说新语·政事》记载贺邵治吴一事："于是至屯诸邸，检校诸顾、陆役使官兵及藏逋亡，悉以事言上，罪者甚众。陆抗时为江陵都督，故下请孙皓，然后得释。"表明贺邵对吴郡顾氏、陆氏秉公办事，故多有冒犯。贺邵因奉公贞正，故受到小人陷害，终被迫害致死。《三国志·孙皓传》引《吴历》载，贺邵之弟宛陵令贺惠受中书郎奚熙谮害，被收狱。会赦得免。① 可见，贺邵、贺惠兄弟因过于耿直，故皆受到众小迫害，导致一死亡一失官。

晋代贺循不仅才学卓绝，而且寿长位尊，深得皇帝器重，因此其交游对象较广。现考察如下：

1. 范平

范平曾为其父贺邵之师，贺循当与他有交往。《晋书·儒林列传·范平传》：姚信、贺邵之徒皆从其受业。贺循勒碑纪其德行。

2. 丁乂与嵇喜

《晋书·贺循传》：吴平，贺循还乡里。国相丁乂请为五官掾。刺史嵇喜举秀才。

3. 陆机、陆云、顾荣

《晋书·贺循传》载有陆机荐贺循文。虞预《晋书》云："顾荣、陆机、陆云表荐循曰……"②

4. 薛兼、纪瞻、闵鸿

何法盛《晋中兴书》：曰："薛兼与同郡纪瞻、广杨闵鸿、吴郡顾荣、会稽贺循，同志友善。"③

5. 抗宠、陈敏、周馥

《晋书·贺循传》：石冰叛乱，贺循曾移檄石冰大将抗宠。陈敏作乱，诏贺循为丹杨内史，以病辞。征东将军周馥上贺循领会稽相，不就。

6. 晋元帝司马睿及太子（明帝司马绍）

---

① 《三国志·孙皓传》注引。（西晋）陈寿撰，（南朝宋）裴松之注：《三国志》，中华书局 1959 年版，第 1170 页。

② 同上书，第 1459 页。

③ 《太平御览》卷四百七引。（北宋）李昉等：《太平御览》，中华书局 1960 年版，第 1883 页。

《晋书·贺循传》：晋元帝为安东将军，上贺循为吴国内史，与循言及吴时事。元帝承制，复以为军咨祭酒，以病辞，王敦逼迫，乃舆疾至。后为太子太傅。其卒，太子亲临者三焉。

7. 王导、王敦

《晋书·王导传》：帝乃使王导躬造循、荣，二人皆应命而至，由是吴会风靡，百姓归心焉。

《晋书·儒林列传·杜夷传》：怀帝诏王公举贤良方正，刺史王敦以贺循为贤良，以（杜）夷为方正，乃上疏曰："……循宰二县，皆有名绩，备僚东宫，忠恪允著。"

8. 刁协、张闿

《晋书·贺循传》：廷尉张闿私开小门，贺循欲言之，闿闻而毁之。

《晋书·贺循传》：时尚书仆射刁协与循异议，循答义深备。

9. 张翰、虞预、周处

《晋书·文苑列传·张翰传》：会稽贺循赴命入洛，经吴阊门，于船中弹琴。张翰初不相识，乃就循言谈，便大相钦悦。问循，知其入洛，翰曰："吾亦有事北京。"便同载即去，而不告家人。

《晋书·杨方传》：诸葛恢遣杨方为文，荐郡功曹主簿。虞预称美之，送以示贺循。

周处，义兴阳羡人。《晋书·周处传》载贺循论其谥，美之。同为江东士人，贺循当与周处有交往。

10. 荀组、虞喜、陆玩、丁潭、杨方

《荀氏家传》曰："组字大章，中宗为晋王时，将征为司徒，问太常贺循，循曰：'组旧望清重，勤劳显著，迁顺五品，以统人伦，实充人望。'诏以组为司徒。"[①]

《晋书·儒林列传·虞喜传》："喜邑人贺循为司空，先达贵显，每诣喜，信宿忘归，自云不能测也。"

《晋书·陆玩传》：玩字士瑶。器量淹雅，弱冠有美名，贺循每称其清允平当。

---

① 《太平御览》卷二百八引。（北宋）李昉等：《太平御览》，中华书局 1960 年版，第 998 页。

《晋书·丁潭传》：时琅邪王裒始受封，帝欲引朝贤为其国上卿，将用丁潭，以问中书令贺循。循曰："郎中令职望清重，实宜审授。潭清淳贞粹，雅有隐正，圣明所简，才实宜之。"遂为琅邪王郎中令。

《晋书·贺循传》：贺循雅有知人之鉴，拔同郡杨方于卑陋，卒成名于世。

《晋书·杨方传》：贺循复虞预书，盛赞杨方，称方于京师。

从以上分析可以看出，贺循官高位尊，因而多交结于皇帝、太子及大族权臣。贺循早年颇得江东士人举荐，因此其对江东士人亦多加以举荐、提携。

二　贺玚与贺琛

如上所说，宋齐时期，贺氏略衰，未有达闻之士，亦未有贺道力、贺损社会交游之记载。贺玚为一代礼学大师，且仕途较为通达，故交游较广。

1. 刘瓛、张融

《梁书·儒林列传·贺玚传》：少时，南齐会稽府丞刘瓛见而深器异之，曾与贺玚一起造吴郡张融，在张融面前盛赞贺玚。刘瓛荐贺玚为国子生。

2. 梁武帝萧衍

《梁书·儒林列传·贺玚传》：入梁后，梁武帝亲召见说《礼》义，别诏为皇太子定礼。梁武帝创定礼乐，贺玚所言，多见施行。贺玚为《五经》博士，馆中生徒常百数，弟子明经对策至数十人。

3. 卞华、明山宾

《梁书·儒林列传·卞华传》：既长，遍治《五经》，与平原明山宾、会稽贺玚同业友善。

4. 皇侃等

《梁书·儒林列传·皇侃传》：侃少好学，师事贺玚，精力专门，尽通其业。

《梁书·儒林列传·贺玚传》：贺玚为《五经》博士，馆中生徒常百数，弟子明经对策至数十人。

贺玚之侄贺琛仕途更为发达，故其交游更广。

1. 梁武帝萧衍、临川王萧宏、西鄙王、到溉

《梁书·贺琛传》：贺琛，会稽刺史临川王辟为祭酒从事。梁武帝召见文德殿，与语，悦之，谓仆射徐勉曰："琛殊有世业"。又征西鄙王中录事，兼尚书左丞。

《南史·贺琛传》载彭城到溉造访贺琛一事。

2. 杨暾、朱异、王克

《梁书·贺琛传》：侯景之乱，叛军袭京师，与司马杨暾守东府。外城破，为侯景获得，舆之阙下，求见仆射王克、领军朱异，为王克等让之。

3. 侯景

《梁书·贺琛传》：侯景以为金紫光禄大夫。

4. 沈洙、沈峻、孔子祛

《陈书·儒林列传·沈洙传》：大同中，学者多涉猎文史，不为章句，而沈洙独积思经术，吴郡朱异、会稽贺琛甚嘉之。

《梁书·儒林列传·沈峻传》：中书舍人贺琛受敕撰《梁官》，乃启沈峻及孔子祛为西省学士，助撰录。

《梁书·儒林列传·孔子祛传》：中书舍人贺琛受敕撰《梁官》，孔启子祛为西省学士，助撰录。

现将贺氏交游情况列表如下：

六朝会稽贺氏交游一览表

姓名	师生	乡友	君王	宦僚	其他
贺循	范平	陆机、陆云、顾荣、张翰、虞预、周处、虞喜、陆玩、丁潭、杨方、薛兼、纪瞻、闵鸿	晋元帝、太子（明帝）	丁义、嵇喜、王导、王敦、刁协、张闿、荀组	抗宠、陈敏、周馥
贺玚	皇侃、卞华、明山宾		梁武帝	刘瓛、张融	
贺琛		沈洙、沈峻、孔子祛	梁武帝、临川王萧宏、西鄙王	杨暾、朱异、王克、到溉	侯景

从上表可以看出，贺氏交游具有以下特点：其一，非常重视乡里关系，他们颇得江东士人提携，故对江东士族亦颇多关照。其二，在官场

上，他们不太重视结好于权臣，也不太重视与同僚之间的关系，故关系密切者较少。其三，他们皆以学术而跻身仕途，甚至获得君王召见与重用。

苏绍兴先生曾制作《琅邪王族与别族往来一览表》，[①] 此表对六朝时期高门琅邪王氏与别族交往对象作了统计。现将其中关于会稽、吴郡、吴兴三郡著名士族的部分摘录如下：

六朝会郡、吴郡、吴兴著名士族交游一览表

士族	西晋	东晋	宋	齐	梁	陈	总计
会稽贺氏		贺循					1
会稽孔氏		孔愉、孔坦、孔群、孔沈、孔严	孔颙、孔稚珪	孔休源	孔奂		9
会稽虞氏		虞潭、虞预、虞啸父、虞骎		虞悰			5
吴郡陆氏		陆晔、陆玩		陆慧晓、陆澄	陆才子		5
吴郡顾氏		顾荣、顾众、顾和	顾琛	顾宪之			5
吴郡张氏		张玄		张岱、张绪、张充、张融、张宝积			6
吴兴沈氏		沈充、沈劲	沈庆之、沈怀之、沈文季	沈璞、沈攸之、沈昭略	沈约		9

六朝时期，琅邪王氏地位尊贵，与其交往者多为高门达官。从上表可以看出，会稽贺氏始终与王氏交往极少，仅晋代贺循与王导、王敦有交往。自贺循之后，贺氏一度衰微，故不为高门所重。到了梁代，贺氏崛起，但依然保持着较为保守的社交传统，故与高门交往不多。而孔氏自东晋至梁代，有9人与王氏有交往，其中有5人是东晋；而余姚虞氏亦有5人，其中4人是东晋，另外陆氏、顾氏亦有多人。吴兴沈氏兴起于宋、齐之际，故宋齐之时有6人与王氏有交往。这些表明，东晋时期，会稽孔氏和虞氏以及吴郡陆氏、顾氏得到极大发展。众所周知，魏晋时期是门第形成最重要的时期，因贺循的早亡，当时政局的不稳定以及其子不显（可能与较晚得子有关）等，故贺氏在东晋以及宋、齐时期地位大降，直至梁代

---

① 苏绍兴：《琅邪王族与别族往来一览表》，载其著《两晋南朝的士族》，台北：联经出版事业公司1993年版，第183—186页。

情况方有所改变。

至于婚姻，会稽贺氏多不见记载，会稽士族，唯有孔氏与诸高门结姻记载。现将六朝时期江东三吴地区士族通婚情况列表如下：①

六朝会稽、吴郡、吴兴著名士族通婚一览表

士族	会稽郡	吴郡	吴兴郡	其他郡	备注
会稽孔氏		顾氏、张氏			
会稽虞氏		陆氏			
吴郡陆氏	虞氏	顾氏、张氏			陆逊外生姚信
吴郡顾氏	孔氏	陆氏、张氏			
吴郡张氏	孔氏	陆氏、顾氏	沈氏	谯国戴氏、京兆韦氏	
吴郡朱氏				济阳江氏	
吴兴沈氏		张氏		琅邪王氏、兰陵萧氏	

六朝时期，为了保持自身高门地位，士族往往不与寒族通婚，而高门望族之间则相互通婚，"于是名门叠婚，互为姻娅，士庶两族，通婚至难"②。六朝史籍中并无贺氏通婚记载，直到唐代方有贺知章与吴郡陆氏通婚之事。从以上可以看出，会稽孔氏、虞氏皆曾与吴郡士族通婚。而吴郡士族内部通婚较多，且与吴、会之外士族通婚也不少。沈氏兴起于宋齐之际，故南朝后期，得以与高门王氏通婚。侨姓与吴姓皆借婚姻以保持高门地位，而会稽士族则较少像吴郡士族那样相互通婚，这可能与"会稽士族经济利益上的冲突有关"③。上述家族皆以婚姻、社交等来维持其家族的社会地位，而贺氏则否。贺氏每代人皆以自身学术而跻身士林，获取官位以及社会地位等。这也是会稽贺氏与其他家族的重要差异之一。

---

① 此表参考了王伊同《高门权门世系婚姻表》（《五朝门第》，中华书局 2006 年版），周一良：《吴人婚姻表》（《魏晋南北朝史论集》，北京大学出版社 1997 年版，第 85 页），吴正岚：《六朝江东士族通婚一览表》（《六朝江东士族的家学门风》，南京大学出版社 2003 年版，第 98—99 页）以及方北辰《魏晋南朝江东世家大族述论》（台北：文津出版社 1991 年版，第 205—207 页）等。

② 苏绍兴：《两晋南朝的士族》，台北：联经出版事业公司 1993 年版，第 9 页。

③ 刘淑芬：《六朝会稽士族》，载其著《六朝的城市与社会》，台湾学生书局 1992 年版，第 285 页。

第三节　文章著述

六朝时期，学术对一个士族的发展与发达极为重要。学术，可以使寒族上升为士族，而无学术的地方豪强则难入士流。① 学术对于保持家族兴盛亦极其重要。对此钱穆先生曾有很好的论述：

> 今所谓门第中人者……为此门第之所赖以维系而久在者，则必在上有贤父兄，在下有贤子弟。若此二者俱无，政治上之权势，经济上之丰盈，岂可支持此门第几百年而不敝不败？②

确如所言，"中古时代，那些文化底蕴浓厚的家族尽管暂时遇到挫折，但其代有才人，家世兴盛，而有些权势之家尽管豪横一时，但文化基础不深厚，一旦在政治上失势，则门第急剧中衰"③。这样的例子不少，如东晋时炙手可热的谯国桓氏入南朝之后，便无闻于世了。六朝士族，大体可分为政治世家和学术世家两大类型。相对而言，会稽贺氏仕途并非很通达，但学术上却一直保持良好的发展势头。为了便于认知贺氏学术地位及成就，现就贺氏学术著述作一考辨。

一　贺氏著述

如上所说，贺氏源出汉代著名的礼学世家庆氏，东汉贺纯便博学多才。谢承《后汉书》："少为诸生，博极群艺。十辟公府，三举贤良方正，五征博士，四公车征，皆不就。后征拜议郎，数陈灾异，上便宜数百事，多见省纳。"④ 东吴贺齐父子以军功闻名，不以学术见长。然至贺邵，贺

---

① 田余庆先生对此有较好论述。参见《东晋门阀政治·后论》，北京大学出版社 2005 年版，第 290—294 页。

② 钱穆：《略论魏晋南北朝学术文化与当时门第之关系》，载其著《中国学术思想史论丛》（三），安徽教育出版社 2004 年版，第 144 页。

③ 王永平：《六朝江东世族之家风家学研究》，江苏古籍出版社 2003 年版，第 339 页。

④ 《后汉书·李固传》注引。（南朝宋）范晔撰，（唐）李贤等注：《后汉书》，中华书局1965 年版，第 2082 页。

氏由武返文，回归儒术。贺邵"奉公贞正，亲近所惮"（《三国志·贺邵传》）。陆凯临终上书孙皓，称贺邵"清白忠勤""社稷之桢干，国家之良辅"（《三国志·陆凯传》）。陈寿称其"厉志高洁，机理清要"（《三国志·王楼贺韦华传论》）。贺邵仅存文一篇《谏吴主皓疏》一文，载于《三国志·贺邵传》。

（一）贺循

贺邵之子贺循更是自幼以礼自律。"操尚高厉，童龀不群，言行进止，必以礼让"（《晋书·贺循传》）。贺循乃一代礼学大师，其不仅为东晋礼制建设作出了巨大贡献，而且著述甚丰。严可均《全晋文》辑有文章四十一题，其中绝大部分辑自唐人杜佑《通典》。现仅将《通典》之外其他典籍所引贺循作品罗列如下：

1. 《答尚书下太常祭祀所用乐名》，载《宋书·乐志一》，又见《通典》卷一百四十一；

2. 《追尊琅邪恭王为皇考议》，载《宋书·礼志四》，又见《晋书·贺循传》；

3. 《答尚书符问藉田应躬祠先农不》，载《晋书·礼志上》；

4. 《颍川豫章庙主不毁议》，载《晋书·贺循传》；

5. 《追谥周处议》，载《晋书·周处传》；

6. 《丁潭为琅邪王衰终丧议》，载《晋书·丁潭传》；

7. 《嗣新蔡王滔不得还嗣章武议》，载《晋书·河间王洪传》；

8. 《报虞预书论杨方》，载《晋书·虞预传》；

9. 《笺》（存2句），《文选·齐安陆王碑》注引臧荣绪《晋书》。

杜佑《通典》中引贺循文章、著作较多，或为朝廷议礼，或为与同僚来往书信，或出于《丧服要记》《葬礼》等，在此就不一一罗列了。

1. 《丧服要记》十卷

《隋志》：《丧服要记》十卷，贺循撰。此书至梁代便亡佚较多。《隋志》云：梁有《丧服要记》六卷，晋司空戴贺循撰。今佚。马国翰《玉函山房辑佚书》辑有一卷（38条）。

2. 《丧服谱》一卷

《隋志》：《丧服谱》一卷，贺循撰。今佚。马国翰《玉函山房辑佚书》辑有一卷（3条）。王仁俊《玉函山房辑佚书续编》辑有一卷（《宗义》条）。

3. 《葬礼》一卷

《隋志》及唐《志》均无录，而《通典》《太平御览》大量引用。马国翰《玉函山房辑佚书》辑有一卷（8条）。

4. 《宗议》

王仁俊《玉函山房辑佚书续编》辑有一卷（1条）。

5. 《答庾亮问宗议》一卷

王仁俊《玉函山房辑佚书续编》辑有一卷（1条）。

6. 《会稽记》一卷

《隋志》：《会稽记》一卷，贺循撰。今佚。鲁迅《会稽郡故书杂集》辑得4条。

7. 《贺循集》十八卷

《隋志》：晋司空《贺循集》十八卷。梁二十卷，录一卷。今佚。

另外，《通典》还引有《祭仪》《宗义》① 以及《祫祭图》② 等，这些可能是《丧服谱》中篇目，故不单独列出。

（二）贺道养

贺道养乃贺循之孙，贺玚伯祖，《晋书·儒林列传·贺玚传》言其工于筮卜。贺道养宋时曾为太学博士，博学多才，著述甚丰。今存文一篇《浑天记》（《太平御览》卷二引）。

1. 《春秋序》一卷

《隋志》：《春秋序》一卷，贺道养注。

2. 《贺子述言》十卷

《隋志》：梁有《贺子述言》十卷，宋太学博士贺道养撰。《隋志》将其归于道家。

---

① 马国翰将《宗义》收入《丧服谱》。

② 《通典》卷四十九：贺循《祫祭图》："太祖东向，昭北行，南向；穆南行，北向。"柯金虎疑为《丧服谱》中一篇。参见柯金虎《贺循及其礼学》，《玄奘人文学报》2004年第3期。马国翰将此条收入《丧服谱》。

3.《贺子》十卷①

《旧唐书·经籍志》和《新唐书·艺文志》：《贺子》十卷，贺道养撰。

4.《贺道养集》十卷

《隋志》：又有宋《贺道养集》十卷。

（三）贺玚

《梁书·儒林列传·贺玚传》：贺玚曾受诏撰《五经义》。著《礼》《易》《老》《庄》讲疏，《朝廷博议》数百篇，《宾礼仪注》一百四十五篇。贺玚今存文五篇：《郊坛瓦屋议》，载《南齐书·礼志上》；《答释法云书难范缜神灭论》，载《弘明集》卷十；《郊宫议》，载《通典》卷四十二；《宫人始入应奏乐议》，载《通典》卷一百四十七；《上宫元会奏大壮武舞大观文舞议》，载《通典》卷一百四十七。

1.《丧服义疏》二卷

《隋志》：《丧服义疏》二卷，梁步兵校尉、五经博士贺玚撰。今佚。

2.《礼记新义疏》二十卷

《隋志》：《礼记新义疏》二十卷，贺玚撰。此书于梁代便已亡佚甚多。《隋志》云：梁有《义疏》三卷。今佚。马国翰《玉函山房辑佚书》辑有一卷（47 条）。

3.《礼论要钞》一百卷

《隋志》：《礼论要钞》一百卷，贺玚撰。

4.《孝经义疏》一卷

《隋志》：齐永明中《诸王讲》及贺玚讲、义《孝经义疏》各一卷。

5.《五经异同评》一卷

《隋志》：《五经同异评》一卷，贺玚撰。

6.《梁宾礼》一卷

《旧唐书·经籍志》：《梁宾礼》一卷，贺玚等撰。《新唐书·艺文志》：贺玚等《梁宾礼》一卷。《通志》卷六十四：《梁宾礼》一卷，贺玚等。

7.《梁宾礼仪注》九卷

《梁书·贺玚传》：撰《宾礼仪注》一百四十五卷。《隋志》：《梁宾

---

① 《贺子》十卷与《隋志》中《贺子述言》当是同一本书。

礼仪注》九卷，贺场撰。《新唐书·艺文志》：贺场等《梁宾礼仪注》
十三卷。

8.《五经义》

《梁书·贺场传》：别诏为皇太子定礼，撰《五经义》。

9.《周易讲疏》《老子讲疏》《庄子讲疏》《朝廷博议》①

《梁书·贺场传》：所著《礼》《易》《老》《庄》讲疏，《朝廷博议》
数百篇，《宾礼仪注》一百四十五卷。朱彝尊《经义考》卷十二：贺氏
（场）《周易讲疏》。

（四）贺琛

《梁书·贺琛传》：贺琛受诏撰《新谥法》，至今沿用。撰《三礼讲
疏》《五经滞义》及诸法仪，凡百余篇。这些著作早佚，仅有《谥法》见
载于《隋志》。贺琛存文三篇：《奏二郊及藉田宜御辇》，载《梁书·武帝
纪下》；《条奏时务封事》，载《梁书·贺琛传》；《驳皇太子大功之末可以
冠子嫁女议》，载《梁书·贺琛传》。

1.《谥法》五卷

《隋志》：《谥法》五卷，梁太府卿贺琛②撰。《旧唐书·经籍志》与
《新唐书·艺文志》：贺琛《谥法》三卷。《宋史·艺文志》：贺琛《谥
法》三卷。今佚。《经义考》：《谥法》四卷，贺琛撰。王谟《汉魏遗书
钞》辑得100条。

2.《三礼讲疏》《五经滞义》③

《梁书·贺琛传》：贺琛所撰《三礼讲疏》《五经滞义》及诸仪法，凡
百余篇。

3.《梁官》

《梁书·儒林列传·沈峻传》：中书舍人贺琛受敕撰《梁官》，乃启
沈峻及孔子祛为西省学士，助撰录。此亦见于《梁书·儒林列传·孔子

---

① 这些著作《隋书·经籍志》无记载，当早佚。
② 《隋志》作"贺场"，误。其一，贺场未曾任太府卿，而贺琛曾任太府卿；其二，此书列
于沈约《谥法》之后，而沈约（441—513）时间略晚于贺场（481—510），而早于贺琛（481—
549）。
③ 这些著作《隋书·经志籍》无记载，当早佚。

袪传》。

此外，贺氏还有一些文章著述。刘宋贺道期存文一篇《太庙送神议》，载《宋书·礼志四》。此外还有署名"贺氏"者两种：

1.《会稽先贤像赞》五卷

《隋志》：《会稽先贤像赞》五卷。不著撰者。《旧唐书·经籍志》：《会稽先贤像赞》四卷，贺氏撰。《新唐书·艺文志》：《会稽先贤像传赞》四卷。鲁迅《会稽郡故书杂集》辑得4条。

2.《会稽太守像赞》二卷

《旧唐书·经籍志》：《会稽太守像赞》二卷，贺氏撰。今佚。

《隋书·经籍四》：梁时有宋扬州从事《贺颙集》十一卷，[①] 抚军参军《贺弼集》十六卷，亡。《资治通鉴》卷一百二十九："（竟陵王刘诞）记室参军山阴贺弼固谏……"《江南通志》卷一百十五："南北朝宋贺弼，字仲辅，山阴人，竟陵王诞记室。"[②]

此外，《隋书·经籍一》：《丧服图》一卷，贺游撰。此书列于南齐王逡《丧服世行要记》之后，梁代皇侃《丧服问答目》之前，故其当为齐梁之际人。《隋书·经籍二》：《杂传》四十卷，贺踪撰。本七十卷，亡。《梁书·文学列传·刘峻传》："天监初，（刘峻）召入西省，与学士贺踪典校秘书。"可见，贺踪当为齐梁时人。《旧唐书·经籍志》：《礼统》十三卷，贺述撰。《新唐书·艺文志》：贺述《礼统》十二卷。[③]据《玉海》所引，贺述当为梁代人。贺游、贺踪、贺述等，亦可能出于会稽贺氏。

刘宋时贺道庆，会稽山阴人。存诗一首《离合诗》。梁代贺文标，存诗一首《咏春风诗》。贺彻，仕陈为左民郎，存诗一首《采桑》。贺循，仕陈为比部郎。存诗一首《赋得夹池修竹诗》。贺文标、贺彻以及陈代贺循，亦可能出于会稽贺氏。

现将六朝时期会稽贺氏的各类著作列表如下：

① 关于贺颙籍贯无资料可考，其为宋代扬州从事，当为江东人无疑，故当出会稽贺氏。
② （清）赵宏恩等撰：《江南通志》，《文渊阁四库全书》第510册，台湾商务印书馆1986年版，第385页。
③ 《通志》《玉海》均言《礼统》十二卷。

六朝会稽贺氏著述一览表

姓名	经	史	子	集
贺循	《丧服要记》《丧服谱》《葬礼》《宗议》《答庾亮问宗议》	《会稽记》		《贺循集》
贺弼				《贺弼集》
贺颙				《贺颙集》
贺道养	《春秋序》		《贺子述言》《贺子》①	《贺道养集》
贺玚	《丧服义疏》《礼记新义疏》《礼论要钞》《孝经义疏》《五经异同评》《梁宾礼》《梁宾礼仪注》《五经义》《周易讲疏》	《朝廷博议》	《老子讲疏》《庄子讲疏》	
贺纵		《七林》（贺纵补）《杂传》②		
贺琛	《谥法》《三礼讲疏》《五经滞义》《梁官》			
贺述	《礼统》			
贺氏		《会稽先贤像赞》《会稽太守像赞》		
贺游	《丧服图》			
贺踪		《杂传》		
总计	21	7	3	4

从上述可以看出：其一，贺氏长于儒学，故经部著作达 21 种之多，远远胜过其他三部之总和（14 部）。《五朝门第》："会稽贺氏之世为儒业也"；"会稽贺氏，儒学望族，实并具之"。③ 可见此说并非空言。其二，贺氏以礼学见长，礼学著作达 13 部之多，占经部总数一半以上。其三，贺氏学术纯正，除贺道养涉足《春秋学》、道学之外，其他皆以礼学主，较少涉及杂学。其三，贺氏短于文章，有集者仅 4 人。

二　比较研究

会稽、吴郡、吴兴历来合称三吴，乃江东的核心地带。六朝会稽某姓以孔氏、虞氏、谢氏、贺氏为主，吴郡著姓则以陆氏、顾氏、张氏为主，

① 见《旧唐书·经籍志》和《新唐书·艺文志》等。二者当同一书，故计作 1 种。

② 《杂传》见《通志》。

③ 王伊同：《五朝门第》，中华书局 2006 年版，第 2 页。

吴兴则以沈氏为主。① 以上对贺氏的著述作了考察，为了更好地认知贺氏的学术特征，现以《隋志·经籍志》记载为主，兼参考《旧唐书》《新唐书》等记载，将上述三吴著名士族著述情况统计如下：②

六朝会稽、吴郡、吴兴著名士族著述一览表

姓名	经	史	子	集	备注
会稽虞氏	《周易注》（虞翻）《周易日月变例》（虞翻、陆绩）《周官驳难》（虞喜）《春秋外传国语》（虞翻）《孝经注》（虞槃佐③）《论语注》（虞翻）《论语赞》（虞喜）《新书对张论》（虞喜）	《晋书》（虞预）《帝王世纪音》（虞绰④）《会稽典录》（虞预）《高士传》（虞槃佐）《虞氏家记》（虞览⑤）《孝子》⑥（虞槃佐）《后妃记》（虞通之⑦）《妒记》⑧（虞通之）《高僧传》（虞孝敬⑨）《广梁南徐州记》（虞孝敬）	《杨子太玄经注》（虞翻）《志林新书》（虞喜）《后林》（虞喜）《老子》（虞翻注）《善谏》（虞通之）《投壶变》（虞潭）《皇博法》（虞潭）《安天论》（虞喜）《周易集解律历》（虞翻）《易律历》（虞翻）	《虞翻集》《虞通之集》《虞喜集》《虞羲集》⑩《虞炎集》《虞嚼集》⑪《上法书表》（虞和⑫）	《尚书释问》（虞氏）
总计	8	10	10	7	35

① 各类研究江东士族的著作，多以此数家为主，如吴正岚《六朝江东士族的家学门风》（南京大学出版社 2003 年版）和王永平《六朝江东世族之家风家学研究》（江苏古籍出版社 2003 年版），或因社会地位不高、资料缺乏等原因，均未对会稽魏氏、吴郡朱氏等作专题研究。王永平后来也对吴兴姚氏作了研究。参见王永平《中古吴兴武康姚氏之家风与家学——从一个侧面看文化因素在世族传承中的作用》，《扬州大学学报》2003 年第 2 期，后收入《东晋南朝家族文化史论丛》，广陵书社 2010 年版。但姚氏自东吴姚信以降，历经九代并无杰出人物，直至陈代姚察、姚最，方才知名于世。其社会地位远逊于上述三吴著姓，故在此略而不论。

② 本表谱系认定多参考吴正岚《六朝江东士族的家学门风·附录：江东各家族世系表》（南京大学出版社 2003 年版）以及刘淑芬《六朝会稽士族》一文中会稽诸士族世系表（载其著《六朝的城市与社会》，台湾学生书局 1992 年版）等。

③ 《浙江通志》载其著述多种。

④ 《隋书·虞绰传》：虞绰，字士裕，会稽余姚人。

⑤ 虞览见《浙江通志》。

⑥ 《虞氏家记》见《浙江通志》。

⑦ 《南史·文苑列传·丘巨源传》：虞通之、虞和，皆会稽余姚人。

⑧ 虞通之《后妃记》《妒记》见《新唐书·艺文志》。

⑨ 虞孝敬见《浙江通志》。

⑩ 《虞羲集》又见《浙江通志》。

⑪ 《梁书·良吏列传·伏暅传》卷五十三载治书侍御史虞嚼《奏弹伏暅》一文。

⑫ 《四库全书总目》卷八十六"《绛帖平》"条云："案：虞和，宋人，其《上法书表》在宋孝武帝之世。"永瑢等撰：《四库全书总目》，中华书局 1965 年版，第 735 页。

续表

姓名	经	史	子	集	备注
会稽孔氏	《集注丧服经传》（孔伦①）《论语注》（孔澄之②）	《晋咸和咸康故事》（孔愉）	《陆先生传》（孔稚珪）	《孔坦集》《孔严集》《孔汪集》《孔琳之集》《孔宁子集》③《孔欣集》《孔稚珪集》	
总计	2	1	1	7	11
会稽谢氏	《尚书注》（谢沈）《毛诗注》（谢沈）《毛诗释义》（谢沈）《毛诗义疏》（谢沈）《丧服义》（谢峤）	《后汉书》（谢承）《后汉书》（谢承）《会稽先贤传》（谢承）		《谢承集》《谢沈集》《文章志录杂文》（谢沈）	《周礼注》（谢氏）《礼记音疏》（谢氏）
总计	5	3		3	11
吴郡陆氏	《周易注》（陆绩）《周易日月变例》（虞翻、陆绩）《毛诗草木虫鱼疏》（陆玑）《吴章》（陆机）	《汉书注》（陆澄④）《汉书》（陆澄注）《陈书》（陆琼）《晋纪》（陆机）《军仪注》（陆琏⑤）《吴先贤传》（陆凯）《杂传》（陆澄）《嘉瑞记》（陆琼）《洛阳记》（陆机）《邺中记》（陆翙）《地理书》（陆澄）《地理书钞》（陆澄）	《杨子太玄经注》（陆绩）《杨子太玄经注》（陆凯）《典语别》（陆景）《陆子》（陆云）《述政论》（陆澄）《缺文》（陆澄）《政论》（陆澄）《棋品序》（陆云公）	《陆凯集》《陆景集》⑥《陆冲集》⑦《陆机集》《陆云集》《陆沉集》⑧《陆法之集》《陆厥集》《陆展集》⑨《梁简文帝集》（陆罩撰）《陆倕集》《陆云公集》《陆琰集》《陆玠集》⑩《陆瑜集》《佛像杂铭》（陆少玄⑪）《梁武帝制旨连珠》（陆缅注）《连珠》（陆机）	
总计	4	12	8	18	52

① 《经典释文》：孔伦，会稽人。

② 《经典释文》：孔澄之，字仲渊，会稽人。

③ 《宋书·王华传》：会稽孔宁子。

④ 《南齐书》有传。

⑤ 《江南通志》：陆琏，吴郡吴人。

⑥ 《吴郡志》有传。

⑦ 《江南通志》：吴郡陆冲。

⑧ 《江南通志》：吴郡陆沉。

⑨ 《宋书》卷五十一：吴郡陆展。

⑩ 《江南通志》：陆玠，吴人举秀才。

⑪ 陆少玄见《吴郡志》。

续表

姓名	经	史	子	集	备注
吴郡顾氏	《周易难王辅嗣义》（顾夷）《今文尚书音》（顾彪①）《大传音》（顾彪）《尚书百问》（顾欢）《尚书疏》（顾彪）《尚书文外义》（顾彪）《毛诗集解叙义》（顾欢等）《启蒙记》（顾恺之）《启疑记》（顾恺之）《玉篇》（顾野王）《春秋大夫谱》②（顾启期）	《娄地记》③（顾启期）《吴郡记》（顾夷）《异地志》（顾野王）《舆地志》（顾野王）	《顾子新语》（顾谭）《顾子》（顾夷）《老子义纲》（顾欢）《老子义疏》（顾欢）《夷夏论》（顾欢）《琐语》（顾协）	《顾荣集》《顾和集》《顾夷集》《顾淳集》《顾恺之集》《顾迈集》④《顾显集》《顾雅集》《顾欢集》《顾野王集》	
总计	11	4	6	10	31
吴郡张氏	《春秋义略》（张冲）《论语释》（张凭）《论语释》（张隐）《论语疏》（张略）《论语义疏》（张冲）	《吴录》（张勃）《三史略》（张温）《宋东宫仪记》（张镜）《桂林先贤画赞》⑤（张胜）《文士传》（张隐）	《老子道德经注》（张凭）《少子》（张融）《默记》（张俨）《书图全海》（张式）	《张温集》《张俨集》《张翰集》《张凭集》《张玄之集》《张演集》《张镜集》《张畅集》《张悦集》《张永集》《张辩集》《张融集》《玉海集》（张融）《张率集》《张式集》《谢灵运诗集补》（张敷）	《毛诗义疏》（张氏）《晋书鸿烈》（张氏）
总计	5	5	4	16	30

---

① 《旧唐书》卷一八九：朱子奢，苏州吴人也，少从乡人顾彪习《春秋左氏》。又见《吴郡志》。

② 见《旧唐书·经籍志》《新唐书·艺文志》等。

③ 《册府元龟》卷五百六十：吴顾启期撰《娄地记》一卷。

④ 《宋书》卷四十三：吴郡顾迈。又见《姑苏志》。

⑤ 《隋志》：吴左中郎张胜撰。

续表

姓名	经	史	子	集	备注
吴兴沈氏	《周易义》（沈林）《毛诗义疏》（沈重①）《周官礼义疏》（沈重）《丧服经传义疏》（沈麟士）《礼记义疏》（沈重）《乐律义》（沈重）《春秋五辩》（沈宏）《春秋文苑》（沈宏）《春秋嘉语》②（沈宏）《春秋左氏经传义略》（沈文阿）《经典大义》（沈文阿）《经典玄儒大义序录》（沈文阿）《谥法》（沈约）《四声》（沈约）	《晋书》（沈约）《宋书》（沈约）《齐纪》（沈约）《新定官品》（沈约）《随王入沔记》（沈怀文）《临海水土异物志》（沈莹）《宋世文章志》（沈约）	《俗说》（沈约）《杂说》（沈约）《袖中记》（沈约）《袖中略集》（沈约）《珠丛》（沈约）《子钞》（沈约）《孔子兵法》（沈友③）《棋势》（沈敞）	《沈充集》《沈林子集》《沈演集》《沈亮之传》《沈怀文集》《沈勃集》《沈怀远集》《沈宗之集》《沈麟士集》《沈约集》《沈君游集》④《沈满愿集》《陈后主沈后集》《沈炯前集》《沈炯后集》⑤《集钞》（沈约）《梁武连珠》（沈约注）《诽谐文》（沈宗之）	《南越志》（沈氏）
总计	14	7	8	17	46

　　从上表统计数据可以看出，贺氏家学传统与会稽其他三家虞氏、孔氏、谢氏等颇有不同。如上所说，六朝时期会稽士族以孔氏最为尊贵，为达官者甚众，其地位远在虞氏、贺氏、谢氏之上。⑥ 虽然山阴孔氏也是以儒学闻名的世家，但从著述的角度而言，孔氏著述不仅数量少，而且几无传世之作。孔氏之所以能够成为会稽世之首，乃得益于其家族通于世故，结好于权贵有关。东晋初年，孔愉、孔坦等，尽忠于皇室而备受器重；刘宋时期，孔季恭因支持刘裕而仕途通达；梁代孔休源为一代宠幸，权重一时。可见，孔氏实乃政治世家，而非学术世家。就虞氏和谢氏而言，二家皆著述甚丰，但二者学术皆不如贺氏专精。虞氏学术较为博杂，著述涉及四部；而谢氏则长于经、史，谢承《后汉书》颇为闻名。

---

① 《隋书·辛彦之传》云：吴兴沈重。
② 《春秋文苑》《春秋嘉语》见《旧唐书·经籍志》。
③ 《吴兴备志》：沈友，吴兴人。
④ 《吴兴备志》：沈君游，吴兴人。
⑤ 《沈炯前集》与《沈炯后集》合计 1 种。
⑥ 参见王永平《六朝江东世族之家风家学研究》，江苏古籍出版社 2003 年版，第 305 页。

　　不仅如此，会稽贺氏与其他江东著名士族在学术方面亦有不少差异。夏增民对南朝经学家分布作了统计，其结果表明，南朝一百七十年间，会稽有经学家 21 位，远胜吴郡（12 人）和吴兴（8 人）。由此可见会稽经学的兴盛了。① 从上表亦可以看出，吴郡陆氏、张氏以及吴兴沈氏，皆偏于文章，故各家文集较多。此其一。其二，陆氏、顾氏、张氏、沈氏学术较为博杂，涉及经史子集四部，且四部著述数量分布较为均衡。其三，就经学而言，以上诸家广涉易、诗、书、礼、春秋、论语诸经，甚至涉及乐论、小学等。

　　从以上比较可以看出，会稽贺氏世代以儒学立世，以礼学闻名，不愧为专而精的礼学世家。

---

　　① 夏增民：《南朝经学家分布与文化变迁》，《中国历史地理论丛》2006 年第 4 期。

第四章　贺循礼学

会稽贺氏源出汉代庆氏，东汉时有大儒贺纯。东吴时期，贺齐、贺景、贺达等人以武功见称，仅有贺邵以儒术见长。因传世资料过少，故无法对其学术思想作详细考辨。从现代文献来看，今存文献最多，并且对后世影响最为深远的当属晋代贺循。虽然贺循著作多已亡佚，仅有少许辑佚本存世，但史籍及《通典》等著作中保存了大量的贺循说礼文字，这些文字片段很好地展示了贺循的政治心态、制礼贡献、礼学思想与礼学影响等，为后世全方面深入研究这位礼学大师提供了大量可信的原始材料。

第一节　贺循入仕心态及其影响

贺循是晋代著名的礼学大师，也是六朝会稽贺氏家族史中起重要承上启下作用的人物，其特殊的人生经历、入仕心态以及仕职变迁等对其家族的发展产生了较大的影响。

一　贺循入仕心态

贺循（260—319），会稽山阴人，晋代著作礼学家。会稽贺氏为汉代礼学家庆普之后，其曾祖贺齐以及其祖景皆为东吴名将，其父贺邵为孙皓中书令，因直谏而被杀，家属流放海隅，时贺循年仅十六岁。贺循少时在流放地多年，直至晋平东吴，贺循方得归故里。早年特殊的经历对贺循入仕心态产生了不少影响。

（1）崇尚教化

因获罪流放，故贺循更加致力于学识修养，"操尚高厉，童龀不群，言行进止，必以礼让"（《晋书·贺循传》）。归来不久，国相丁乂请为五官掾，刺史嵇喜举为秀才，除阳羡令，后为武康令。在地方为官时，贺循勤于职守。为阳羡令时，贺循"以宽惠为本，不求课最"（《晋书·贺循传》）。为武康令时，"俗多厚葬，及有拘忌回避岁月，停丧不葬者，循皆禁焉。政教大行，邻城宗之"（《晋书·贺循传》）。贺循任职于东晋朝廷时，廷尉张闿住在小市，将夺左右近宅以广其宅，乃私作都门，早闭晏开，人多患之。众人讼之于州府，皆不见省。于是连名请之于贺循，贺循曰："见张廷尉，当为言及之。"（《晋书·贺循传》）张闿闻之而毁其门，诣循谢罪。可见，元帝称其"清直履道，秉尚贞贵，居身以冲约为本，立德以仁让为行，可躬训储宫，默而成化"[1]，并非空言。

（2）忠于朝廷

晋平东吴，贺循得以从流放地归还，故其对西晋王朝颇有几分感激之情。或出于此，再加上儒家礼教教化，故其一生忠于朝廷，不与任何篡位者、谋反者合作。赵王伦篡位，转侍御史，贺循辞疾去职。后除南中郎长史，不就。李辰叛乱，其别将石冰逐会稽相张景，代以他人。前南平内史王矩、吴兴内史顾秘、前秀才周玘等唱义，传檄州郡以讨之，贺循亦合众应之。石冰大将抗宠有众数千，屯郡讲堂。贺循移檄于宠，为陈逆顺，宠遂遁走，伪会稽相程超与伪山阴令宰与等皆降，一郡悉平。贺循迎故会稽相张景还郡。陈敏作乱，以贺循为丹杨太守，贺循辞以脚疾，又服寒食散，露发袒身，示不可用。陈敏不敢逼。东海王司马越命为参军，征拜博士，并不起。元帝承制，复以为军咨祭酒。时江东草创，元帝咨之以盗贼时，贺循则献上良策：

> 以循所闻，江中剧地惟有阖庐一处，地势险奥，亡逃所聚。特宜以重兵备戍，随势讨除，绝其根蒂。沿江诸县各有分界，分界之内，

---

① 《太平御览》卷二百四十四引《晋中兴书》。（北宋）李昉等：《太平御览》，中华书局1960年版，第1156页。

官长所任，自可度土分力，多置亭候，恒使徼行，峻其纲目，严其刑赏，使越常科，勤则有殊荣之报，堕则有一身之罪，谓于大理不得不肃。所给人以时番休，役不至困，代易有期。案汉制十里一亭，亦以防禁切密故也。当今纵不能尔，要宜筹量，使力足相周。若寇劫强多，不能独制者，可指其踪迹，言所在都督寻当致讨。今不明部分，使所在百姓与军家杂其徼备，两情俱堕，莫适任负，故所以徒有备名而不能为益者也。（《晋书·贺循传》）

（3）功成不居

贺循忠心于晋朝，为西晋王朝的稳定和东晋王朝的建立作出了不少贡献，但每次功成之后，他便立即身退，不居其功。石冰之乱时，贺循驱走判将抗宠后，迎原会稽相张景还郡，"即谢遣兵士，杜门不出，论功报赏，一无豫焉"（《晋书·贺循传》）。及愍帝即位，征为宗正，元帝在镇，又表为侍中，道险不行。以讨华轶功，将封乡侯，贺循自以卧疾私门，固让不受。建武初，为中书令，加散骑常侍，又以老疾固辞。其后，元帝以贺循清贫，"循冰清玉洁，行为俗表，位处上卿，而居身服物盖周形而已，屋室财庇风雨"（《晋书·贺循传》）。乃赐六尺床荐席褥并钱二十万，以表至德。贺循又让，不许，不得已留之。初不且用。晚年，贺循疾渐笃，表乞骸骨，上还印绶，改授左光禄大夫、开府仪同三司。临卒时，帝临轩，遣使持节，加印绶。贺循虽口不能言，指麾左右，推去章服。可见，贺循在仕途上，往往功成不居，赏而不受，以谦让自律而闻名。

（4）仕而不入

贺循一生多次出仕，并且仕途多较为顺畅，但他却不迷恋官位利禄，对为官往往采取仕而不入的谨慎态度。西晋后期，朝廷渐乱，赵王伦篡位后，贺循便辞疾去职，东归故里。司马睿出镇江东，上贺循为吴国内史，自此贺循出仕于司马睿政权。司马睿迁镇东大将军，其军司顾荣卒，引贺循代之。贺循称疾笃固辞，笺疏十余上。元帝遗之书加以劝说，贺循犹不起。这时，天下形势未定，故贺循采取比较谨慎的观望态度。及司马睿承制，复以为军咨祭酒，贺循称疾，王敦逼不得已，乃舆至。帝亲幸其舟，因咨以政道。贺循赢疾不堪拜谒，乃就加朝服，赐第一区，车马床帐衣褥等物。循辞让，一无所受。至此，天下形势逐渐明朗，对于入仕元帝政权，贺循依然采取比较慎重的态度。建武初，以中书令，加散骑常侍，又以老疾固辞。于是改拜太常，常侍如故。贺循以九卿旧不加官，今又疾患，不宜兼处此职，唯拜太常而已。不久以贺循为太子太傅，"循自以枕疾废顿，臣节不修，上隆降尊之义，下替交叙之敬，惧非垂典之教也，累表固让"（《晋书·贺循传》）。元帝不许，"以循体德率物，有不言之益，敦厉备至，期于不许，命皇太子亲往拜焉"（《晋书·贺循传》）。从以上分析可以看出，自出镇东以来，因贺循为江东名士，故元帝一直对其比较器重，然而贺循对入仕司马睿政权采取比较谨慎的态度。入仕之后，却并不迷恋于官位，对于升迁、赏赐采取谦让的态度，体现出仕而不入的政治心态。

二　贺循入仕心态形成原因

贺循对于入仕的态度不同于一般人，既不排斥，也不迷恋，始终与中央政权保持着一定距离。是什么原因造就贺循如此复杂的入仕心态呢？

（1）早年家祸的阴影

孙吴时期，会稽贺氏在政坛也还算风光。贺齐为后将军，其子贺景、贺达皆为将军，其孙贺邵孙休时为吴郡太守，孙皓时入为左典军，迁中书令，领太子少傅。孙皓是历史上著名的暴君，而贺邵刚毅正直，常对孙皓进行强谏，最终遭受陷害致死。贺邵卒时，其子贺循年仅十六岁，被流放海隅。《晋书·贺循传》："循少婴家难，流放海隅，吴平，乃还本郡。"贺循在海隅待了五六年，直至晋灭吴，方才得以还本郡。其父悲惨的结局以及早年的流放生活自然成为贺循心灵中难以抹去的阴影，这使得其对仕途有几分畏惧之感，对君主往往存有几分谨慎。正因如此，一方面，他对晋朝颇有几分感激之情，加上所受儒学浸染，故其对晋朝充满忠义。他积极参与石冰叛乱平定，认真为元帝献上平盗良策等。另一方面，他对仕途颇为警惕，稍感风吹草动便退身而出。对于那些篡位者、居心叵测者，如赵王司马伦、东海王司马越、征东将军周馥①等，贺循皆采取远避的态度，

---

① 后周馥与裴硕有隙，裴硕诬其谋反，为晋元帝将甘卓等攻杀。

因为他对这些人的未来充满怀疑。甚至司马睿初镇江东时，贺循对他亦仅采取敷衍的态度，只是后来觉得司马睿乃是最后的选择时，方才死心塌地地追随他，讨伐华轶，上献平盗良策等。

（2）儒学教育的影响

贺氏源于汉代庆普，庆氏则是著名的礼学世家。其先祖贺纯儒学有重名，其父贺邵亦精于儒学，其上疏颇引经典为据，"臣窃观天变，自比年以来阴阳错谬，四时逆节，日食地震，中夏陨霜，参之典籍，皆阴气陵阳，小人弄势之所致也。臣尝览书传，验诸行事，灾祥之应，所为寒栗"（《三国志·贺邵传》）。贺循自幼便习儒学，常以礼义自律，"言行进止，必以礼让"（《晋书·贺循传》）。入仕之后，贺循依然时以儒家礼义自律，充满了忠义思想。这样，自流放地归来之后，贺循便对晋朝廷充满忠心，而反对各类篡位者、叛乱者等。

（3）朝廷政治动荡不安

西晋自八王之乱始（291），便步入混乱时期。一个个执政者如同走马灯，转眼流过。这使得很多有识之士为了避祸而远离政治，如顾荣、纪瞻等人离洛东归便多缘于此。正因如此，赵王伦篡位后，转其为侍御史，贺循亦辞疾去职，东归故里。西晋末期，江东一带亦颇不平静，不时有叛乱发生，如晋惠帝太安二年（303）石冰叛乱，惠帝永兴二年（305）陈敏叛乱，怀帝永嘉元年（307）钱𪏀叛乱等。此外，怀帝永嘉六年（312），江州刺史华轶不奉诏，司马睿遣将讨之。建兴五年（317）三月，琅邪王司马睿承制改元，称晋王于建康，次年（318）三月称帝。东晋初期，司马氏政权颇不稳定，十年间有多次重大叛乱。元帝永昌元年（322），王敦举兵反；明帝太宁二年（324），王敦再次起兵；成帝咸和二年（327），流民帅苏峻反。这使得人们都对司马睿政权能够存在多久颇有疑惑。这是贺循一次次拒绝司马睿重用的原因所在。当然直至其卒（319），司马睿政权依然处于危机之中。这是贺循对司马睿政权保持一定距离的原因所在。

（4）求稳心态

因早年罹害难，故贺循难免多了一些求稳心态。在求稳心态的支持下，贺循自然不会随意投身于一个不太可靠的人物或政权。正因如此，赵王司马伦篡位后，想拉拢他时，他辞官东归。当东海王司马越欲征用他时，他却不应。甚至在司马睿镇江东的初期，尽管司马睿极力拉拢他，但他总是极力推辞。元帝镇江东时，贺循为吴国内史。但顾荣卒前，荐贺循接任司马睿军司马之职时，贺循极力辞绝，"循称疾笃，笺疏十余上"（《晋书·贺循传》），以致元帝亲自致书，贺循亦不为所动。直至司马睿承制（312），西晋灭亡在即之时，贺循方才比较死心塌地地追随司马睿政权。于是为军咨祭酒，献计平盗贼等，并且多参与朝廷礼仪议定。

三　贺循入仕心态对其家族发展的影响

贺循一生淡泊名利，无意于仕途，但晚年却颇受皇帝恩宠。贺循不仅官至中书令、太傅等高官，并且元帝对其极其优遇。帝以循清贫，下令曰："循冰清玉洁，行为俗表，位处上卿，而居身服物盖周形而已，屋室财庇风雨。孤近造其庐，以为慨然。其赐六尺床荐席褥并钱二十万，以表至德，畅孤意焉。"（《晋书·贺循传》）元帝以其为太子太傅，贺循累表固让而"帝以循体德率物，有不言之益，敦厉备至，期于不许，命皇太子亲往拜焉。循有羸疾，而恭于接对；诏断宾客，其崇遇如此。疾渐笃，表乞骸骨，上还印绶，改授左光禄大夫、开府仪同三司。帝临轩，遣使持节，加印绶。循虽口不能言，指麾左右，推去章服。车驾亲幸，执手流涕。太子亲临者三焉，往还皆拜，儒者以为荣。太兴二年卒，时年六十。帝素服举哀，哭之甚恸。赠司空，谥曰穆。将葬，帝又出临其枢，哭之尽哀，遣兼侍御史持节监护。皇太子追送近途，望船流涕"（《晋书·贺循传》）。如此盛遇，实乃人臣有少。虽则如此，贺循的入仕心态以及其早卒等，对其家族发展产生了很大的影响。

（1）从军功转向学术

如上所说，贺氏源于庆普，而庆普是汉代著名的礼学家之一，其礼学有庆氏学之称。其远祖贺纯也是以儒学而闻名。可是到了汉末，天下大乱，儒者难以为进，于是贺氏家族由文转武。贺齐是孙吴前期著名将领，官至后将军，其子贺景、贺达皆为名将。至其孙贺邵，又开始由武功而转向儒术。从《三国志·贺邵传》记载来看，贺邵因祖上之功而仕途较为通达，其并未以军功见长，而反倒以文术见长。其因受陷害而被杀后，其子贺循被流放海隅。这使得贺循无法继续走军功之路，贺氏家族原本有着浓厚的儒学传统，于是贺循很自然回到学术之途，勤于儒学，终成一代大儒。西晋时期，贺循以其儒名而被征入洛为官。陆机荐曰："贺循德量邃茂，才鉴清远，服膺道素，风操凝峻，历试二城，刑政肃穆。"（《晋书·贺循传》）司马睿出镇江东时，顾荣亦荐曰："贺生沈潜，青云之士。"（《晋书·顾荣传》）贺循之所以受到元帝优遇，实乃缘于其学术，"朝廷疑滞皆咨之于循，循辄依经礼而对，为当世儒宗"（《晋书·贺循传》）。可见，贺循完全是以自身学术而获得盛誉以及君主器重的。正因如此，故其子孙皆极其重视学术，继承其以学术立世、以学术入仕的做法。其孙贺道力，善《三礼》，仕宋为尚书三公郎、建康令。贺玚为《五经》博士，别诏为皇太子定礼，撰《五经义》《礼记新义疏》等。贺玚子贺革、贺季皆通于三《礼》。贺琛亦是梁代礼学名家。贺氏六世传礼学，显然与贺循以学术立世、以学术入仕的做法有着密切关联。

（2）以学术入仕，长盛不衰

就南朝士族而言，一些家族往往以依附于皇权而盛极一时，但随着朝代的更替，其家族便很快衰落。如著名的吴郡陆氏、顾氏等，在东吴时期可谓盛极一时，到了两晋时期，陆、顾凭着旧业，依然有一定政治地位。然而，到了南朝之后，以军功见长的沈、张二族因依附于皇权，从而政治地位大为提升，"事实上，沈、张二族已经取代顾、陆二族，成为南朝江东世家大族的冠冕"①。再如余姚虞氏，在东吴时期便是会稽著名世家，在晋代，因支持皇权有功，故得到很大的发展，可是到了南朝，虞氏便衰落下去了，以致在朝中为官者都不多。自贺循以来，贺氏家族以学术见长，以礼学立世。这使得贺氏家族发展往往不受朝代更替影响，故两晋南朝三百余年间长盛不衰。贺氏虽然一直官位不高，但却一直保持着良好的发展态势，几乎代代皆有官至二千石以上者。贺循之子贺隐官至临海太守，贺德基为建安令，贺玚为步兵校尉、《五经》博士，贺革官至贞威将军、南郡太守，贺季为步兵校尉、黄门侍郎，贺琛官至御使中丞、尚书左

---

① 方北辰：《魏晋南朝江东世家大族述论》，台北：文津出版社1991年版，第90页。

丞、散骑常侍，贺诩为巴山太守。一直到唐代，依然能够立于高门之列，显然与贺氏家族以学术立世有关。

（3）多滞于下品，少有高官

会稽贺氏以学术立世，故能够不受朝代更替影响而长盛不衰。但是也应该看到其不利的一面。如上所说，一些家族因投靠皇权，故能在某一段时间内盛极一时，如东吴时的陆氏、顾氏，晋、宋时期的孔氏等。在其强盛时期可能会产生众多高官，从而使其家族立足于高门。如山阴孔氏在东晋之前几乎无闻，但自孔愉、孔坦建功于东晋之后，孔氏迅速崛起，从而立足于高门。会稽贺氏，因贺循卒于东晋立国之后不久，故其未能很好地庇荫其后代，其子仅为太守。之后，虽然贺氏几乎每代都有人官至二千石，但为高官者极少，贺循之后，仅贺琛一人官至一品。以致有学者认为："山阴贺氏自东汉以来，即为经学名家，但一直到南朝末年为止，贺氏的门第始终不高，仅能算是下级士人而已。"① 此说虽有些偏颇，但亦有几分道理。

总而言之，贺循是六朝会稽贺氏家族史上承前启后的重要人物。贺循的出现，使得其家族回归学术，从而发展成为著名的学术世家，以学术立世使得贺氏家族在两晋南朝三百余年间发展不衰。贺循淡泊功名、仕而不入的仕进心态加上其早卒，使得其家族始终未能立足于一流高门之列。

第二节　贺循礼学渊源

贺循博览群书，其于礼学尤为精湛，"贺循礼学卓然成一世之首"②。贺循广博的才学，一方面与其自幼勤奋苦学有关，另一方面也与他博采众家之长有关。综观贺循礼学佚文便可发现，贺循对前代及同时代礼学大师学说往往广加采纳，从而形成自己广博的礼学体系。

---

① 刘淑芬：《六朝会稽士族》，载其著《六朝的城市与社会》，台湾学生书局 1992 年版，第 268 页。

② 柯金虎：《贺循及其礼学》，《玄奘人文学报》2004 年第 3 期。

一　庆氏《礼》学

会稽贺氏源出庆氏，为庆普之后。庆普是汉代著名礼学家，创立庆氏《礼》学这一学派。庆氏《礼》在两汉时期流传较广，影响较大。《汉书·儒林传·孟卿传》：

> （后）仓说《礼》数万言，号曰《后氏曲台记》，授沛闻人通汉子方、梁戴德延君、戴圣次君、沛庆普孝公。孝公为东平太傅。……由是《礼》有大戴、小戴、庆氏之学。……普授鲁夏侯敬，又传族子咸，为豫章太守。

《汉书·艺文志》："汉兴，鲁高堂生传《士礼》十七篇。迄孝宣世，后仓最明，戴德、戴圣、庆普皆其弟子，三家立于学官。"[①]《后汉书·儒林列传》：

> 《前书》鲁高堂生，汉兴传《礼》十七篇，后瑕丘萧奋以授同郡后苍，苍授梁人戴德及德兄子戴圣、沛人庆普，于是德为《大戴礼》，圣为《小戴礼》，普为《庆氏礼》，三家皆立博士。……建武中，曹充习庆氏学，传其子褒，遂撰《汉礼》，事在《褒传》。

东汉时期，大小戴《礼》学衰微得很厉害，"《后汉书·儒林列传》对东汉时期大小戴《礼》学的记述，却显得可怜之极"[②]。相反，庆氏《礼》学派却较为活跃。曹充"持《庆氏礼》，建武中为博士，从巡狩岱宗，定封禅礼，还，受诏议立七郊、三雍、大射、养老礼仪"（《后汉书·曹褒传》）。后曹褒亦受诏制礼仪。《后汉书·曹褒传》："章和元年正月，乃召褒

---

① 对此有学者提出异议，认为"庆氏《礼》学只在西汉末期与新莽时期曾立学官，而在西汉的大部分时间以及整个东汉时期都与官方学术无缘，只在民间或私人之间传播"。王葆玹：《今古文经学新论》（增订版），中国社会科学出版社1997年版，第350页。此说不可尽信，《后汉书·曹褒传》明言曹充"持《庆氏礼》，建武中为博士"，而其子曹褒所学当为《庆氏礼》，二人不可能充当大小戴礼博士。

② 王葆玹：《今古文经学新论》（增订版），中国社会科学出版社1997年版，第350页。

诣嘉德门，令小黄门持班固所上叔孙通《汉仪》十二篇，敕褒曰：'此制散略，多不合经，今宜依礼条正，使可施行。于南宫、东观尽心集作。'褒既受命，及次序礼事，依准旧典，杂以《五经》谶记之文，撰次天子至于庶人冠婚吉凶终始制度，以为百五十篇，写以二尺四寸简。"后因遭到众人反对而未予以施行。除了曹充、褒父子之外，董钧亦对东汉礼仪制定作出了不少贡献。《后汉书·儒林列传·董钧传》：

> 董钧字文伯，犍为资中人也。习《庆氏礼》。事大鸿胪王临。……钧博通古今，数言政事。永平初，为博士，时草创五郊祭祀，及宗庙礼乐，威仪章服，辄令钧参议，多见从用，当世称为通儒。累迁五官中郎将，常教授门生百余人。

庆氏礼虽与二戴《礼》同源于后苍，但庆氏礼与二戴《礼》当有不少差异。学者认为，"大小戴《礼》学的建构只是为满足西汉前期礼制建设的需要，惟庆氏《礼》学的构成是为满足东汉前期礼制建设的需要"，① 是颇有一定道理的。从以上分析可以看出，相较于大小戴《礼》，庆氏《礼》学显然具有更强的实践性，其更多地致力于礼仪建设，而非礼学理论阐释。唐晏云："后代如《开元礼》《政和五礼》及唐宋诸家礼，大都本诸此，实三代礼之别派也。"② 亦足见庆氏《礼》实践性以及其深远影响。

会稽贺氏，东汉时有贺纯，以儒学见重于世。其后学家一直流行不息，东吴贺邵便以儒学自守，表现出贞正高洁之风范，显然与其家学有关。贺循自幼显然多受其家说影响，故其《礼》学当多出于其家学，即《庆氏礼学》。

二 郑玄三《礼》学

在西汉时期，二戴《礼》学派较为活跃，涌现出了不少著名礼学大

---

① 王葆玹：《今古文经学新论》（增订版），中国社会科学出版社 1997 年版，第 354 页。
② （清）唐晏：《两汉三国学案》，中华书局 1986 年版，第 369 页。

师，到了东汉时期，二戴《礼》虽步入低谷，但因其被立于学官，故依然有不少影响。到了汉末，由于经学大师郑玄的出现，使得小戴《礼》一跃而成为众《礼》学派之首。《后汉书·郑玄传》："（郑玄）又从东郡张恭祖受《周官》《礼记》《左氏春秋》《韩诗》《古文尚书》。以山东无足问者，乃西入关，因涿郡卢植，事扶风马融。"对于郑氏三《礼》学，《后汉书·儒林列传》有精练的记载："中兴，郑众传《周官经》，后马融作《周官传》，授郑玄，玄作《周官注》。玄本习《小戴礼》，后以古文经校之，取其义长者，故为郑氏学。玄又注小戴所传《礼记》四十九篇，通为《三礼》焉。"郑玄博学多才，曾遍注群经。郑氏经注往往"网罗众家，删裁繁诬，刊改漏失"，使得学者"略知所归"（《后汉书·郑玄传赞》），因此郑氏经注自产生之后便产生了很大的社会影响，学者风向从之，以致有经学"小统一时代"[①]之说。郑氏所注三《礼》影响深远，唐代孔颖达所编《五经正义》中《礼记》便以郑注为主，后《周礼注》《仪礼注》亦被纳入《十三经注疏》之中。另外，郑玄亦重丧服礼，曾作《丧服经传注》[②]《丧服记注》[③]《丧服谱》[④]《丧服变除》[⑤]。

郑氏所习为小戴《礼》，小戴《礼》与庆氏《礼》同出后苍《礼》，二者当有不少联系。自汉末以来，郑学盛行于世，且郑氏注疏的确有许多可取之处，因此，贺循礼学难免受到郑氏影响。对于郑玄礼学，贺循采纳颇多。

　　　东晋贺循答傅纯云："郑玄云三月者，以亲睹尸枢，故三月以序其余怀。但迟速不可限，故不在三月章也。王氏虞毕而除，且无正文。郑得从重，故《要记》从之。"（《通典》卷一百二）

---

① （清）皮锡瑞著，周予同注：《经学历史》，中华书局2004年版，第103页。
② 《隋志》著录一卷。疑从《仪礼注》中抽出。已佚。
③ 《旧唐书》著录一卷，已佚。
④ 《隋志》著录一卷，已佚。
⑤ 《通典》等书均有引用。马国翰《玉函山房辑佚书》辑有郑玄《丧服变除》一卷。

郑玄《仪礼·丧服》"改葬，缌"注云："必服缌者，亲见尸柩，不可以无服，缌三月而除之。"① 王肃云："本有三年之服者，道有远近，或有艰故，既葬而除，不待有三月之服也。"② 在《丧服要记》中，贺循并没有从王肃说，而是从郑玄说。有时，贺循还直接引用郑氏观点为论说依据。如庾亮曾询问贺循宗子之义，

（贺循）答曰："……《礼记·王制》云：'大夫三庙，一昭一穆，与太祖之庙而三。'郑君解曰：'太祖，别子始爵者也。虽非别子，始爵者亦然。'此其义也。此谓起于是国，盛德特兴，为一宗之始者也。"（《通典》卷七十三）

在此，贺循引用郑玄《礼记》注释为依据，解说"别子为宗"。再如，

晋贺循按："郑注《丧服》云：'凡妻从夫降一等。夫合三月，则妻宜无服，而犹三月者，古者大夫不外娶，其妻则本国之女也，虽从夫而出，妇人归宗，往来犹人，故从人服也。长子有服，谓未去者也。'循以为以道去君，非罪之重，其子尚可以留，值君薨则服也。"（《通典》卷九十）

贺循引郑氏说为据，并从郑氏说，后对"长子有服，谓未去者"作了释说。"以道去君"，其子依然可以留任，故值君薨则服，不可以从有罪去君子不服之义。

有时，贺循会针对郑玄学说提出不同的看法。如《礼记正义·丧服小记》：

与诸侯为兄弟者服斩。郑玄注："谓卿大夫以下也，与尊者为亲，不敢以轻服服之。言诸侯者，明虽在异国，犹来为三年也。"……

---

① （唐）贾公彦：《仪礼注疏》，李学勤主编：《十三经注疏》，北京大学出版社 1999 年版，第 643 页。
② （唐）杜佑撰，王文锦等点校：《通典》，中华书局 1986 年版，第 2678 页。

《正义》云：……按下《杂记》云："外宗为君夫人，如内宗。"注云："谓嫁于国中者"。此云"异国"，二注不同者，《杂记》据妇人，故云"嫁于国中"；此据男子，故得云"异国"。是以郑注云"谓卿大夫以下"，惟谓男子。贺循云："以郑二注不同，故著《要记》以为男子及妇人皆谓在国内者。"谯周亦以为然。①

郑玄认为，在异国者，公卿以下男子得为诸侯服斩。而贺循则认为，此不仅包括男子，而且也包括女子，且是在国内者。显然与郑注不一致。故《礼记正义》云："并非郑义，今所不取也。"②

总之贺循对郑玄学说继承颇多，但在继承的基础之上，亦对郑说不合理之处进行了扬弃，并提出了自己的观点。

此外，贺循也可能多受马融礼学影响。

晋贺循云："庶母，士父之妾也，服缌麻。大夫以上无服。按马融引《丧服》云，大夫以上庶母无服。"（《通典》卷九十二）

贺循说同于马融，可能是受到马融学说影响的结果。另外，据《通典》所载，后世学者常将贺循与马融并提，并认为他们观点一致。

殷仲堪问范宁曰："荀讷议太后改葬，既据言不虞，朝廷所用，贺《要记》云三月便止，何也？"宁答曰："贺无此文，或好事者为之邪？不见马、郑、贺、范说改葬有虞。神已在庙，虞何为哉！"（《通典》卷一百二）

（徐）坚答曰："……《小戴礼记》继父服，并有明文，斯《礼经》之正说也。至于马融、王肃、贺循等，并称大儒达礼，更无异文。"（《通典》卷九十）

---

① （唐）孔颖达：《礼记正义》，李学勤主编：《十三经注疏》，北京大学出版社 1999 年版，第 990 页。

② 同上。

此亦表明贺循礼学受了马融学说影响。

三　王肃《礼学》等

进入三国分立时期之后，各国都出现了一些礼学家和礼学著述。东吴礼学家有射慈和薛宗。《三国志·吴书·孙奋传》："傅相谢慈等谏奋，奋杀之。"裴松之注："慈字孝宗，彭城人，见《礼论》，撰《丧服图》及《变除》行于世。"①《经典释文序录》云："射慈，字孝宗，彭城人，吴中书侍郎、齐王傅"。②射慈著有《礼记音》《丧服图》《丧服变除图》等。《礼记正义》引其《礼记音义隐》8条，马国翰《玉函山房辑佚书》辑有《丧服变除图》一卷。观之马氏辑本，便可发现，射慈"礼学多依郑玄"③。

> 吴徐整问射慈云："改葬缌，其尊如大敛，从庙之庙，从墓至墓，礼宜同也。又此大敛，谓如始死之大敛邪？从庙悉谓何庙？牲物何用？"慈答曰："奠如大敛奠，士夫敛特豚。从弥庙朝祖庙，从故墓之新墓，皆用特豚。大夫以上，其礼亡。以此推之，大夫奠用特牲，天子太牢，诸侯少牢。"（《通典》卷一百二）

射慈为东吴礼学大家，精于丧服学，曾著《丧服图》《丧服变除图》等。贺循出生于东吴，其尤精于丧服之学，著《丧服谱》《丧服要记》等，其丧服之学自然难免受到前辈射慈礼学的影响。《通典》卷一百载："（王）俭又答（尚书令褚渊）曰：'……郑（玄）、射（慈）、王（肃）、贺（循）唯云周则没闰，初不复区别杖周之中祥，将谓之俟言矣。'"此处将射慈与郑、王并提，表明在当时射慈影响较大。此其一。其二，在丧遇闰月问题上，贺循与射慈等人观点一致，此亦表明贺循多受郑玄、射慈、王肃等人影响。

三国时期出现了另一划时代的经学大师王肃。王肃（195—256），字

---

①　（西晋）陈寿撰，（南朝宋）裴松之注：《三国志》，中华书局1959年版，第1374页。

②　（唐）吴承仕：《经典释文序录疏证》，中华书局1984年版，第112页。

③　汪惠敏：《三国时代之经学研究》，台北：汉京文化事业有限公司1981年版，第190页。

子雍, 三国时期著名的经学大师。王肃时代, 郑氏学盛行于世, 王肃自幼学于郑氏学。但后来王肃认为,"寻文责实, 考其上下义理, 不安违错者多", 故其遍注群经,"是以夺以易之"①。由于受到政治支持(王肃为晋武帝司马炎之岳父), 故西晋时期, 其所注诸经皆立于学官, 颇有压倒郑学之势。贺循生活时代, 正是王学如日中天之时, 因此其学说自然多受王肃之影响。马国翰《贺氏丧服要记序》云:"郑康成作《丧服谱》, 循亦作《谱》;王肃作《丧服要记》, 循亦作《要记》, 其书似参用郑王而酌其中。"② 马国翰所说, 颇有道理。考察《通典》中记载, 便可发现, 两晋时人多将王肃与贺循并称。

晋崇氏问淳于睿曰:"凡大夫待放于郊三月, 君赐环则还, 赐玦则去, 不知此服已赐环玦未?"答曰:"其待放已三月, 未得环玦, 未适异国, 而君扫其宗庙, 故服齐衰三月。"或难曰:"今去官从故官之品, 则同在官之制也, 故应为其君服斩。王肃、贺循皆言老疾三谏去者为旧君服齐, 则明今以老疾三谏去者不得从故官之品可知矣。今论者欲使解职归者从老疾三谏去者例, 为君服齐, 失之远矣。"释曰:"按令, 诸去官者从故官之品, 其除名不得从例。令但言诸去从故官之品, 不分别老疾三谏去者, 则三谏去得从故官之例。王、贺《要记》犹自使老疾三谏去者为旧君服齐, 然则去官从故官之例, 敢见臣服斩, 皆应服齐明矣。夫除名伏罪不得从故官之例, 以有罪故耳。老疾三谏去者, 岂同除名者乎? 又解职者尝仕于朝, 今归家门, 与老疾三谏去者岂异, 而难者殊其服例哉!"(《通典》卷九十)

殷仲堪答宗氏庶子服出母:"按王、贺以父在服齐衰周, 父没不服。故以为父丧之服。父在齐衰周, 本自心丧, 终二十五月。今虽无服, 当不应减三年之节也。"(《通典》卷九十四)

从以上数例可以看出,"时人似乎多将贺循所论之礼义内涵直接视为

---

① (三国魏)王肃:《孔子家语序》, 载其注《孔子家语》, 上海古籍出版社 1990 年版, 第 1 页。

② (清)马国翰:《贺氏丧服要记序》, 马国翰:《玉函山房辑佚书》,《续修四库全书》第 1201 册, 上海古籍出版社 2002 年版, 第 625 页。

王肃礼学内容的呈现"①。

当然，贺循礼学亦有不少不同于王肃之处。例如：

> 韩虬问贺循曰："按傅纯曰问郑氏改葬三月，又讥王氏以既虞为节，云'改葬之神在庙久矣，不应复虞'。见府君所答，唯云宜三月，谓王氏为短，郑为长，而不答应虞之义，此为应虞否也？"循答曰："凡移葬者，必先设祭告墓而开冢，从墓至墓皆设奠，如将葬朝庙之礼。意亦有疑。既设奠于墓，所以终其事，必尔者，虽非正虞，亦似虞之一隅也，但不得如常虞还祭殡宫耳。故不甚非王氏，但不许其便除。然《礼》无正文。是以不明言也。"（《通典》卷一百二）

在改葬反虞问题上，贺循以为"王（肃）氏为短，郑（玄）为长"。但他话又说得比较委婉，"不甚非王氏，但不许其便除"。又以"《礼》无正文，是以不明言"。此表明贺循谨守经传原文，少作过度的阐释，故其说往往中肯可信。再如：

> 魏王肃《圣证论》曰："孔子少孤，不知其墓。肃解曰：圣人而不知其父死之与生，生不求葬，死不奉祭，斯不然矣。"晋贺循论以为："防是旧墓也。夫子葬又新其坟，故谓之修，非墓崩后之言也。坟新雨甚故颓毁，颓毁故怅悒不应耳。所以言不修墓者，言由己修之，故倒毁也。"（《通典》卷一百三）

王肃表现出浓郁的"反圣"色彩，而贺循则不同意王肃说法，极力为圣人辩护。

不仅如此，贺循还多采前代或同时代经学大师成果。《通典》卷四十二："东晋元帝即位于建康，议立南郊于巳地。太常贺循定制度，多依汉及晋初仪注。"可见，贺循的确是博采众人之长。此外，贺循还常

---

① 刘柏宏：《开创与影响：王肃礼学义理及中古传播历程》，台北：稻香出版社 2009 年版，第 199 页。

向同时代大家学习和请教。《通典》卷九十五记载了贺循向徐邈咨询有关服丧之事：

> 贺循问徐邈曰："礼，嫡母为徒从，嫡母亡则不服其党。今庶子既不自服所生外氏，亦以嫡党为徒从乎？"答曰："古者庶子自服所生之党，故以嫡母为徒从，故嫡母亡则不服其党。今庶子既不自服其外氏，而叙嫡母之亲矣，谓宜以名而服，应推重也。古今不同，何可不因事求中。"（《通典》卷九十五）

贺循远采马融、郑玄之说，近取王肃、射慈之义，融众家之长于一体，不仅如此，还常求教于同时代高贤名儒，故终成一代礼学大师，衣被后世，留名青史。

第三节　贺循礼学思想(上)

贺循是晋代最具权威的礼学家之一，[①] 也是六朝时期最有影响的礼学家之一。在西晋时期，贺循虽然出仕，但并没有受到重用，故其对西晋礼制并无多少建树。西晋末年，元帝出镇江东，在王导的建议下，江东名士顾荣、纪瞻、贺循等受到重用。虽然贺循仕于元帝不过十余年，却为东晋礼制建设作出了巨大的贡献，并且对此后的东晋礼制建设产生了不少影响。从《晋书》和《通典》等记载来看，贺循参与了东晋各种礼制建设，提出不少合理建议，且多被予以施行。

一　大小宗之议

《说文解字》："宗，尊祖庙也。"[②] "宗法"一词，始称于北宋哲学家张载，它是对存在于父系宗族内部的宗子法的命名，其内含包括确立、行使、维护宗子权力的各种规定。[③] 对于宗法的产生时间，学者们意见不一。

---

① 参见陈戍国《中国礼制史》（魏晋南北朝卷），湖南教育出版社 2002 年版，第 167 页。
② （东汉）许慎：《说文解字》，中华书局 1963 年版，第 151 页。
③ 参见钱杭《周代宗法制度史研究》，学林出版社 1991 年版，第 1 页。

一般认为，夏代便有了宗法的萌芽甚至初胚，至迟在殷商晚期，已具雏形，甚至说已趋成熟。① 在周代，经过周公等人构建，宗法制度达到成熟与完善。对于周代宗法制度，典籍中有不少记载。《礼记·丧服小记》：

> **别子为祖**，诸侯之庶子，别为后世为始祖也。谓之别子者，公子不得祢先君。**继别为宗**。别子之世长子，为其族人为宗，所谓百世不迁之宗。**继祢者为小宗**。别子，庶子之长子，为其昆弟为宗也。谓之小宗者，以其将迁也。**有五世而迁之宗，其继高祖者也**。谓小宗也。小宗有四，或继高祖，或继曾祖，或继祢，皆至五世则迁。②

《礼记·大传》云：

> **别子为祖**，别子，谓公子若始来在此国者，后世以为祖也。**继别为宗**，别子之世嫡也，族人尊之，谓之大宗，是宗子也。**继祢者为小宗**。父之适也，兄弟尊之，谓之小宗。**有百世之迁之宗，有五世则迁之宗**。**百世不迁者，别子之后也**。宗其继别子之所自出者，百世不迁者也。宗其继高祖者，五迁则迁者也。尊祖故敬宗，敬宗，尊祖之义也。迁，犹变易也。继别子，别子之世适也。继高祖者，亦小宗也。③

《白虎通》对宗子亦有所论述。《白虎通·宗族·论五宗》："宗者，何谓也？宗者，尊也。为先祖主者，宗人之所尊也。《礼》曰：'宗人将有事，族人皆侍。'古者所以必有宗，何也？所以长和睦也。大宗率小宗，小宗能率群弟，通其有无，所以纪理族人者也。"④ 三国人薛综对此有更为清晰的解说，其述郑玄《礼五宗图》云："诸侯之子称公子，公子还自仕，食采于其国，为卿大夫，若鲁公子季友是也。则子孙自立此公子之

---

① 参见陈戍国《先秦礼制研究》，湖南教育出版社 1991 年版，第 40 页。
② （唐）孔颖达：《礼记正义》，载李学勤主编：《十三经注疏》，北京大学出版社 1999 年版，第 963 页。
③ 同上书，第 1008 页。
④ （清）陈立：《白虎通疏证》，中华书局 1994 年版，第 393—394 页。

庙，谓之别子为祖，则嫡嫡相承作大宗，百代不绝。大宗之庶子，则皆为小宗。小宗有四、五代而迁。"①

从以上材料可以看出，在周代，诸侯之别子（非嫡长子，即公子）受封之后，成为自己支系之祖，其嫡长子则为宗，其世世长子（嫡长子）则为该支系之大宗，百世不迁；而诸侯别子之庶子及其后代则为小宗，五世则迁。

宗法制在周代得到了较好的实施，可是进入春秋战国时期之后，随着礼崩乐坏，宗法并未得到认真执行，废长立幼、废嫡立庶者众，封邦建国、祖先祭祀亦较为混乱。到了汉代，封邦建国制基本上消亡，宗法制则主要表现在太子争立方面，嫡庶、长幼对于争立虽有一定影响，但并非绝对影响，因此宗法之制并未受到太多重视。到了晋代，随着丧礼学兴起之后，宗法制受到人们重视。由于经传原文较为简略，故往往有意义不明之处，从而导致后世学者理解不时出现差异。而贺循对宗法作了准确的阐释，纠正了时人的一些误解，广为后世学者所接受。

以上引录的郑玄等人的观点，亦有不明朗之处，故唐代孔颖达作《礼记正义》时，又详加解说。在晋代，人们对于《礼记》中所言大宗、小宗的理解颇有差异，其中以杜预之说最具代表性。杜预《宗谱》：

> 别子者，君之嫡妻之子，长子之母弟也。君命为祖，其子则为大宗。常有一主，审昭穆之序，辨亲疏之别，是故百代不迁。若无子，则支子为后。……若始封君相传，则自祖始封君，其支子孙皆宗大宗。然则继体君为宗中之尊，支庶莫敢宗之，是以命别子为宗主，一宗奉之。……别子之弟，子孙无贵贱，皆宜宗别子之子孙。小宗一家之长也，同族则宗之。（《通典》卷七十三）

杜预认为，别子仅为一人，即从嫡长子之母弟中择一人为"宗"，让支庶宗之，故曰"宗主"。并且自别子始，其支子孙皆为大宗。别子之外的兄弟及其子孙则为小宗。在这里，杜预与上述郑玄、孔颖达等人

---

① （唐）杜佑撰，王文锦等点校：《通典》，中华书局 1986 年版，第 1991—1992 页。

的观点差异主要有二：其一，杜预认为别子仅为一人，即每代仅有一个大宗；其二，大宗、小宗仅为一次分法，即分定之后，大宗、小宗永远不变。

对此，贺循等人提出了异议。贺循《宗义》云：

> 古者诸侯之别子，及起于是邦为大夫者，皆有百代祀之，谓之太祖。太祖之代，则为大宗，宗之本统故也。其支子旁亲，非太祖之统，谓之小宗。小宗之道，五代则迁。当其为宗，宗中奉之，加于常礼。平居则每事皆咨告，死亡则服之齐衰，以义加也。（《通典》卷七十三）

贺循坚持郑玄的观点，认为诸侯之别子以及继之为邦大夫者（嫡长子）为大宗，而其别子之支子旁亲，则为小宗。承大宗者多享有一些特权，如在日常生活中"每事咨告"，其死后亦享受更高礼遇，"服之齐衰"。在《丧服要记》中，贺循对大宗、小宗又作了更明确的解释：

> 公子二宗，皆一代而已。庶兄弟既亡之后，各为一宗之祖也。谢徽注曰："母弟于妾子则贵，于嗣子则贱，与妾子同为庶故也。既死之后，皆成一之始祖，即上所谓别子为祖也。"嫡继其正统者，各自为大宗，乃成百代不迁之宗也。（《通典》卷七十三）

在与当时大臣的一系列对话中，贺循多次驳斥杜预的观点，而重申自己的观点：

> 贺公答庾元规曰："虽非诸侯别子，始起是邦而为大夫者，其后继之，亦成百代不迁之宗。"郑玄亦曰："太祖谓别子始爵者也，虽非别子始爵者亦然。"愚谓是起是邦始受爵者。又问："别子有十人，一族之中可有十大宗乎？""然"。贺答傅纯云："别子为祖，不限前后，此谓每公之子皆别也。"（《通典》卷七十三）
>
> 傅纯问贺（循）曰："《要记》云：'庶兄弟既死之后，各自为一

宗之祖，其嫡继之，各为大宗，此是《大传》所谓别子为祖者也。'
然则别子有十，便为十祖宗也。而母弟之后，独无大宗，母弟本重而
后轻，庶弟本轻而后重，其义何乎？又王氏以别子为祖，诸侯母弟则
不尽为祖矣。杜氏以为始封之君，别子一人为祖。二家不同，愿闻其
说。"答曰："君之母弟，与群庶兄弟俱为别子之后，俱为大宗。而难
云'母弟之后，独无大宗'，不审此义，何所承乎？以仆所定，母弟
为宗，不应有疑，则本轻后重之难，无所施也。又按《礼》，别子
为祖，不限前后，此为每公之子皆别子也。则鲁之三桓，郑之七
族，尽其人矣。王杜二义不同者，二儒通识，不应有误，傥所言
者，自有所施，不见其文。浅学所见，谓如上义。"傅又问曰：
"《大传》云：'其士大夫之嫡，公子之宗道也。'请解之。"答曰：
"士大夫者，谓庶兄弟之仕位也。其士大夫之嫡者，谓公子之子孙。
各祖其别子，大宗之道由此而成，故重言公子之宗道也。"（《通
典》卷七十三）

以上宗法主要就诸侯子而言，在与庾亮对话中，贺循还就卿大夫宗法
之义作了解说。

　　庾亮问贺循曰："按礼，宗子之服，传代不迁，所以重其统也。
是以祖宗之正不易，则本枝昭穆历百代而不乱，此立宗之大旨也。然
则士大夫及诸从事于典礼者，服宗之义，便应相放矣。而礼祖宗之
文，唯著诸侯别子，不列卿大夫之制。不审此由诸侯君其族人，族人
不得宗其君，故祖宗之制指为此欤？自卿大夫以下，与其宗党无君臣
之悬，则宗统有常嫡，服宗有成例，故不得别著其制也？将由卿大夫
位卑，则宗服之制厌宗嫡，无不迁服，纪止五族，故不复别见其义
也？……为各以非开国代封之家，故避嫌谦而不敢私重其宗耶？将此
之由，自有所承？愿告旨要。"答曰："礼，宗子之义，所以明本祖之
正统，纪百代而不紊者也。而宗之义，委曲著见者，多在别子，非卿
大夫之文，偏不详悉。服之致疑，有如来旨。然旧义，虽非别子，起
于是邦而为大夫者，便为大宗，其嫡继之，亦百代不迁。《礼记·王

制》云：'大夫三庙，一昭一穆，与太祖之庙而三。'郑君解曰：'太祖，别子始爵者也。虽非别子，始爵者亦然。'此其义也。此谓起于是国，盛德特兴，为一宗之始者也。如此，则百代不迁，统族序亲，及族人服之，皆宜如别子之宗也。又宗子之服，虽在绝属，皆齐衰三月。代衰礼替，敦之者少。吴中略无此服，中土缌而不齐。其所由来，以政教凌迟，人情渐慢，非谓大夫位卑，或以非代封为嫌也。"（《通典》卷七十三）

不仅如此，在《丧服要记》贺循还就公子二宗作了阐释。

　　晋贺循《丧服要记》曰："凡诸侯之嗣子，继代为君，君之群弟不敢宗君，君命其母弟为宗，诸弟宗之，亦谓之大宗，死则为齐衰九月。若无母弟，则命庶弟之大者为宗，诸弟宗之，亦如母弟，则为之大功九月。此二宗者，一代而已。庶兄弟既死之后，各为一宗之祖。"（《通典》卷七十三）

　　此乃公子（王之子）立宗之说。也就是说，于君主之外，另立一弟，以为本宗族之宗子。这种作为象征性的宗子，只是一代而已。其亡之后，庶兄弟各自为宗。可见，"所谓公子之宗道，实际上只是一种暂时性的立宗，它同一般意义上的大小宗立宗情况是有区别的"①。因此，立宗之大宗、小宗，与前文所讲别子之后大宗、小宗实为两事，不可混而为一。
　　不仅如此，在《宗义》等文章，贺循对宗法制度中宗子的权利、地位等作了阐释。

　　晋贺循《宗义》曰："奉宗加于常礼，平居即每事谘告。凡告宗之例，宗内祭祀、嫁女、娶妻、死亡、子生、行来、改易名字，皆告。若宗子时祭，则宗内男女毕会，丧故亦如之。若宗内吉凶之事，宗子亦普率宗党以赴役之。若宗子时祭，则告于同宗，祭毕，合族于

---

① 邹远志：《论两晋礼家关于立宗资格的分歧》，《齐鲁师范学院学报》2011年第4期。

宗子之家，男子女子以班。宗子为男主，宗妇为女主，故云'宗子虽
七十，无无主妇'，以当合族纠宗故也。凡所告子生，宗子皆书于宗
籍。大宗无后，则支子以昭穆后之；后宗立则宗道存，而诸义有主
也。立主义存，而有一人不悖者，则会宗而议其罚。族不可以无统，
故立宗。宗位既定，则常尊归之，理其亲亲者也。是故义定于本，自
然不移，名存于政，而不继其人，宗子之道也。故为宗子者，虽在凡
才，犹当佐之佑之，而奉以为主。虽有高明之属，盛德之亲，父兄之
尊，而不得干其任者，所以全正统而一人之情也。若奸回淫乱，行出
轨道，有殄宗废祀之罪者，然后乃告诸宗庙，而改立其次，亦义之权
也。"（《通典》卷七十三）

贺循严守经传本义，少作过度或随意解读。不仅如此，他还努力对人
们不解之处进行细致解说，使得宗法之义明了化。贺循在当时便广为学者
所接受。《通典》所记王冀答人之疑便遵从贺循之说。

王冀《答问》曰："'其兄是嫡长，家有代封，弟是庶生，遭所
生艰，先以第二儿后其嫡兄，嫡兄早卒，其儿于家为是小宗否？'答
曰：'《记》云："别子为祖，继别为宗，继祢为小宗"。今此儿乃系
数代嫡。伯父所承若是别子，则为大宗，百代不迁者也。所承若是系
祢，则为小宗，五代则迁者也。小大之名，系之伯父，此非儿之谓
也。'"（《通典》卷七十三）

此大宗、小宗之别，同于贺循，与杜预所言迥异。后世礼学著作，如
孔颖达《礼记正义》等，亦多继承贺循的大小宗观点。

二　立嗣之议

宗法制的一个重要目的是维护大宗（嫡长子）的权利与地位。《仪礼·
丧服传》："大宗者，尊之统也。"大宗是这一支系的正统承传者，是这一
支系的正统、合法代表人，因此"百世不迁"。正因大宗具有如此重要的
地位，故大宗不可无嗣，"大宗者，收族者也，不可以绝"（《仪礼·丧服

传》)。如若大宗无后，则往往取支子嗣之。《仪礼·丧服传》："'为人后者'，孰后？后大宗也"；"同宗则可为之后。何如而可以为人后？支子可也。为所后者之祖父母、父母、妻、妻之父母、昆弟、昆弟之子，若子。"到了秦汉之后，随着宗法制的淡化，立嗣（大宗后）往往为立后所代替，即一家无子嗣，将往往以同宗之子孙代之，以承此支系之传承。到了晋代，随着礼学的兴起，立嗣往往与立后交织在一起。因此，出现了多次立嗣、立后之争。

晋武帝即位后便面临着立嗣之难题。司马衷（即后来晋惠帝）乃晋武帝与杨元后之次子。因长子司马轨早亡，故其实为嫡长子。但司马衷智商低下（实为白痴），根本无法继承皇位。当时朝廷对立嗣展开了争议，支持立司马衷，有荀勖、冯纨等，反对者如卫瓘等。终因杨皇后主张"立嫡以长不以贤"，得以立为太子。周代制定了较为严密的立嗣制度。《春秋公羊传》隐公元年："立嫡以长不以贤，立子以贵不以长。"《左传》襄公三十一年："太子死，有母弟则立之，无则长立，年钧择贤，义钧则卜，古之道也。"立长、立贤各有利弊，故后世并非完全盲目遵从。晋武帝明知其子司马衷不贤，而固守礼法立之，终致八王之乱，西晋灭亡。

东晋初年，亦出现一件立嗣之议。《晋书·宗室列传·河间王洪传》：

> 及洛阳陷，（章武王）混诸子皆没于胡，而小子滔初嗣新蔡王确，亦与其兄俱没。后得南还，与新蔡太妃不协。太兴二年上疏，以兄弟并没在辽东，章武国绝，宜还所生。太妃讼之，事下太常。太常贺循议："章武、新蔡俱承一国不绝之统，义不得替其本宗而先后傍亲。按滔既已被命为人后矣，必须无复兄弟，本国永绝，然后得还所生。今兄弟在远，不得言无，道里虽阻，复非绝域。且鲜卑恭命，信使不绝。自宜诏下辽东，依刘群、卢谌等例，发遣令还，继嗣本封。谓滔今未得便委离所后也。"元帝诏曰："滔虽出养，自有所生母。新蔡太妃相待甚薄，滔执意如此。如其不听，终当纷纭，更为不可。今便顺其所执，还袭章武。"

从以上辩论可以看出，贺循完全是从宗法制的角度加以解说的，是很有道理的。司马洪原为章武王之子，后过继给新蔡王，故当承新蔡王之后。只有章武王绝后，方可让其还嗣章武王。当时司马洪兄弟虽陷于北方，生死不明，但不可认为章武王无嗣，因此按礼制，不当还嗣章武王。但元帝并没有听从贺循的意见。元帝更多从人情的角度出发，顺司马洪之意，任其还袭章武王。从此事可看出，到了晋代，宗法制往往不为大众所熟知，更很少为大众所坚守。

除了帝、王之外，文武大臣以及黎庶百姓等，亦多涉及绝后、继嗣等实际问题。这样的例子很多。如郑充无子，以从子郑徽为嗣；何充无子，以弟子何放嗣，何放卒又无子，于是又以兄孙何松嗣。此类过嗣皆合于礼法。但也有例外，贾充无后，乃以其次女贾午之子韩谧（后改为贾谧）为嗣。《仪礼·丧服传》明确规定"同宗则可为之后"，以异姓为后，显然不合于宗法制度。为此，郭氏之举遭到了一些守礼之士的强烈反对。郎中令韩咸、中尉曹轸谏郭槐（贾充正夫人）曰："礼，大宗无后，以小宗支子后之，无异姓为后之文。无令先公怀腆后土，良史书过，岂不痛心。"（《晋书·贾充传》）郭槐不从。韩咸等上书晋武帝，武帝下诏特准贾充以外甥为嗣，"太宰尊勋，不同常人，自余不得为比"（《通典》卷六十九）。

据《通典》记载，贺循亦有收从子为嗣的经历。《通典》卷六十九："故司空贺循取从子纮为子，鞠养之恩，皆如率，循后有晚生子，遣纮归本。"后因生子贺隰，故遣从子贺纮还本家。可见，贺循自身是严守礼法的。关于立嗣之争，历来不绝。东晋时期于氏之事最为著名。东晋时，散骑侍郎贺峤妻于氏无子，于是贺峤兄将其与陶氏所生第四子贺率送给于氏抚养，后贺峤妾张氏生子贺纂。东晋成帝咸和五年（330）散骑侍郎贺峤妻于氏上书表，请求朝廷允许她以其养子贺率为贺氏嗣。于是成帝敕下太常、博士等议。众人都以为贺峤既有子，当以贺峤子为嗣，于氏其所养子贺率应还本亲陶氏。[①] 尚书张闿便以贺循收养子一事为据，认为"率今欲乔，即便见遣。于表养率以为己子，非谓人后……"（《通典》卷六十九）。何休《春秋公羊传解诂》隐公元年，对于立己子有更为详细的解

---

① 详情参见（唐）杜佑《通典》卷六十九"养兄弟子为后后自生子议"。

说："礼，嫡夫人无子，立右媵；右媵无子，立左媵；左媵无子，立嫡侄娣；嫡侄娣无子，立右媵侄娣；右媵侄娣无子，立左媵侄娣。……皆所以防爱争。"① 朝廷礼法之士严守宗法制立后之规则，认为贺峤既有己子，不得以养子为嗣，故于氏应将养子贺率归其生母陶氏。

贺循是一位典型守礼儒师，在言行举止等方面，皆以礼自律，堪称一代礼宗。他的言行举止，被后世引为范例。

三　宗庙昭穆之议

宗庙起源于祖先崇拜，是古代人们用于祭祀祖先的建筑。宗庙也是祖先神主所藏之所。宗庙产生得很早，至少可以追溯到原始社会的祖祭。进入阶级社会之后，宗庙也被打上了阶段印记。对于殷代宗庙数，学者们意见不一，有的主张七庙，有的主张五庙，还有的主张多庙等。王国维认为殷代无毁庙之制，"遍祀先公先王者，殷制也"②。学者进一步提出，"商代王室宗庙没有实行后世所谓的毁庙之制度，宗庙庙数并不确定"③。到了周代之后，庙祭形成了完备的等级制度。《礼记·王制》：

> **天子七庙，三昭三穆，与太祖之庙而七**。此周制。七者，大祖及文王、武王之祧，与亲庙四。大祖，后稷。殷则六庙，契及汤与二昭二穆。夏则五庙，无大祖，禹与二昭二穆而已。**诸侯五庙，二昭二穆，与大祖之庙而五**。大祖，始封之君。王者之后，不为始封之君庙。**大夫三庙，一昭一穆，与大祖之庙而三。士一庙**。④

《礼记·礼器》亦云："礼有以多为贵者。天子七庙，诸侯五，大夫三，士一。"历代儒者多认为，周代实行七庙制：始祖庙、祖庙（周文王）、宗庙（周武王）以及在位皇帝高祖父以下四世亲庙组成。自西周

---

① （唐）徐彦：《春秋公羊传注疏》，李学勤主编：《十三经注疏》，北京大学出版社1999年版，第13页。

② 王国维：《殷周制度论》，载其著《观堂集林》，河北教育出版社2001年版，第299页。

③ 郭善兵：《汉唐皇帝宗庙制度研究》，博士学位论文，华东师范大学，2005年，第12页。

④ （唐）孔颖达：《礼记正义》，李学勤主编：《十三经注疏》，北京大学出版社1999年版，第382页。

以降，天子七庙制度得到了很好的实施，但历代所祭对象却不尽相同。春秋战国时，各诸侯国庙祭多不可细考。据《史记·秦始皇本纪》，秦已施行七庙制。之后两汉袭之，立七庙。到了西晋，司马炎继大位后，沿用东汉以来的七庙共堂之制。"于是追祭征西将军、豫章府君、颍川府君、京兆府君，与宣皇帝（司马懿）、景皇帝（司马师）、文皇帝（司马昭）为三昭三穆。是时宣皇未升，太祖虚位，所以祠六世，与景帝为七庙。"（《晋书·礼志上》）此依据的是王肃的七庙说。司马炎死后，神主入庙，则迁征西；及晋惠帝死后，神主入庙，又迁豫章，一直保持一庙七室之制。

昭穆制度，由来已久，"周人于始祖之后，父子分昭穆现象习见于古代文献"①。《周礼·春官·冢人》："掌公墓之地，辨其兆域而为之图。先王之葬居中，以昭穆为左右。凡诸侯居左右以前，卿、大夫、士居后，各以其族。"《周礼·春官·小宗伯》："掌五礼之禁令与其用等。辨庙祧之昭穆。"郑玄注："祧，迁主所藏之庙。自始祖之后，父曰昭，子曰穆。"②《礼记·中庸》亦云："宗庙之礼，所以序昭穆也。"辨昭穆的目的在于辨亲疏。《礼记·祭统》："夫祭有昭穆。昭穆者，所以别父子、远近、长幼、亲疏之序而无乱也。是故有事于大庙，则群昭穆咸在，而不失其伦。此之谓亲疏之杀也。……凡赐爵，昭为一，穆为一，昭与昭齿，穆与穆齿。凡群有司皆以齿，此之谓长幼有序。"《左传》文公二年和《国语·鲁语上》都记有鲁文公"跻僖公"之事。鲁僖公和鲁闵公为兄弟，闵公亡后僖公继位。后来文公祭祀时，将僖公神主位序于闵公之上，从而导致了"逆祀"之议。

在东晋之前，王位传承皆以父子相承为主，故昭穆较为清晰。到了晋代，由于兄弟帝位相承现象较多，故庙数及昭穆问题就变得复杂起来。

西晋怀帝是晋武帝之子，乃惠帝之弟。惠帝亡后，其继皇位。时处战乱，故无暇顾及宗庙之事。东晋立国之后，宗庙之数及兄弟昭穆等问题成为人们关注的重要问题。问题的焦点是兄弟是同昭穆，还是依先后分昭

---

①　李衡眉：《昭穆制度研究》，齐鲁书社 1996 年版，第 1 页。

②　（唐）贾公彦：《周礼注疏》，李学勤主编：《十三经注疏》，北京大学出版社 1999 年版，第 489 页。

穆。当时娴熟西晋礼仪制度的刁协等人以为，惠、怀二帝应当为异世，惠、怀二帝神主入皇室宗庙后，应该依次迁毁宗庙中豫章、颍川府君神主，这样"位虽七室，其实五世"（《晋书·礼志上》）。尚书符云："武皇帝崩，迁征西府君，惠皇帝崩，迁章郡府君；怀帝入庙，当迁颍川府君。"（《通典》卷五十一）尚书符将惠帝与怀帝视为两代，故昭穆不同，故怀帝迁入庙，当迁一祖出庙，以应三昭三穆七庙之数。对此，遭到了当时礼学大师贺循等人的极力反对：

> 礼，兄弟不相为后，不得以承代为世。殷之盘庚不序阳甲，汉之光武不继成帝，别立庙寝，使臣下祭之，此前代之明典，而承继之著义也。惠帝无后，怀帝承统，弟不后兄，则怀帝自上继世祖，不继惠帝，当同殷之阳甲，汉之成帝。议者以圣德冲远，未便改旧。诸如此礼，通所未论。是以惠帝尚在太庙，而怀帝复入，数则盈八。盈八之理，由惠帝不出，非上祖宜迁也。下世既升，上世乃迁，迁毁对代，不得相通，未有下升一世而上毁二世者也。惠怀二帝俱继世祖，兄弟旁亲，同为一世，而上毁二为一世。今以惠帝之崩已毁豫章，怀帝之入复毁颍川，如此则一世再迁，祖位横折，求之古义，未见此例。惠帝宜出，尚未轻论，况可轻毁一祖而无义例乎？颍川既无可毁之理，则见神之数居然自八，此尽有由而然，非谓数之常也。既有八神，则不得不于七室之外权安一位也。至尊于惠怀俱是兄弟，自上后世祖，不继二帝，则二帝之神行应别出，不为庙中恒有八室也。又武帝初成太庙时，正神止七，而杨元后之神亦权立一室。永熙元年，告世祖谥于太庙八室，此是苟有八神，不拘于七之旧例也。
>
> 又议者以景帝俱已在庙，则惠怀一例。景帝盛德元功，王基之本，义著祖宗，百世不毁，故所以特在本庙，且亦世代尚近，数得相容，安神而已，无逼上祖，如王氏昭穆既满，终应别庙也。以今方之，既轻重义异，又七庙七世之亲；昭穆，父子位也。若当兄弟旁满，辄毁上祖，则祖位空悬，世数不足，何取于三昭三穆与太祖之庙然后成七哉！今七庙之义，出于王氏。从祢以上至于高祖，亲庙四

世，高祖以上复有五世六世无服之祖，故为三昭三穆并太祖而七也。故世祖郊定庙礼，京兆、颍川曾、高之亲，豫章五世，征西六世，以应此义。今至尊继统，亦宜有五六世之祖，豫章六世，颍川五世，俱不应毁。今既云豫章先毁，又当重毁颍川，此为庙中之亲惟从高祖已下，无复高祖以上二世之祖，于王氏之义，三昭三穆废阙其二，甚非宗庙之本所据承，又违世祖祭征西、豫章之意，于一王定礼所阙不少。（《晋书·贺循传》）

《通典》对此亦有所记载，文字与《晋书》所载略有差异，但大意相同，现录其要点如下：

贺循议："……以古义论之，愚谓未必如有司所列，惠帝之崩，当已迁章郡府君，又以怀帝入庙，当迁颍川府君，此是两帝兄弟各迁一祖也。又，主之迭毁，以代为正，下代既升，则上代稍迁，代序之义也。若兄弟相代，则共是一代，昭穆位同，不得兼毁二庙，礼之常例也。又殷之盘庚，不序阳甲之庙，而上继先君，以弟不继兄故也。既非所继，则庙应别立。由此言之，是惠帝应别立，上祖宜兼迁也。故汉之光武，不入成帝之庙，而上继元帝，义取于此。今惠怀二帝，不得不上居太庙。颍川未迁，见位余八。非祀之常，不得于七室之外假立一神位。"（《通典》卷五十一）

循又议曰："殷人六庙，比有兄弟四人袭为君者，便当上毁四庙乎？如此四代之亲尽，无复祖祢之神矣。又按《殷纪》，成汤以下至于帝乙，父子兄弟相继为君，合十二代，而正代唯六。《易乾凿度》曰：'殷帝乙，六代王也。'以此言之，明不数兄弟为正代。"（《通典》卷五十一）

商代祖庙无定数，昭穆自可不必作明晰区分，周代少有兄弟相继为王者，故少言兄弟昭穆问题。春秋时鲁国"跻僖公"之事，人们对其便充满争议。东汉光武帝与西汉成帝同辈，故其直承元帝，以解决辈分问题。西晋惠、怀兄弟相承，从而将兄弟是否可以为后问题重新提出来了。从历史记载看，兄弟相继为帝王的例子不少，但兄弟相为后的例子则较为罕见。其实，相继为帝王与兄弟相继为后实则是两回事。但在周代父子相承的制度影响下，人们往往将先后继位的帝王关系等同于父子关系，于是导致了兄弟相继为王昭穆异的说法。贺循则从礼制的角度对此类问题作了细致的解说。贺循认为天子七庙指的是七代神主，而不是七个皇帝，而祖庙昭穆指的是上下相承的父子关系，不包括同代兄弟。从礼制角度而言，兄弟为同一世，不相为后，故兄弟昭穆同，而不是异。这可以从早期儒家经典中找到不少理论依据。《周礼·春官·小宗伯》："掌五礼之禁令与其用等。辨庙祧之昭穆。"郑玄注："自始祖之后，父曰昭，子曰穆。"①《礼记·祭统》："夫祭有昭穆。昭穆者，所以别父子、远近、长幼、亲疏之序而无乱也。"显然，昭穆的功用是在辨父子、亲疏等。可见，贺循昭穆之论是合理的。但又该如何处理怀帝神主入祖庙一事呢？贺循依殷代先例，虽有十二帝，但多兄弟相继为君，故正代唯七。也就是说，将兄弟相承视为一代，同一昭穆。由此可以看出，贺循将帝位传承的君统与父子、兄弟为代表的宗统"自觉区分"②开来，而不是像以前那样混而为一。于是导致了代数与神主数不一致。"晋太常贺循立议以后，弟不继兄，故代必限七，主无定数。"（《通典》卷四十七）。

贺循、傅纯等人的建议被采纳，于是"还复豫章、颍川于昭穆之位，以同惠嗣武故事"（《晋书·礼志上》）。故其时虽曰"七庙"，实际共有十室：豫章、颍川、京兆、高祖、世宗、太祖、世祖、惠帝、怀帝、愍帝。元帝崩后，迁豫章，其神位在愍帝之下，故有坎室者十。至康帝时，则增至十一室。成帝崩而康帝承统，以兄弟一世，故不迁京兆，始十一室也。此后室数不断增加，以致简文帝时多达十五室。

贺循的兄弟同昭穆说得到后世大多学者的认同，自刘宋以降多用其说，从而"改变了自先秦迄东晋初期以相继为帝的兄弟为异世的旧制"③。

---

① （唐）贾公彦：《周礼注疏》，李学勤主编：《十三经注疏》，北京大学出版社1999年版，第488—489页。

② 邹远志：《经典与社会的互动：两晋礼学议题研究》，博士学位论文，湖南大学，2010年，第53页。

③ 郭善兵：《汉唐皇帝宗庙制度研究》，博士学位论文，华东师范大学，2005年，第109页。

《颜氏家训·风操》:"江南风俗……同昭穆者,虽百世犹称兄弟"①。孔颖达《左传正义》文公二年:"父为昭,子为穆。……其兄弟相代,则昭穆同班。"② 现代学者多亦如此,李衡眉认为"兄弟相继为君其昭穆应该同位"。③ 亦有持兄弟昭穆异说者。《周礼·春官·冢人》贾公彦疏:"若然,兄死弟及俱为君,则以兄弟为昭穆,以其弟已为臣,臣子一列,则如父子,故别昭穆也。"④ 清代学者孙诒让支持此说。

除了天子祖庙,贺循还对后妃庙制提出了建设意见。元帝为琅邪王时,纳虞氏为妃,永嘉中虞氏妃亡。元帝为晋王后,追谥虞氏为后。而元帝子明帝为宫人荀氏所生,非虞氏所生,"时以此疑,故比兄弟昭穆之义也"(《通典》卷四十七)。为此王导特致书于贺循,加以咨询:"王所崇惜者体也,未敢当正位入庙及毁废之数,不知便可得尔不?"贺循答曰:

> 汉光武于属,以元帝为父,故于昭穆之叙,便居成帝之位,而迁成帝之主于长安高庙。今圣上于惠帝为兄弟,亦当居惠帝之位,而上继武帝。惠帝亦宜别庙,则虞妃庙位,当以此定。(《通典》卷四十七)

贺循认为,元帝与惠帝同辈,当为兄弟,同昭穆,故惠帝宜别立庙。而虞妃情况若此,宜当别立庙。王导又问:"戴若思欲于太庙立后别室。"贺循又答曰:

> 愚以尊王既当天之正统,而未尽宸居之极称,既名称未极,更于事宜为难。或谓可立别庙,使进退无犯。意谓以尊意所重施于今,宜如有可尔理。若全尊寻备,昭穆既正,则俯从定位,亦无拘小别。然非常礼,无所取准。于名则未满,于礼则变常。窃以戴所斟酌,于人

① 王利器:《颜氏家训集解》(增补本),中华书局1993年版,第86页。
② (唐)孔颖达:《左传正义》,李学勤主编:《十三经注疏》,北京大学出版社1999年版,第490页。
③ 李衡眉:《昭穆制度研究》,齐鲁书社1996年版,第94页。
④ (唐)贾公彦:《周礼注疏》,李学勤主编:《十三经注疏》,北京大学出版社1999年版,第567页。

情为未安。（《通典》卷四十七）

贺循并不赞同于太庙后为虞氏别立室。可惜贺循意见并未被元帝采纳。"有司奏王后应别立庙。令曰：'今宗庙未成，不宜更兴作，便修饰陵上屋以为庙。'"（《晋书·后妃列传·元敬虞皇后传》）大兴三年（320），虞氏被册封为后，乃祔于太庙。而明帝生母荀氏死后，"赠豫章郡君，别立庙于京都"（《晋书·后妃列传·荀豫章君传》）。

四 宗庙制度之议

虽然宗庙制度产生得很早，但关于庙数、太庙建筑以及祭仪等，自先秦以来，随着时代发展而不断发生变化。以上论述东晋昭穆制度时，已涉及庙数问题，在此不作重复。下面仅就入太庙、神主位置、祭仪等太庙制度作简单分析，以展示礼学大师贺循在此方面的学术贡献。

西晋末，刘聪、刘曜攻破京师，怀帝蒙尘平阳，不久遇害，但梓宫未反京师。东晋元帝立庙之时，欲迁入庙，丧已过三年，太常贺循议："怀帝梓宫未反，遭时之故，事难非常，不得以常礼自拘，宜以时入太庙，修祭祀之礼。"（《通典》卷五十一）贺循依据实情，而不死守旧礼制，力挺迁怀帝入祖庙。

元帝将继大位，行告庙礼时，便多依贺循建议。王导书问贺循云："或谓宜祭坛拜受天命者；或谓直当称亿兆群情告四祖之庙而行者，若尔，当立行庙。王今固辞尊号，俯顺群情，还依魏晋故事。然魏晋皆禀命而行，不知今进玺当云何？"贺循答曰：

> 愚谓告四祖之庙而行。《蜀书》刘先主初封汉王时，群臣共奏上勋德，承以即位。今虽事不正同。然议可方论。（《通典》卷五十五）

贺循认为可依刘备之事，以承帝位。王导又书曰："得刁仆射书曰如此：京兆是宣帝祖，章郡是父也。至惠帝，为七庙。至怀帝，京兆府君应落。想足下亦是识。刁侯不欲告惠怀二帝，不知于礼云何？"贺循又答曰：

古礼及汉氏之初，皆帝帝异庙。即位大事，谒于太祖。故晋文朝于武宫，汉文谒于高庙也。至光武之后，唯有祖宗两庙而已。祖宗两庙，昭穆皆共堂别室。魏晋依之，亦唯立一庙。则一庙之中，苟在未毁，恐有事之日，不得偏有不告。然人不详太庙定议，不敢必据欲依古礼，唯告宣帝一庙。人意以祖宗非一，且太庙合共，事与古异，不得以古礼为断。（《通典》卷五十五）

贺循认为，自东汉光武帝之后，古礼已变。魏晋时已有事遍告，故虽惠帝、怀帝不在七庙之列，但亦得告。

关于神主及后藏于庙中位置，自先秦便有明确的规定，"周制，《公羊》说，主藏太庙室西壁中，以备火灾"（《通典》卷四十八）。魏代高堂隆及蜀谯周认为正庙之主及迁庙之主皆藏于室之中。贺循对此作了更为明确的解说。

（贺）循又按："汉仪藏主于室中西墙壁堵中，去地六尺一寸，当祠则设座于坎下。礼，天子达向者牖也，谓夹户之窗。古者帝各异庙，今者共堂别室，制度不同，疑室户亦异"。又按："古礼，神主皆盛以石函。余荐藉，文不备见。"（《通典》卷四十八）

此外，贺循还对帝后处太庙中位置作了解说。东晋尚书符问太常贺循："太庙制度，南向七室，北向阴室复有七。帝后应共处七室堵中，当别处阴室？"循上曰："谨案后配尊于帝，神主所居，同太室。"（《通典》卷四十八）贺循认为后既配帝，故当与帝同处于太室，而不是别处阴室。

原则如此，现实情况则更为复杂多样。

又琅邪王妃敬后前薨，而王后纂统，追加谥号，改神主，访贺循云："琅邪典祠令孙文立议：'使者奉主及册命诣中阁，中人受取入内，易著石函中。故主留于庙阁。新主出庙，国官拜送。'如文议，则非于行庙受册。"循答曰："崇谥敬后，宜立行庙。以王后之号，有加常尊，轻重不同，则宜礼有变改。既立行庙，则常主宜出居座位。

临加册谥而并易以新主，则故主宜还埋故庙两阶之间。"（《通典》卷四十八）

元帝先为琅邪王，后为晋王，又后称帝。敬后本为元帝为琅邪王时后妃，敬后早亡，故以王妃之位处祖庙。元帝称帝后，追封其为后，于是其由王妃而升为皇后，故要易其神主，易其藏处。贺循对此礼仪作了说明：以新主易旧主，将旧主藏还埋于故庙两阶之间。

五　庙祭

立庙是为了纪念和怀念先祖。《礼记·祭法》："庶士、庶人无庙，死曰鬼。"《礼记·曲礼下》："君子将营宫室，宗庙为先，厩库为次，居室为后。"可见其于宗庙的重视了。古礼：天子七庙，诸侯五庙，大夫三庙，士一庙。立庙之后，四时常进行祭祀，有大事亦得告庙。《礼记·祭统》："礼有五经，莫重于祭。……祭者，所以追养继孝也。……是故孝子之事亲也，有三道焉：生则养，没则丧，丧毕则祭。"又曰："外则尽物，内在尽志，此祭之心也。"可见古人对祭祀的重视了。因地位、身份等不同，祭的形式及内容亦不尽相同，这些在《礼记》等典籍中有不少记载。但随着时代的变迁，祭祀形式及时间也发生不少变化。贺循《祭仪》中对诸侯大夫庙祭作了较好说明。

贺循《祭仪》云："祭以首时及腊，岁凡五祭。将祭，前朝十日散斋，不御，不乐，不吊。前三日，沐浴服，居于斋室，不交外事，不食荤辛，静志虚心，思亲之存。及祭，施位。牲，大夫少牢，士以特豕。祭前之夕，及腊鼎陈于门外。主人即位，西面。宗人袒，告充。主人视杀于门外，主妇视馈于西堂下。设洗于阼阶东南，酒醴瓦于房户。牲皆体解。平明，设几筵，东面，为神位。进食，乃祝。祝乃酌，奠，拜，祝讫，拜退，西面立，少顷，酌酢。礼一献毕，拜受酢，饮毕，拜。妇亚献，荐枣栗，受酢如主人。其次，长宾三献，亦以燔从，如主人。次及兄弟献，始进俎、庶羞。众宾兄弟行酬，一遍而止。彻神俎羹饭为宾食，食物如祭。餕毕，酌酢一周止。佐彻神

馈，馔于室中西北隅，以为厌祭。既设，闭牖户，宗人告毕，宾乃
退。凡明日将祭，今夕宿宾。祭日，主人、群子孙、宗人、祝、史皆
诣厅事西面立，以北为上。有荐新，在四时仲月。大夫士有田者，既
祭而又荐；无田者荐而不祭。礼贵胜财，不尚苟丰，贫而不逮，无疑
于降，大夫降视士，士从庶人可也。又不及，饭菽饮水皆足致敬，无
害于孝。"（《通典》卷四十八）

贺循所载不必尽为其所创，当多为对先贤继承的结果。但从上述详尽
细致的记载可以看出，贺循对各种礼仪的细节了如指掌，不愧为一代礼学
大师。

六　其他礼制建设

西晋遭外胡攻灭，礼乐丧尽。东晋草创，礼乐不周，作为一代礼学大
师的贺循为东晋各种礼乐制度建设发表了不少建设性意见，并为礼乐文化
建设作出了不少贡献。

（1）藉田礼

所谓藉田礼，指的是开春帝王举行一次春耕仪式，以昭示天下春耕开
始，劝农及时耕作。对于以农耕为主国家而言，藉礼显得比较重要。从现
存文献来看，甲骨文中便有藉田礼的记载："辛丑贞……人三千藉"
（《粹》1299）。周代前期，沿袭商人做法，每年开春都要举行藉田礼。可
是宣王时，"宣王即位，不籍千亩"（《国语·周语上》），因而遭到了大臣
们的极力反对。秦汉以来，不时有帝王举行藉田礼，以劝农耕。西汉文
帝、昭帝，东汉明帝、章帝等都举行过藉田礼。西晋太始四年，晋武帝躬
耕藉田于东郊。但自惠帝后，礼废行。东晋初，元帝将修耕藉，于是向臣
下咨询藉田之礼。尚书符问："藉田至尊应躬祠先农不？"贺循答："汉仪
无正有至尊应躬祭之文。然则《周礼》王者祭四望则毳冕，祭社稷五祀则
绨冕，以此不为无亲祭之义也。宜立两仪注。"（《晋书·礼志上》又见
《通典》卷四十六）虽然贺循有关藉田礼的文章并没有完整保存下来，但
有不少片断为后世著作引用，这些片断为研究贺循藉田礼思想提供了重要
参考。

贺循曰："汉仪，亲耕青衣帻。"①

贺循曰："车必有鸾，而春独鸾路者，鸾凤类而色青，故以名春路也。"②

贺循《藉田仪》曰："汉耕日，以太牢祭先农于田。"③

贺循曰："所种之谷，黍、稷、穜、稑。稑，早也。穜，晚也。"④

晋太兴中，贺循言郊坛之上尊卑杂位，千五百神。⑤

通过这些残存片断可以看出，贺循关于藉田仪式所论甚详，可能并非"所上仪注又未详允"（《晋书·礼志上》）。可惜，事竟不行。以致整个东晋一朝不行藉田礼。

（2）郊祀礼

郊祀是古代帝王祭祀天地及先祖等神灵的重要仪式。郊祀是众多仪式中级别最高、最为重要的祭祀仪式。它不仅产生得早，而且各朝各代帝王对其都非常重视，几乎每年帝王都要举行郊祀。虽则如此，各朝各代，甚至同一朝代郊祀仪式及祭祀对象都不尽相同。西晋武帝继大位之后，曾多次进行郊祀。"泰始二年（266），诏定郊祀，南郊除五帝坐，五郊同称昊天，各设一座而已。"（《通典》卷四十二）东晋初年，元帝继位后曾举行郊祀礼，此仪式便是由贺循制定的。"东晋元帝即位于建康，议立南郊于巳地。太常贺循定制度，多依汉及晋初仪注。三月辛卯，帝亲郊，祀飨食如泰始故事。"（《通典》卷四十二）对于晋元帝郊祀礼仪式，《晋书》未直接作记载，仅有零星资料保存于《通典》《艺文类聚》等典籍之中。

礼部尚书许敬宗等又奏称："……又《礼论》说晋太常贺循上言：'积柴旧在坛南，燎祭天之牲，用犊左胖。汉仪用头，今郊天用

---

① 《后汉书·舆服志上》注引。（南朝宋）范晔撰，（唐）李贤等注：《后汉书》，中华书局1965年版，第3646页。

② 同上。

③ 《后汉书·礼仪志上》注引。（南朝宋）范晔撰，（唐）李贤等注：《后汉书》，中华书局1965年版，第3106页。

④ 同上书，第3107页。

⑤ （明）顾起元：《说略》，《文渊阁四库全书》第964册，台湾商务印书馆1986年版，第525页。

胁之九个。太宰令奉牲胁，及祝令奉珪瓒，俱奠燔薪之上。'即晋代故事，亦无祭末之文。"(《通典》卷四十三)

贺循议："告谥南郊，不当用牲。然先告代祖谥于太庙，复有用牲，于礼不正，理不应有牲。告郊庙皆不用牲，牲惟施于祭及祷耳。"(《通典》卷五十五)

贺循《上郊坛制度》曰："《汉旧仪》：'南郊圆坛八陛，于宫南七里；北郊方坛四陛，于城北四里。'依汉故事，柴于坛二十步，高二丈，大二丈。"①

又贺循制太尉由东南道升坛，明此官必预郊祭。(《宋书·礼志三》)

晋贺循议："积柴之坛，宜于神坛南二十步丙地，当太微明堂之位。"②

从上引资料可以看出，贺循为晋元帝制定的郊祀礼仪式具有一定的典范性，故对后世郊祀礼仪制度有不少影响。

(3) 太常祭祀用乐

西晋罹外胡之难，一代英才与文化丧失殆尽，东晋建国，文化谱系呈现出断裂层，因此各种礼乐制度往往需重新制定，藉田礼不行便是一例。这同样也表现在祭祀用乐方面。《通典》卷一百四十一载：

> 怀帝永嘉之末，伶官乐器皆没于刘、石。至江左初立宗庙，尚书下太常祭祀所用乐名，太常贺循答云："魏氏增损汉乐，以为一代之礼，未审大晋乐名所以为异。遭离丧乱，旧典不存。然此诸乐，皆和之以钟律，文之以五声，咏之于歌词，陈之于舞列，宫悬在庭，琴瑟在堂，八音迭奏，雅乐并作，登歌下管，各有常咏，周人之旧也。自汉以来，依于此礼，自造新诗而已。旧京荒废，今既散亡，音韵曲折，又无识者，则于今难以意言。"于时以无雅乐器及伶人，省太乐

---

① (唐)欧阳询撰，汪绍楹校：《艺文类聚》，上海古籍出版社1999年版，第682页。

② (南宋)王应麟：《玉海》，《文渊阁四库全书》第945册，台湾商务印书馆1986年版，第674页。

并鼓吹令。是后颇得登歌，食举之乐，犹有未备。(《通典》卷一百四十一)

虽然贺循并未能对祭祀用乐提出具体的建议，但其所言表明其对西晋礼乐制度还是比较熟悉的，只因西晋礼乐文化丧尽，故一时无法重建。

（4）制乐

历经西晋末战乱，礼乐丧失殆尽。东晋初期，许多礼乐制度往往要重新制定。据史料记载，贺循为太常时，曾制定登歌：

江左之初，典章堙紊，贺循为太常卿，始有登歌之乐。(《隋书·音乐志下》)

贺循奏置登歌簨虡，造玉磬，盖取舜庙鸣球之制。①

晋太常贺循奏置登歌簨虡，采玉造小磬。②

《宋史·乐志二》："歌磬之名，本无所出，晋贺循奏置登歌簨簴，采玉造小磬，盖取舜庙鸣球之制。"③

《宋史·乐志五》："初，元丰本虞庭鸣球及晋贺循采玉造磬之义，命荣咨道造玉磬。"④

《通礼义纂》曰："晋贺循奏登歌之簴，采玉造小磬，宗庙殿用玉，郊丘用石，本法堂上乐以歌焉。故名歌钟、歌磬。"⑤

可见，贺循不仅精于礼，亦通于乐，故能为宗庙祭祀制乐。

（5）经学博士

西晋灭亡后，司马睿称帝建康，是为东晋。即位不久，元帝便立经学博士，置博士一人。后贺循建议，增置三《礼》和《春秋》三传博士。

---

① （南宋）王应麟：《玉海》，《文渊阁四库全书》第 945 册，台湾商务印书馆 1986 年版，第 860 页。

② 同上。

③ （元）脱脱等：《宋史》，中华书局 1977 年版，第 2977 页。

④ 同上书，第 3034 页。

⑤ 《太平御览》卷五百七十六引。(北宋）李昉等：《太平御览》，中华书局 1960 年版，第 2600 页。

东晋元帝时，太常贺循上言："尚书被符，经置博士一人。又多故历纪，儒道荒废，学者能兼明经义者少。且《春秋》三传，俱出圣人，而义归不同，自前代通儒，未有能通得失兼而学之者也。况今学义甚颓，不可令一人总之。今宜《周礼》《仪礼》二经置博士二人，《春秋》三传置博士三人，其余则经置一人，合八人。"（《通典》卷五十三）

《晋书·元帝纪》载，大兴四年（321）三月，"置《周易》《仪礼》《公羊》博士"。可见，贺循建议基本上为元帝所采纳，并予以实施。

贺循行事处处以礼为准。正因如此，元帝称其"体德率物，有不言之益"（《晋书·贺循传》），不愧为一代礼学大师。

贺循参与了宗法、宗庙、立嗣、用乐等众多礼制建设，并提出了众多良好的建议，这些建议多为元帝所采纳，故其对东晋礼制建设作出了巨大的贡献。

第四节　贺循礼学思想（下）

在原始社会，人们将死视为"归"，即人类暂时回归神灵世界，不久他们还可以复活。正因如此，原始人们非常重视丧葬，往往会举行隆重的仪式来安葬死者。这便是丧葬礼仪。随着社会发展，丧葬礼仪不断发展变化，总的趋势是变得更为规范、系统，但也更为复杂和烦琐。[①]　如《周礼》便有冢人、墓大夫、职丧等掌管丧葬礼仪的专职官吏，到了后代，此类官吏则更多。

先秦时期，学者便非常重视丧礼。《论语·为政》："子曰：'生，事之以礼；死，葬之以礼，祭之以礼。'"荀子曰："礼者，谨于治生死者也。生，人之始也；死，人之终也：终始俱善，人道毕矣。故君子敬始而慎终。"（《荀子·礼政》）不仅如此，儒家学者还将"送终"提升至孝的

---

①　李玉洁对上古三代丧葬制度作了较好的研究，参见其著《先秦丧葬制度研究》，中州古籍出版社 1991 年版。

高度，认为是孝的重要表现。荀子曰："事生，饰始也；送死，饰终也。终始具而孝子之事毕，圣人之道备矣。"（《荀子·礼政》）儒家倡礼，早在先秦时期，儒家便将丧葬礼仪纳入"礼学"范围。《仪礼》中关于丧服礼仪的有《丧服》《士丧礼》《既夕礼》《士虞礼》《特牲馈食礼》等，而《礼记》中则有《丧服小记》《丧大记》《奔丧》《问丧》《服问》《丧服四记》等。[①] 到了汉代，丧服礼成为专学。戴德有《丧服变除》一卷，[②] 东汉马融著《丧服经传》一卷，[③] 郑玄著有《丧服变除》，[④]《丧服谱》一卷，[⑤] 王肃著有《丧服经传注》和《丧服要记》，[⑥] 另魏及西晋时期射慈、蒋琬、杜预、袁准、孔伦等都有丧服著作。东晋及南朝时期丧礼依然非常受重视，相关著作甚多。

六朝三百七十年间的礼学成就，以晋代中期最著，贺循便是此期佼佼者。贺氏礼学卓然一世之首。[⑦]"魏晋南北朝人多自放礼法之外，独于丧制不敢马虎，用功深而辩难多。"[⑧] 贺循于丧礼用功最多，成就最著，著有《丧服图》《丧服要记》《葬礼》等。古代丧礼内容丰富，主要包括丧服、丧葬、丧祭等内容，[⑨] 下面主要从这几个方面对贺循丧礼思想作一较为全面的论述。

一　丧服

所谓丧服，即服丧期间所穿戴的服饰。丧服起源于对死者的哀悼与纪念。郑玄《三礼目录·仪礼目录》之"丧服"条："天子以下死而相丧、衣服、年月、亲疏、隆杀之礼也。丧必有服，所以为至痛饰也，不忍言死

---

① 对于《礼记》成书时间，学者们意见不一。据王锷等学者考证，《礼记》形成于战国时期。参见王锷《〈礼记〉成书考》，中华书局 2007 年版。
② 《旧唐书·经籍志》著录。
③ 《隋书·经籍志》著录。（清）马国翰《玉函山房辑佚书》辑有《丧服经传马氏注》一卷，黄奭《黄氏逸书考》辑有马融《仪礼丧服注》一卷。
④ 《旧唐书·经籍志》著录。（清）马国翰《玉函山房辑佚书》辑有《郑氏丧服变除》一卷。
⑤ 《隋书·经籍志》著录。
⑥ 《隋书·经籍志》著录，有马国翰和黄奭辑佚本。
⑦ 柯金虎：《贺循及其礼学》，《玄奘人文学报》2004 年第 3 期。
⑧ 陈戍国：《先秦礼制研究》，湖南教育出版社 1991 年版，第 42 页。
⑨ 关于丧礼各部分之间的关系，参见丁凌华《中国丧服制度史》，上海人民出版社 2000 年版，第 3 页。

而言丧。丧者，弃亡之辞，若全存居于彼焉，已弃亡之耳。"① 贾公彦
《仪礼·丧服》注疏云：黄帝之时，朴略尚质，行心丧之礼终身不变；唐
虞之日，淳朴渐亏，虽行心丧，更以三年为限；三王以降，浇伪渐起，故
制丧服以表哀情。② 贾氏此说虽并非合于史实，但却很好地揭示了丧服由
简到繁的发展规律。到了周代，丧服便变得较为复杂，不仅等级各异，而
且构成亦不尽相同。据《仪礼·丧服》记载，丧服有斩衰、齐衰、大功、
小功、缌麻等五等。《仪礼·丧服》："丧服斩衰裳，苴绖、杖、绞带，冠
绳缨，菅屦者。" 也就是说，斩衰服饰包括衣裳、冠、绖带、屦、杖等
五个部分。而其他四种丧服与斩衰大体相同，唯斩衰、齐衰有杖，而其
他三种无杖。各等丧服虽然构成部分大体相同，但具体形态、材料质地
以及缝制等方面却有很大区别，如制裳之布有苴麻、大麻等之分；裳布
制作时有三升、四升等之分，杖则有铜杖、竹杖等之分。③ 此为丧服常
服，丧服还有变除之制。每一等级（除缌麻外）的服饰在守丧过程中均发
生变化，逐步由重服向轻服过渡，称为变除。④ 秦汉以降，丧服区分更为
细致，又有降服、正服、义服等之分。⑤ 到了魏晋时期，丧服学兴起，对
此前不明了的众多问题作了深入的探讨，将丧服制度研究提升至更高水
平。皮锡瑞云："古礼最重丧服，六朝人尤精此学，为后世所莫逮"，⑥ 是
非常有道理的。

贺循是一代礼学大师，尤精于丧服礼，著有丧服礼著作多种。惜这些
著作皆早佚，幸有大量材料保存于《通典》《礼记正义》以及《晋书》
《宋书》等正史之中。现对贺循丧服思想简述如下。

---

① （东汉）郑玄：《三礼目录》，《郑玄集》（下），齐鲁书社 1997 年版，第 633 页。

② （唐）贾公彦：《仪礼注疏》，李学勤主编：《十三经注疏》，北京大学出版社 1999 年版，
第 537 页。

③ 学者对中国古代丧服制度作了不少深入研究，丁凌华《中国丧服制度史》（上海人民出版
社 2000 年版）一书对中国古代丧服制度作了细致深入的研究，并附有大量插图；丁鼎：《〈仪礼·
丧服〉考论》（社会科学文献出版社 2003 年版）一书对《仪礼·丧服》中丧服制度作了深入考论；
林素英《丧服制度的文化意义——以〈仪礼·丧服〉为讨论中心》（台北：文津出版社 2000 年版）
一书从文化角度对丧服起源、结构、类型等作了详细论述。

④ 参见丁凌华《中国丧服制度史》，上海人民出版社 2000 年版，第 10 页。

⑤ 参见丁鼎《〈仪礼·丧服〉考论》，社会科学文献出版社 2003 年版，第 200—209 页。

⑥ （清）皮锡瑞：《经学通论·三礼通论》，中华书局 1954 年版，第 39 页。

（一）天子及皇后之服

《仪礼·丧服》规定，诸侯要为天子服斩衰三年，臣为君服斩衰三年，庶人大夫为旧君服齐衰三月，为国君服齐衰三月。但这些在后世并没有得到认真执行。虽则如此，王肃、贺循等人在理论上依然坚持此类观点。《通典》卷九十："王肃、贺循皆言老疾三谏去者为旧君服齐……王、贺《要记》犹自使老疾三谏去者为旧君服齐。"《仪礼·丧服》中并无臣民为后妃服丧之礼，但后世却提出此要求，贺循亦持此说。

> 护军江霦云："按贺公《记》，天子诸侯，五属之内，虽不服职为臣，皆服斩衰，为夫人则齐衰周。天子诸侯既同，后夫人亦不可得异，但文有详略耳。子侄服周，诸妇非复五属之例，谓当从降夫一等。"（《通典》卷八十一）
>
> 若贺循、谯周之等云在己国则得为君服斩，夫人齐衰；若在他国则不得也。（《礼记正义·杂记下》注引）[1]

另外，贺循认为，如果大夫非罪去君，其子亦得为君服齐衰三月。"长子有服，谓未去者也。（贺）循以为以道去君，非罪之重，其子尚可以留，值君薨则服也。"（《通典》卷九十）魏晋以降，天子服往往停留在心丧层面，对后妃之服则更流于形式。

（二）父母之服

古代丧服中最重要的是父母服。《仪礼·丧服》明确规定子为父服斩衰三年，父卒为母服斩衰三年，父在为母服齐衰三年。但在现实中，因具体情况不同，而又分化出多种不同形式。

1. 父丧服

为父服斩衰三年是常规，但常有特例。晋侍中孔汪问徐邈曰："……贺循云：'虽不立，位在嫡正，父之所继，己之所承，故为三年。'"（《通典》卷八十二）也就是说，嫡子不管是否被立，皆当为父服斩衰三年。为

---

[1] （唐）孔颖达：《礼记正义》，李学勤主编：《十三经注疏》，北京大学出版社1999年版，第1226页。

继父则服齐衰。《仪礼·丧服》：斩衰"继父同居者"。传曰："若是，则继父之道也。同居则服齐衰服，异居则服齐衰三月。必尝同居，然后为异居；未尝同居，则不为异居。"①《丧服传》说得很明确，女子出嫁，当为异居，故齐衰三月。《通典》卷九十："至于马融、王肃、贺循等，并称大儒达礼，更无异文。"表明贺循等人接受《丧服经传》观点。

2. 母丧服

父卒为母服斩衰三年，父在为母服齐衰三年。此是常规，常有例外。

> 晋贺循《丧服要记》曰："公之庶兄弟父卒为其母，大夫之庶子父在为母，皆大功九月。凡降服，既降，心丧如常月。又天子诸侯贱妾子为其母，厌于父，不得制衰粗之服，三月而葬，葬已而除，居处饮食言语，心丧三年。"（《通典》卷八十一）

贺循《丧服要记》认为，公之庶兄弟父卒为其母仅服大功九月，大夫庶子父在为母亦如此。天子诸侯贱妾子为其母，则仅得服齐丧三月。对于庶母、乳母，丧服亦不尽相同。

> 晋贺循云："庶母，士父之妾也，服缌麻。大夫以上无服。按马融引《丧服》云，大夫以上庶母无服。"（《通典》卷九十二）
>
> 贺循云："为乳母缌三月，士与大夫皆同，不以尊卑降功服故也。"（《通典》卷九十二）
>
> 贺彦先称："慈母之子不服慈母之党，妇又不从夫而服慈姑，小功服无从故也。"（《南史·儒林列传·司马筠传》）

也就是说，士为庶母服缌麻三月，而大夫及以上，则于庶母无服。

古代丧服重父统而轻母统，常表现出强烈的尊父统而抑母统的倾向。这在丧服礼中表现得很明显。父是否在世会影响到子对母的服丧。

---

① （唐）贾公彦：《仪礼注疏》，李学勤主编：《十三经注疏》，北京大学出版社 1999 年版，第 583 页。

《仪礼·丧服》：齐衰"父在为母。"《传》曰："何以期也？屈也。至尊在，不敢伸其私尊也。"① 父在，子为母服斩衰降服；而父卒子则为母服斩衰正服。这便是典型的尊父抑母倾向。这在出母等身上亦有所表现：

> 晋贺循云："父在为母，厌尊，故屈而从周。出母服不减者，以本既降，义无再厌故也。父在为母既已杖矣，若父在母出宜重降者，则宜在不杖条。今在杖条，明不再降。杖者必居庐，居庐者必禫。"（《通典》卷八十九）（又见《礼记正义·丧服小记》）
>
> 殷仲堪答宗氏庶子服出母："按王、贺以父在服齐衰周，父没不服。故以为父丧之服。父在齐衰周，本自心丧，终二十五月。"（《通典》卷九十四）

这里贺循云"父在为母，厌尊"便是尊父抑母。父在母出，则宜重降。父卒母嫁，则为之服齐衰义服，衰六升冠九升。

> 贺循问徐邈曰："礼，嫡母为徒从，嫡母亡则不服其党。今庶子既不自服所生外氏，亦以嫡党为徒从乎？"（《通典》卷九十五）

自周代以来，为父系亲属服丧者众，如叔伯父母、姑、兄弟、姊妹、昆弟及昆弟妻、侄妇、侄女等。而母系亲属，为之服丧者少而轻。如为外祖父母服小功五月，为妻之父母、舅、舅之子服缌麻三月，而不及诸表亲。② 从上述贺循与徐邈对话可以看出，嫡母亡则不服其党，庶子不自服所生外氏。

出子为本亲服丧则更为复杂。晋武帝时，遂殷父遂翔出为叔父荣后，荣早终，不及持重。后祖母姜亡，主者以为翔后荣，从出降之则，断殷为大功。遂殷上书，欲以殷之嫡子、姜之嫡孙服丧。尚书则认为："礼无不及还重之制，翔自应降姜，殷无缘还重。"贺循特作《为后服议》论之：

---

① （唐）贾公彦：《仪礼注疏》，李学勤主编：《十三经注疏》，北京大学出版社 1999 年版，第 569 页。

② 此据《仪礼·丧服》经传记载，到了后世，情况有所变化，如《明会典》中，需为姨及姨表兄妹服丧服。

按《丧服》制曰："为人后者为兄弟降一等，报。于所为后之子兄弟若子。时人论者，多以为后者子孙，皆计本亲而降。意所不安。"或曰："嫡子不为人后者，直谓己嫡不以出后，当以支子耳。无明于后者之子见舍本亲，何以言不得为人后邪？"答曰："五服之术，其属有六。一去本系，以名为正。名正则男女有别，上下不悖。若假之以号者则轻其权，定之以名者则尊其统。故曰有嫡子者无嫡孙。何为言无？正以不得名之。不得名之则卑其服，若得名之则重其制。此之有无尊卑之宜，则是彼之后者嫡庶之例也。至于庶子为后，称名不言孝，为坛而祭，以其尚有贰志，不专故也。其子则定名而处庙，以为彼情可制，此义宜悼故也。岂非顾本有已，复统有节哉？"或曰："所后在五服之外，父制周年，而己无服，疏亲戚之恩，非先圣之意也。"答曰："何为其然？礼有节权，恩义相顾，为所生无绝道，其余皆宜权制也。夫初出后者，离至亲之侧，为别宗之胄，阙晨昏之欢，废终养之道，顾复之恩靡报，罔极之情莫伸，义虽从于为后，恩实降于本亲，故有一降之差。若能专心所继，后者之子，上有所承，于今为同财之密，顾本有异门之疏。若以父服辄当后者，至于生不及祖父母诸昆弟，父有重制，而己无服。又出母齐衰而杖，其子又不从服。今出后者于父母乃为不杖之周，恐其子不得反重也。礼失于烦，故约以取通，是以后者之子，出母之孙，其礼阙而不载。生在他邦，父税己不，其义幽而必彰，既以不疑父之出母，何独迟迟别宗之祖邪？服之所降，其品有四：君、大夫以尊降，公子、大夫之子以厌降，公之昆弟以旁尊降，为人后者、女子子嫁者以出降。四降之名，同止一身。出者之子，岂当独以为传代称乎？生长于外，不得言出。犹继父未尝同居，不为异也。又父报出子，诚是疏己稠彼。子以父为旁尊，则知所天在此。初出情亲，故不夺其亲而与其降；承出之后，义渐轻疏而绝其恩。绝其恩者以一其心，其心一则所后亲，所后亲则祭祀敬，祭祀敬则宗庙严，宗庙严则社稷重，重社稷以尊百姓，齐一身以肃家道：此殆圣人之意也。"（《通典》卷九十六）

贺循首先驳斥了各类误话，然后阐释了自己的观点。"有嫡子而无嫡孙";"生长于外，不得言出；犹继父未尝同居，不为异也"。贺循认为，遂翔既为荣后，虽无持重，但名分成实，不得更改。故依礼，翔不为祖母后，故遂殷得以祖母礼为姜氏服丧。

两晋之交，北方动荡不安，百姓游离，父母与子女失散者众。在父母生死未卜情况下，该如何处理丧服呢？《通典》卷九十八：东晋元帝建武初年，大将军王敦上书："昔东关之役，事同今日，三年之后，不废婚宦。荀南北圮绝，非人力所及者，宜使三年丧毕，率由旧典也。"

> 太常贺循上尚书："二亲生离，吉凶未分，服丧则凶事未据，从吉则疑于不存，心忧居素，盖出人情，非官制所裁也。右丞蔡谟引《奔丧礼》，有除丧而后归，则未有奔除服之文也。宜申明告下。若直据东关之事，非圣人所行，恐不足以释疑也。"（贺）循重议："礼奔丧除而后归者，自谓丧葬如礼，限于君命者耳。若尸灵不收，葬礼不成，则在家与在远俱不得除也。况或必须求觅，以其丧礼待己而成者邪！若引以为义，未足以服人心也。直以祸难未销，不可终身居服，故随时立制，为之义断，使依东关故事。大将军上事，谓可从也。"（《通典》卷九十八）

贺循从礼制与现实出发，认为应当"随时立制，为之义断"，父母生离，吉凶未分，可服丧三年，即得除丧，不得终身行丧。

（三）祖父母等之服

《仪礼·丧服》规定，大夫为祖父母服齐衰不杖期，为曾祖父母服齐衰三月。此是常理，在现实中亦有许多特例，如生不及见祖父母者等。

> 晋贺循云："生于他方，不及见祖父母、诸父、昆弟。若闻丧之月，日已过，不为税服[1]，以未尝相见恩情轻也。若日月未过，服之如常。"（《通典》卷九十八）

贺循又引《小记》，自释为祖父母后者，服之如母，不为祖父母

---

[1] 《礼记·檀弓上》："曾子曰：'小功不税。'"郑玄注："日月已过，乃闻丧而服曰'税'。"（唐）孔颖达：《礼记正义》，李学勤主编：《十三经注疏》，北京大学出版社1999年版，第200页。

后，不得为祖母三年，未见其验，但以父在无二嫡，父没祖存，己位则正，不得为祖父后，乃为祖母嫡也。（《通典》卷八十九）①

贺循认为，如祖父母、诸父等，皆未及见，如过期则不服，未过期则服。至于为祖父母后者，服之如母，服斩衰三年，并对具体情况作了说明。

（四）长子之服

长子将来继承宗嗣，故对其丧服亦隆。据《仪礼·丧服》：父母为长子服斩衰。《仪礼·丧服》：斩衰"父为长子"。《传》曰："何以三年也？正体于上，又乃将所传重也。"《丧服》：齐衰"母为长子"。《传》曰："何以三年也？父之所不降，母亦不敢降也。"② 贺循观点与此略有不同。"《要记》称母为长子齐衰三年，其服节如父为子者。"（《通典》卷八十七）《丧服传》："庶子不得为长子三年，不继祖也。"可见庶子地位较长子低得多。贺循继承此说，"贺氏《要记》云：'庶子，父虽殁，犹不为长子三年，以己不继祖也。'"（《通典》卷八十八）

（五）师友之服

丧服主要目的是维护亲属间亲疏、贵贱等关系，因此服丧对象以父系血亲为主，兼及少数母系血亲。由于政治、道义等原因，人们时常会为血亲之外的人服丧，如臣为君，生为师等。如孔子亡后，其弟子多人为其服丧三年。汉代以降，师生服较少受到重视。而贺循对此亦发表了自己看法。

> 晋贺循谓："（师弟子）如朋友之礼。异者，虽出行，犹绖，所以尊师也。按《礼记》：'夫子之丧，门人疑所服。子贡曰："昔夫子丧颜回，若丧子而无服。请丧夫子若丧父而无服。"于是门人庐于墓所，心丧三年。'盖师徒之恩重也。无服者，谓无正丧之服也。孔子之丧，二三子皆绖而出。注曰'为师也'。然则凡吊服加麻者，出则

---

① （唐）杜佑撰，颜品忠等校点：《通典》，岳麓书社 1995 年版，第 1262 页。王文锦校点本（中华书局 1988 年版）无此条。

② （唐）贾公彦：《仪礼注疏》，李学勤主编：《十三经注疏》，北京大学出版社 1999 年版，第 567 页。

变服矣。"（《通典》卷一百一）

王肃认为"礼，师弟子无服，以吊服加麻临之，哭之于寝"（《通典》卷一百一），而贺循对师弟子丧服作了详细说明：凡吊，服加麻；出则变服。

上述主要从丧服对象角度对贺循丧服礼思想作了分析。以上所述多为常规，而在现实生活中则有许多变通的原则。

1. 妻随夫服

自先秦以来，妇人以随从为义，在家从父，出嫁从夫，故在丧服方面亦多从夫而稍作变化。如父为长子服斩衰三年，母为长子服齐衰三处。《丧服传》曰："何以三年也？父之所不降，母亦不敢降也。"① 父即不降，母亦随之，故不敢降。《仪礼·丧服传》：大夫为旧君服齐衰三月。大夫在外，其妻、长子亦得为旧国君服齐衰三年。为何？"妻言与夫同也，长子言未去也。"（《通典》卷九十）郑玄曰："妻虽从夫而出，古者大夫不外娶，妇人归宗，往来犹民也。"② 后世大夫多外娶，但此礼不变。

　　晋贺循按："郑注《丧服》云：'凡妻从夫降一等，夫各三月。则妻宜无服，而犹三月者，古者大夫不外娶，其妻则本国之女也。虽从夫而出，妇人归宗，往来犹人，故从人服也。'"（《通典》卷九十）
　　晋贺循云："庶子为人后，为其母缌麻三月。庶子之妻自如常礼，尊所不降也。自天子通于大夫皆然。"（《通典》卷九十五）
　　晋贺循云："其夫为祖、曾祖、高祖后者，妻从服如舅姑。"注云："齐衰周也。"（《通典》卷九十六）
　　贺循又云："妇人尊微，不夺正服，并厌，其余哀。"（《礼记正义·丧服小记》引）③

---

① （唐）贾公彦：《仪礼注疏》，李学勤主编：《十三经注疏》，北京大学出版社1999年版，第567页。
② 同上书，第594页。
③ （唐）孔颖达：《礼记正义》，李学勤主编：《十三经注疏》，北京大学出版社1999年版，第981页。

可见，妻丧服往往由其夫地位而定。

2. 降服与变除

西汉戴德著《丧服变除》，对丧服变除的情况作了补充，使得丧服制度进一步细致化。[①] 汉末郑玄对五等丧服提出正服、降服、义服等分类。所谓正服，指为本宗亲属制定的标准的正规丧服。[②] 所谓降服，即因某种原因从高等级别服叙降至低等级别服叙者。[③] 义服，即属非血缘关系而因政治、道义、配偶亲属等原因而服者。[④] 其中降服"在服制义例中是最为繁纷复杂的一种"[⑤]。到了晋代，降服等制度变得更为系统规范。贺循曾对降服制度作了很好的解说。

> 服之所降，其品有四：君、大夫以尊降，公子、大夫之子以厌降，公之昆弟以旁尊降，为人后者、女子子嫁者以出降。四降之名，同止一身。(《通典》卷九十六)

不仅如此，贺循还对许多降服实例作了说明。

> 晋贺循云："诸侯女以为天王后，以尊还降其族人。"(《通典》卷八十一)
>
> 晋贺循曰："大夫妻，其娣姒其夫为士者，服亦降一等。"(《通典》卷九十三)

当然，还有一些不得降服的情况：

> 贺循又云："妇人尊微，不夺正服，并厌，其余哀。"(《礼记正

---

① 对于变服，学者研究已较深入，参见张焕君《魏晋南北朝丧服制度研究》，博士学位论文，清华大学，2005年，第19—20页。

② 参见丁鼎《〈仪礼·丧服〉考论》，社会科学文献出版社2003年版，第201页。

③ 丁凌华：《中国丧服制度史》，上海人民出版社2000年版，第102页。

④ 同上书，第103页。

⑤ 参见丁鼎《〈仪礼·丧服〉考论》，社会科学文献出版社2003年版，第202页。

义·丧服小记》引)①

贺循云:"诸侯于其旁亲,一无所服,唯父母、妻、长子、长子之妻及为父之后者、姑姊妹嫁于诸侯及始封之君所未臣诸父昆弟,皆以其服服之。大夫为其外亲为士者,尊虽不同,亦不降。大夫女国夫人,唯父母及昆弟为父后者不降。士女为大夫妻者,不降高祖、曾祖、祖、父母、兄弟为后者及大宗子而已。"(《通典》卷九十三)

此外,贺循对一些变除作了很好的解说:

《丧服小记》:"久而不葬者,唯主丧者不除。"《正义》:"《要记》按《服问》曰:君所主夫人、妻、大子、嫡妇,故谓此在不除之例。"(《礼记正义·丧服小记》引)②

贺循曰:"小功不税者,谓丧月都竟乃闻丧者耳。若在服内,则自全五月。"(《通典》卷九十八)

昔贺循以为,夫服缘情而制,故情降而服轻。既虞,哀心有杀,是故以细代粗,以齐代斩耳。(《通典》卷八十七)

贺循从缘情的角度对变服作了解说,这与魏晋重情的时代风尚密切相关。

3. 从重丧

服丧有时还会遇到重丧之现象,即前丧未毕,而后丧又至,该如何服丧服呢?

贺循云:"父之丧服未竟,又遭母之服,当父服应竟之月,皆服祥祭之服,如除丧之礼,卒事,反母之丧服也。"(《通典》卷九十七)

贺循《丧服记》云:"父死未殡而祖父死,服祖以周,既殡而祖

---

① (唐)孔颖达:《礼记正义》,李学勤主编:《十三经注疏》,北京大学出版社1999年版,第981页。

② 同上书,第984页。

父死，则三年。此谓嫡子为父后者也。父未殡服祖以周者，父尸尚在，人子之义，未可以代重也。"（《通典》卷九十七）

晋贺循云："虽有父母之丧，皆为周大功之服祥除，各服其除丧之服，如常除之节，小功以下则不除，转轻也。降而为小功则除之。"（《通典》卷九十七）

晋羊祖延问曰："外生车骑妇，先遭车骑丧，斩衰服也。后遭母丧，齐衰服也。礼为两制，服有所变易邪？……往何服？家何服？"贺先彦（即贺循也）答曰："《礼》：女子适人，服夫三年，而降其父母。《传》曰'不贰斩'。既不贰斩，则不得舍其所重，服其所降，有分明矣。国妃有车骑斩衰之服，宜以包母齐衰，无两服之义。唯初奔，当有母初丧之服，以明本亲之恩。成服之日，故宜反斩衰之服，此轻重之义也。又礼，君不厌臣。君既殡，又有父母之丧，与君俱三年，故有归家之义。而犹云有君丧者，不敢私服，何除之有。以此言之，虽君父两服，当其兼丧，以君衰为主，而不以己私服为重也。"（《通典》卷九十七）

在第一条中，贺循对父丧与祖丧重时所服丧服作了说明；在第二条中，贺循对夫丧、母丧重时所服丧服作了说明。

4. 改葬服议

若遇改葬，是否要服丧服呢？《仪礼·丧服》："改葬，缌。"后戴德、王肃等对此作了更详尽的解说，贺循亦就此发表了自己的看法。

东晋贺循答傅纯云："郑玄云三月者，以亲睹尸柩，故三月以序其余怀。但迟速不可限，故不在三月章也。王氏虞毕而除，且无正文。郑得从重，故《要记》从之。……"又云："父丧未葬，主丧者不除。当其为主，五服皆然。苟有事故，葬必逾期，此非常之通服也。"（《通典》卷一百二）

可见，贺循接受了郑玄的观点，改葬，服丧服三月而后除。

二 葬礼

古代丧葬礼仪是极其复杂的，简而言之，包括临终、小敛、大敛、成服、入葬、葬后等几个大的环节。而这些大环节之中又包括众多琐细礼仪，如临终之后有招魂、发丧、设奠，小敛之前有沐浴，之后有饭含等，成服之后有朝夕哭，出殡之前有祖奠，落葬之后有三虞祭、卒哭祭等。对于这些烦琐的仪式，《仪礼》《礼记》等典籍作了不少记载。随着时代的发展，这些礼仪虽大体相同，却有不少变化。这些学者论述甚详，在此不作赘述。①

贺循《葬礼》一书对丧葬礼仪的整个过程作了详细的记载。惜此书早佚，仅有少数片断保存于《通典》等典籍之中。② 现以这些片断为依据，对贺循丧葬礼仪思想作简单分析。

> 晋贺循云："饰棺衣以布，玄上纁下。画帷荒云气，不为龙。荅帷易布以绀缯。池以象承霤，以竹为笼，如今车荅，惟以青绢代布。纽，玄纁为二。其明器：凭几一，酒壶二，漆屏风一，三谷三器，瓦唾壶一，脯一筐，屦一，瓦樽一，屐一，瓦杯盘杓杖一，瓦烛盘一，箸百副，瓦瓮一，瓦灶一，瓦香炉一，釜二，枕一，瓦甒一，手巾赠币玄三纁二，博充幅，长尺，瓦炉一，瓦盥盘一。"（《通典》卷八十六）

这段话主要对棺饰及奠明器名目及数量作了说明。这些都是出殡、入葬之前需要事先做好的准备工作。

> 晋贺循云："载枢于辒，未明而行迁于祖庙者，乃将告辞于先君也。登自西阶，正枢于两楹间，北首，纳辒车于阶下，载之以适墓。启奠从

---

① 详情可参见李玉洁《先秦丧葬制度研究》（中州古籍出版社 1991 年版）、李如森《汉代丧葬制度》（吉林大学出版社 1995 年版）、韩国河《秦汉魏晋丧葬制度研究》（陕西人民出版社1999 年版）以及吴丽娱《终极之典：中古丧葬制度研究》（中华书局 2012 年版）等。

② （清）马国翰《玉函山房辑佚书》辑有一卷 8 条。

设于西方。质明，灭烛，更设迁奠如启奠。"（《通典》卷八十六）

这里讲述的是祖奠之礼。① 所谓祖奠，即出殡之前至祖庙以告亡灵的祭祀仪式。贺循对此仪式的过程作了较为详细的记载。

> 晋贺循曰："祖奠竟，厥明又大奠。大奠者，加于常一等，士以少牢，大夫太牢，盛葬礼也，是谓遣奠。奠毕，包牲下体以为藏备，大夫苞五，士苞三，遂行如墓。初设遣奠，士陈五鼎，用少牢，庶物备苞以葬。今虽不能备礼，宜加于常奠，以盛送终也。其以葬日晨而设之。"（《通典》卷八十六）

这里讲述的是祖奠之后的遣奠。遣奠，即祖奠之后离开祖庙将行至墓地入葬而举行的祭祀仪式。在此，贺循对遣奠举行时间、如何进行等作了详细记载。

> 晋贺循云："丧车前后四引，引十人，合四十人。十人一帐，合四十四人。皆素服白帽，帐手执练幡以部伍所主，禁欢呼嬉戏。四帐，一吏主之也。"（《通典》卷八十六）
>
> 贺循《葬仪》曰："大夫五旒吉韦车之所建也，通而已下，不为龙画。"②
>
> 贺循《葬仪》曰："杠，今之旗也。古者以缁布为之，命以绛缯，题姓字而已，不为画饰也。"③

前一则讲述的出殡牵挽的仪式，记载了丧车离开祖庙牵挽至墓地时的用人、明器等。后两则主要讲灵柩车的装饰。

---

① 古代从始死至落葬之前的各类祭祀活动都称为"奠"，入葬之后方称"祭"。

② 《太平御览》卷五百五十二引。（北宋）李昉等：《太平御览》，中华书局1960年版，第2499页。

③ 同上。

晋贺循《葬礼》云："至墓之位，男子西向，妇人东向。先施幔屋于埏道北，南向。枢车既至，当坐而住。遂下衣几及奠祭。哭毕枢进，即圹中神位。既窆，乃下器圹中。荐棺以席，缘以绀缯，植翣于墙，左右挟棺，如在道仪。"（《通典》卷八十六）

贺循云："既窆，设奠于墓，以终其事。"（《南齐书·礼志下》）

这里讲述的是下葬仪程序：先举行奠祭，再进枢，最后放入明器等。人葬之后，还要举行奠礼，方才终其事。

人葬之后，丧礼并非完成，还有三虞祭、卒哭祭（卒哭祔庙礼）、小祥、大祥、禫祭等仪式。贺循《葬礼》对卒哭祔庙礼作了详细叙述。

晋贺循云："卒哭祭之明日，以其班祔于祖庙，各以昭穆之次，各有牲牢，所用卒哭。今无庙，其仪：于客堂设亡者祖坐，东向；又为亡者坐于北，少退。平明持馔具设及主人之节，皆如卒哭仪。先向祖卒拜，次向祔座拜，讫，西面南上伏哭。主人进酌祖座，祝曰：'曾孙某，敢用洁牲嘉荐于曾祖某君，以陪祔某君之孙某。'又酌亡者座，祝曰：'哀子某，夙兴夜处不宁，敢用洁牲嘉荐，祔事于皇祖某君，适明祖某君，尚飨。'皆起再拜，伏哭尽哀，复各再拜，以次出。妻妾妇女以次向神座再拜讫，南向东上，异等少退，哭尽哀，各再拜还房。遂彻之。自祔之后，唯朔日月半殷奠而已，其馔如来时仪，即日彻之。"（《通典》卷八十七）

《礼论》曰：问："君将临墓，主人先以除，身无服，将若不哭，主人当哭否？"贺循答之云："凡君临民，皆须先君哭，礼也。此祭，君宜哭，则主人不敢以哭烦君耳。"[1]

在此，贺循对卒哭祔庙礼作了细致详尽的记载。除此之外，贺循还记录了天子祫祭。所谓祫祭，即"天子诸侯三年丧毕，皆合先祖之而享之"

---

[1] 《太平御览》卷五百六十引。（北宋）李昉等：《太平御览》，中华书局1960年版，第2530页。

（《通典》卷四十九）的祭祀。贺循《祫祭图》："大祖东向，昭北行，南向；穆南行，北向。"（《通典》卷四十九）

从以上残存的片断来看，贺循《葬礼》对整个丧葬仪式的过程作了完整而细致的记载，颇似于当时实用性的丧葬手册。虽然此书早佚，仅存少许片断，仍不失为现代学者研究晋代丧葬礼仪的"活化石"。

除了具体的丧葬仪式之外，贺循还对与丧葬相关的仪式作了论述。贺循曾论及吊丧、改葬之礼。

　　贺循《丧服要记》曰："始吊朝，玄端之服也。皮弁绖素弁而加环绖也。始死而往朝服者，主人未变，宾未可以变也。"①

　　又曰："古之吊者皆因朝夕哭而入吊。宾至，主人出即中门外，西面，北上，拜。宾入门，即位于堂下，当阼阶，西面。宾入即位，皆哭。哭止，主人拜之。"②

　　又曰："大夫吊于大夫，始死而往，朝服裼裘如吉时也。当敛之时而至，则弁绖服，服皮弁之服以袭裘也。主人成服而往，则皮弁绖而加锡裘也。大夫于士有朋友之恩，乃得弁绖。"③

　　晋尚书下问改葬就虞与不。按王肃《丧服记》云："改葬缌，既虞而除之。"傅纯难曰："夫葬以藏形，庙以安神，改葬之神在庙久矣，安得退于寝而虞之乎？"……韩虬问贺循曰："按傅纯曰问郑氏改葬三月，又讥王氏以既虞为节，云'改葬之神在庙久矣，不应复虞'。见府君所答，唯云宜三月，谓王氏为短，郑为长，而不答应虞之义，此为应虞否也？"循答曰："凡移葬者，必先设祭告墓而开冢，从墓至墓皆设奠，如将葬朝庙之礼。意亦有疑。既设奠于墓，所以终其事，必尔者，虽非正虞，亦似虞之一隅也，但不得如常虞还祭殡宫耳。故不甚非王氏，但不许其便除。然礼无正文，是以不明言也。"（《通典》卷一百二）

────────────

① 《太平御览》卷五百六十一引。（北宋）李昉等：《太平御览》，中华书局1960年版，第2536页。

② 同上。

③ 同上书，第2537页。

在此，贺循认为改葬时已设祭，犹如虞祭，故不得再设虞祭。并且认为此非正虞，亦似虞，但不得如常虞还祭殡宫。贺氏所言无疑是非常有道理的，较好地解决了改葬之祭礼问题。

西晋末，天下大乱，众多士人罹难不归，于是家人为其举行招魂葬。对于此类现象，大臣们议论纷纷，有赞同者，有支持者。

> 东晋元帝建武二年，袁瑰等上《禁招魂葬表》云："故尚书仆射曹馥殁于寇难，嫡孙胤不得葬尸，招魂殡葬。……胤无丧而葬，招幽魂气，于德为愆义，于礼为不物。……请台下禁断。"博士阮放、傅纯、张亮等议如张瑰表。大兴元年，诏书下太常详处。贺循："今启辞宜如瑰所上，自今以后禁绝，犯者依礼法。"（《通典》卷一百三）

贺循明显反对招魂葬。

三　守丧礼

丧葬之后，便是漫长的守丧。守丧期间必须遵守相应的礼节。因丧者地位、与丧者关系的不同，守丧礼节亦各异。就帝王、妃后等，因地位尊隆，故其丧不仅影响到其家属生活，还会影响到文武臣子的生活，如《仪礼·丧服》规定，诸侯要为天子服斩衰，臣为君服斩衰三年，庶人为国君服齐衰三年，大夫为旧君服齐衰三月等。当然这些古制到了春秋以降逐渐被淡化，很少得以认真执行。到了东晋时期，却出现了一特例。

丁潭曾为琅邪王司马裒郎中令。不久琅邪王司马裒死，丁潭上书，请行终丧礼："辄案令文，王侯之丧，官僚服斩，既葬而除。今国无继统，丧庭无主，臣实陋贱，不足当重，谬荷首任，礼宜终丧。"国子祭酒杜夷认为："丁郎中应除衰麻，自宜主祭，以终三年。"太常贺循议：

> 礼，天子诸侯俱以至尊临人，上下之义，君臣之礼，自古以来，其例一也。故礼盛则并全其重，礼杀则从其降。春秋之事，天子诸侯不行三年。至于臣为君服，亦宜以君为节，未有君除而臣服，君服而臣除者。今法令，诸侯卿相官属为君斩衰，既葬而除。以令文言之，

明诸侯不以三年之丧与天子同可知也。君若遂服，则臣子轻重无应除者也。若当皆除，无一人独重之文。礼有摄主而无摄重，故大功之亲主人丧者，必为之再祭练祥，以大功之服，主人三年丧者也。苟谓诸侯与天子同制，国有嗣王，自不全服，而人主居丧，素服主祭，三年不摄吉事，以尊令制。若当远迹三代，令复旧典，不依法令者，则侯之服贵贱一例，亦不得唯一人论。（《晋书·丁潭传》）

贺循认为，虽有臣为君服丧三年之规则，但礼随时变，今法令明确规定诸侯不得与天子同礼。因此，当遵循今之法令，不当以旧典而混淆天子与诸侯之间贵贱等级。贺循所言甚是，于是元帝听从了贺循的建议，诏使除服，心丧三年。

不仅如此，帝王、妃后丧葬甚至还会影响到国家的政治生活。《晋书·礼志中》载：元帝姨广昌乡君丧，未葬，中丞熊远上表，云："案《礼》'君于卿大夫，比葬不食肉，比卒哭不举乐'。恻隐之心未忍行吉事故也。被尚书符，冬至后二日小会。臣以为广昌乡君丧殡日，圣恩垂悼。礼，大夫死，废一时之祭。祭犹可废，而况余事。冬至唯可群下奉贺而已，未便小会。"元帝以熊远表示贺循，又诏曰："咸宁二年武皇帝故事云：'王公大臣薨，三朝发哀，逾月不举乐，其一朝发哀，三日不举乐'。此旧事明文。"贺循答曰：

> 案《礼·杂记》，"君于卿大夫之丧，比葬而不食肉，比卒哭不举乐"。古者君臣义重，虽以至尊之义，降而无服，三月之内，犹锡衰以居，不接吉事。故春秋晋大夫智悼子未葬，平公作乐，为屠蒯所讥。如远所启，合于古义。咸宁诏书虽不会经典，然随时立宜，以为定制，诚非群下所得称论。（《晋书·礼志中》）①

《晋书·礼志中》载："武帝咸宁二年十一月，诏'诸王公大臣薨，应三朝发哀者，逾月不举乐，其一朝发哀者，三日不举乐也。'"元帝诏书及贺循奏疏中所言，指的便是此事。在奏疏中，贺循赞同熊远观点，废冬

---

① 此亦见于《通典》卷八十一及卷一百四十七。

至小会，并认为武帝旧事合于礼制，亦为定制。另，贺循《祭议》亦论及此礼。

贺循《祭议》云："《礼》，在丧者不祭。祭，吉事故也。其义不但施于生人，亦祖祢之情，同其哀戚，故云于死者无服则祭也。今人者有服祭祀如故，吉凶相干，非礼意也。"（《通典》卷五十二）

正因如此，贺循认为，大臣丧，亦得为大臣废乐。

晋贺循议曰："上骑大将军未葬表，不应作鼓吹。鼓吹之兴，虽本为军之凯乐，有金革之音，于官庭发明大节，以此为盛，与乐实同。按《礼》，于贵臣，比卒哭不举乐，今车骑未葬，不宜作也。"（《通典》卷一百四十七）

居丧服期间，对冠、婚等，亦多有限制。

傅纯难曰："按《杂记》本文，己在小功则得冠，在大功不得冠也。郑氏云'己大功卒哭可以冠。'与本文不同，何邪？又《要记》不见己冠，不知己冠当在何条？"贺循答曰："《礼》云'大功小功之末，可以冠娶'，道父为子嫌，但施于子，不施于己。故下言'己虽小功'，著己与子亦同也。俱同则大功之末，己可以冠。以理推之，正自应尔，非为与本文不同。《要记》不见己冠，直是文句脱耳。"（《通典》卷五十六）

古有为父母守孝三年之定规，但三年具体时间长度，学者意见不一。郑玄主张二十七个月，而则王肃主张仅二十五个月。除此之外，还有遇闰问题。

（王）俭又答（尚书令褚渊）曰："……郑、射、王、贺唯云周则没闰，初不复区别杖周之中祥，将谓之俟言矣。"（《通典》卷一百）

从以上分析可以看出，在守丧方面，贺循一方面遵从古制，另一方面又主张时变，而不必固守旧规。

四　加谥

"谥者，行之迹也；号者，功之表也。"（《逸周书·谥法解》）古代帝王将相死后，朝廷根据他生前事迹，给予一个褒贬善恶的称号，这一称号便是谥号。谥法产生得很早，早在西周时期便已经出现了。春秋战国时期，各国谥法制度并不太一致。秦朝废除谥法，后汉代又复之。西汉谥法较严，"百官有爵为侯伯，则给谥"①。此后，谥法渐宽，至东汉，皇后皆得加谥，甚至外戚、宦官亦可得谥。曹魏之际，明确规定"五等列侯以上，尝为郡国太守、内史、郡尉、牙门将、骑督以上薨者，皆赐谥"（《通典》卷一百四）。两晋时期，加谥渐滥，"公卿无爵亦可依功德给谥"②。正因如此，晋代加谥之事颇多，作为一代儒宗的贺循亦多次参与王侯将相、文武大臣的加谥之议。西汉宣帝入继大位之后，便给其祖父母、父母加谥，追尊自己父母为皇、后。哀帝继位，尊其生母丁姬为恭皇后等。东晋建国之后，元帝司马睿亦欲追尊生父为皇，却遭到了贺循的反对。《晋书·贺循传》："及帝践位，有司奏琅邪恭王宜称皇考，循又议曰：'案礼，子不敢以己爵加父。'帝纳之。"此事亦见于《晋书·礼志上》："贺循议云：'礼典之义，子不敢以己爵加其父号。'"贺循此说目的显然是为防止后世滥给死人加尊号。元帝从之。于是成为惯例，自此之后少加爵于父者。不仅如此，元帝欲为未周而殇之子加谥，亦遭到贺循的反对。

> 东晋琅邪世子未周而卒，大司农表琅邪世子降君一等，宜谥哀愍。太常贺循云："谥者，所以表功行之目也。故古者未居成人之年及名位未备者，皆不作谥也。是以周灵王太子聪哲明智，年过成童，亡犹无谥。《春秋》诸侯即位之年称子，逾年称君。称子而卒，皆无

---

①　汪受宽：《谥法研究》，上海古籍出版社 1995 年版，第 26 页。

②　同上书，第 29 页。

谥，名未成也。未成为君，既无君谥，时见称子，复无子谥，明俱未得也。唯晋之申生以仁孝遭命，年过成人，晋人悼之，故特为谥，诸国无例也。及至汉代，虽遵之义，过于古礼，然亦未有未逾年之君而立谥也。殇、冲二帝，皆以逾年方立谥。案哀冲太孙，各以幼龄立谥，不必依古，然皆即位临官，正名承重，与诸下定君臣之义，尊成体具，事无所屈。且天下之名至重，体其尊者亦宜殊礼，故随时定制，有立谥之事也。琅邪世子虽正体乎上，生而全贵，适可明嫡统之义，未足定为谥之证也。"（《通典》卷一百四）

贺循严守礼法，认为加谥是为了表人功行。而未成人者，不当加谥。并引了众多先例加以说明，周灵王不为殇太子加谥，春秋时几无为未周者加谥，汉代亦是如此。因此，不当为末周世子加谥。此二者为不加谥之例，亦有一些加谥之例。

> 泰始初张皇后、太宁庾太后，并谥曰穆，魏司空陈泰、王昶、贺循，皆名士也，并谥曰穆。此与蔡公名体相应。（《通典》卷一百四）
>
> 及元帝为晋王，将加（周）处策谥，太常贺循议曰："处履德清方，才量高出；历守四郡，安人立政；入司百僚，贞节不挠；在戎致身，见危授命：此皆忠贤之茂实，烈士之远节。案《谥法》执德不回曰孝。"遂以谥焉。（《晋书·周处传》）

按《逸周书·谥法解》："布德执义曰穆。"于是陈泰、贺循等人议张皇后、太宁庾太后谥为"穆"。西晋末年，江东名士周处为北方士族排挤而致死。至司马睿为晋王时，为其加谥，太常贺循认为其贞节、忠烈，合于《谥法》"执务不回"，于是加谥为孝。

从以上分析可以看出，贺循对丧服制度、丧葬仪礼、丧祭制度、守丧制度等都非常精通，故能拨人迷津，解人疑惑，为现实行事提出众多合乎礼法，又简易可行的建议和意见。正因如此，他的大多建议为元帝所采纳，他的众多观点一直为后世礼学家所采用。贺循不仅为东晋礼制建设作出了巨大的贡献，而且对晋代以降的礼学产生了极其深远的影响。贺循不仅是当世一代儒宗，也是中国礼学史上占有一席之地的礼学大师。

第五节　贺循礼学特征

贺循礼学博大精深，不愧为晋代最具权威的礼学家之一①。在博采前贤之长的基础之上，贺循将传统礼学与时代生活紧密结合，从而形成自己的礼学特色。

一　择众之长，度越前人

贺循一方面受到传统家学——庆氏礼学影响极深，另一方面又广泛向前贤学习，采众家之长。贺循多受前代礼学大师郑玄和王肃影响。如关于祖、宗的定义，关于改葬服丧时间等，贺循都采纳了郑玄的观点。王肃曾著《丧服要记》，贺循亦著《丧服要记》，贺氏《要记》便多受王氏《要记》影响。如大夫为旧君服丧，为母服丧等，二者相同，显然贺循接受了王肃的观点。不仅如此，贺循还受到马融、射慈等人影响。另，贺循还虚心向同时代学者请教。《通典》卷九十五记载了贺循向徐邈咨询有关服丧之事：

> 贺循问徐邈曰："礼，嫡母为徒从，嫡母亡则不服其党。今庶子既不自服所生外氏，亦以嫡党为徒从乎？"答曰："古者庶子自服所生之党，故以嫡母为徒从，故嫡母亡则不服其党。今庶子既不自服其外氏，而叙嫡母之亲矣，谓宜以名而服，应推重也。古今不同，何可不因事求中。"（《通典》卷九十五）

在广泛向前代大师学习同时，"贺循礼学乃师取前儒之长，不泥于其短"②。在改葬丧服问题上，贺循从郑玄"三月"之说，但贺循又说"迟速不可限"，意思是说，"三月"是最低时限，亦可作延长。虽则如

---

① 参见陈戍国《中国礼制史》（魏晋南北朝卷），湖南教育出版社 2002 年版，第 167 页。
② 柯金虎：《贺循及其礼学》，《玄奘人文学报》2004 年第 3 期。

此，但其并非完全抛弃王肃学说。

> 韩虬问贺循曰："按傅纯曰问郑氏改葬三月，又讥王氏以既虞为
> 节，云'改葬之神在庙久矣，不应复虞'。见府君所答，唯云宜三月，
> 谓王氏为短，郑为长，而不答应虞之义，此为应虞否也？"循答曰：
> "凡移葬者，必先设祭告墓而开冢，从墓至墓皆设奠，如将葬朝庙之
> 礼。意亦有疑。既设奠于墓，所以终其事，必尔者，虽非正虞，亦似
> 虞之一隅也，但不得如常虞还祭殡宫耳。故不甚非王氏，但不许其便
> 除。然《礼》无正文，是以不明言也。"（《通典》卷一百二）

对于改葬丧服礼，贺循赞同郑玄的观点，但对郑玄观点作了补充，补
充了奠礼，"从墓至墓皆设奠"。此奠礼"非正虞"，却"似虞之一隅"。
可见贺循又创造性地吸取了王肃"虞礼"说。正因如此，"故不甚非王
氏，但不许其便除"。可见，关于改葬礼，贺循综合了郑玄与王肃之长而
制定的，故更为完善。贺循对前代礼制极为熟悉，故其制定礼仪时常借鉴
旧礼制。"东晋元帝即位于建康，议立南郊于巳地。太常贺循定制度，多
依汉及晋初仪注。"（《通典》卷四十二）

不仅如此，贺循亦将时代精神铸入传统礼制，使得传统礼制更富有生
命力。《礼记·檀弓上》："事师无犯无隐，左右就养无方，服勤至死，心
丧三年。"郑玄注："心丧，戚容如父而无服也。凡此以恩义之间为制。"[1]
可见早期心丧仅用于弟子服师丧。可是，自先秦以来，少有服心丧礼者。
到了西晋时期，晋武帝司马炎率先实行心丧，并明确将心丧纳入丧服制
度。对此学者们意见不一。但无论如何，晋代还是实行了心丧制度。贺循
亦将心丧制度纳入其礼学之中。

> 晋贺循《丧服要记》曰："公之庶兄弟父卒为其母，大夫之庶子
> 父在为母，皆大功九月。凡降服，既降，心丧如常月。又天子诸侯贱

---

[1] （唐）孔颖达：《礼记正义》，李学勤主编：《十三经注疏》，北京大学出版社 1999 年
版，第 169 页。

妾子为其母，厌于父，不得制衰粗之服，三月而葬，葬已而除，居处饮食言语，心丧三年。"（《通典》卷八十一）

殷仲堪答宗氏庶子服出母："按王、贺以父在服齐衰周，父没不服。故以为父丧之服。父在齐衰周，本自心丧，终二十五月。"（《通典》卷九十四）

贺循认为，庶子父在为其母，妾之子为其母，在服大功九月之后要服心丧三年。

从以上分析可以看出，贺循不仅广采前贤之长和前代旧制，而且创造性地借鉴同时代礼学成果，故能度超前人，而自成一家。

二 崇礼尚教，规范伦常

所谓礼教，即以礼为教，是以礼义为核心的规范人们行为的社会制度、行为准则。[①] 自周公制礼作乐以来，礼乐教化便成为传统儒学的重要内容。先秦儒师，孔子、孟子、荀子等皆非常重视礼教。《礼记·礼运》："礼义以为纪，以正君臣，以笃父子，以睦兄弟，以和夫妇。"到了汉代，随着儒学独尊，礼教受到了前所未有的重视。建安以来，战乱连年，礼崩乐坏；魏晋时期，玄风炽扇，动则由情，礼衰教微。晋武帝以身作则，力倡儒家礼教，惜仅丧服礼得到较好执行之外，其他沦落更甚。有感于西晋亡国之鉴，东晋元帝更重儒家礼教。在此风气影响之下，依礼治世，以礼约情等传统理论在众多礼家身上得到响应。出身于礼学世家，自幼以礼自律的贺循则更重视礼教，礼教深深浸透于其各类礼制思想之中。

宗法制度产生于西周，其目的在于维持家族传承和宗子地位。宗子乃家族代表，故有权执行祭祖、治族等权利。贺循在阐述宗子职能时，有意识地"放大"了宗子的教化功能：

奉宗加于常礼。平居即每事咨告。凡告宗之例，宗内祭祀、嫁

---

① 参见拙著《汉代女性礼教研究》，齐鲁书社 2013 年版，第 4 页。

女、娶妻、死亡、子生、行来、改易名字，皆告。若宗子时祭，则宗内男女毕会，丧故亦如之。若宗内吉凶之事，宗子亦普率宗党以赴役之。若宗子时祭，则告于同宗，祭毕，合族于宗子之家，男子女子以班。……后宗立则宗道存，而诸义有主也。……族不可以无统，故立宗。宗位既定，则常尊归之，理其亲亲者也。是故义定于本，自然不移，名存于政，而不继其人，宗子之道也。故为宗子者，虽在凡才，犹当佐之佑之，而奉以为主。虽有高明之属，盛德之亲，父兄之尊，而不得干其任者，所以全正统而一人之情也。（《通典》卷七十三）

贺循认为立宗子可以正尊卑、理亲亲，起着领导和教化家族之作用。又如，在《为后服议》中贺循阐述了服丧制度的教化功能。

（贺循）答曰："五服之术，其属有六。一去本系，以名为正。名正则男女有别，上下不悖。若假之以号者则轻其权，定之以名者则尊其统。故曰有嫡子者无嫡孙。何为言无？正以不得名之。不得名之则卑其服，若得名之则重其制。此之有无尊卑之宜，则是彼之后者嫡庶之例也。至于庶子为后，称名不言孝，为坛而祭，以其尚有贰志，不专故也。其子则定名而处庙，以为彼情可制，此义宜悼故也。岂非顾本有已，复统有节哉！……绝其恩者以一其心，其心一则所后亲，所后亲则祭祀敬，祭祀敬则宗庙严，宗庙严则社稷重，重社稷以尊百姓，齐一身以肃家道：此殆圣人之意也。"（《通典》卷九十六）

贺循认为丧服五服的功能在于"正名""尊统"。名不正则统不正，统不正则心不专，心不专则礼不敬。故其强调"齐一身以肃家道：此殆圣人之意也"。再如，贺循《丧服要记》倡导庶子、妾子父在为母服大功后需心丧三年，亦在于倡导孝道。

从以上分析可以看出，贺循努力将礼教融于各种礼仪制度之中，以此实现规范人们伦理纲常的目的。

三　引经据典，言之有据

贺循是一位严守儒家传统经传的礼学家，故其议事往往引经据典，言之有据，而不是随意空谈。

在议藉田礼时，贺循依据汉旧仪及《周礼》等典籍。《晋书·礼志上》载："江左元帝将修耕藉，尚书符问：'藉田至尊应躬祠先农不？'贺循答：'汉仪无正有至尊应躬祭之文。然则《周礼》王者祭四望则毳冕，祭社稷五祀则絺冕，以此不为无亲祭之义也。宜立两仪注。'"① 论述妇人重丧服丧制度时，贺循多引《仪礼》《礼记》立说。

> 贺先彦（即循也）答曰："礼，女子适人，服夫三年，而降其父母。《传》曰'不贰斩'。既不贰斩，则不得舍其所重，服其所降，有分明矣。国妃有车骑斩衰之服，宜以包母齐衰，无两服之义。唯初奔，当有母初丧之服，以明本亲之恩。成服之日，故宜反斩衰之服，此轻重之义也。又礼，君不厌臣。君既殡，又有父母之丧，与君俱三年，故有归家之义。而犹云有君丧者，不敢私服，何除之有。以此言之，虽君父两服，当其兼丧，以君衰为主，而不以己私服为重也。"（《通典》卷九十七）

贺循论天子宗庙时则依于殷周旧仪和《周易》等典籍。

> 贺循议："古者帝各异庙，庙之有室，以象其居，未有二帝共处之义也。……又殷之盘庚，不序阳甲之庙，而上继先君，以弟不继兄故也。既非所继，则庙应别立。……故汉之光武，不入成帝之庙，而上继元帝，义取于此。今惠怀二帝，不得不上居太庙。颍川未迁，见位余八。非祀之常，不得于七室之外假立一神位。……"循又议曰："殷人六庙，比有兄弟四人袭为君者，便当上毁四庙乎？如此四代之亲尽，无复祖祢之神矣。又按《殷纪》，成汤以下至于帝乙，父

---

① 又见《通典》卷四十六。

子兄弟相继为君，合十二代，而正代唯六。《易乾凿度》曰：'殷帝乙，六代王也。'以此言之，明不数兄弟为正代。"（《通典》卷五十一）

贺循先后引殷代、汉代宗庙旧制，又引《周易》，分析透彻，言之有据，故后世从之。

有时，贺循虽未直接引用典籍，但其说背后有经典作理论支持。如：东晋尚书符问太常贺循："太庙制度，南向七室，北向阴室复有七。帝后应共处七室垳中，当别处阴室？"循上曰："谨按后配尊于帝，神主所居，同太室。"（《通典》卷四十八）先秦以来，儒家认为"夫妇一体"。《礼记·郊特牲》："壹与之齐，终身不改"；"共牢而食，同尊卑也。故妇人无爵，从夫之爵，坐以夫之齿。"贺循所言，显然据之以此类儒家理论。

从以上分析可以看出，贺循是一位较为保守的儒家大师，论事议礼，往往引经据典，言之有据。

四 因时制礼，讲究权变

学者一般认为礼起源于社会发展的需要，人们将一些习俗上升至规范的高度，于是形成礼。礼义的目的在于达人情，治人世。《礼记·礼运》："孔子曰：'夫礼，先王以承天之道，以治人之情。'"又云："故圣王修义之柄、礼之序，以治人情。"随着社会的发展，礼制也不断发生变化，历史上曾出现过多次制礼运动，如叔孙通制礼，曹褒制礼等。经过秦火与战乱，先秦礼亡佚殆尽。经过两汉儒家的努力，基本制定各种礼仪制度。到了三国时期，天下三分，战乱不绝，于是各国君主多无心于礼制建设。到了西晋，再次形成制礼运动。可是西晋末年，北方精英文化丧失于胡寇。东晋建国，旧礼多缺，于是贺循等人承担了各类礼仪制度的制定，如郊祀礼、宗庙礼、丧服礼、藉田礼等。贺循制礼，一方面严守经典，使之有理有据；另一方面又结合时代，讲究权变，因时制礼。

司马孚云："圣人制作，必从时宜。"（《晋书·礼志中》）贺循制礼往往会顾及现实具体情况，而不死守教条。如，晋怀帝蒙尘，崩于平阳，梓官未反京师。元帝立庙之时，欲迁入庙，丧已过三年。太常贺循议云："怀帝梓官未反，遭时之故，事难非常，不得以常礼自拘，宜以时入太庙，修祭祀之礼。"（《通典》卷五十一）

西晋末年，刘曜攻破京师，怀帝出降，蒙尘平阳，不久被弑。因北方战乱，故怀帝梓官未返京师。元帝立庙之时，欲迁其神主入庙。咨之贺循，贺循认为时遭战乱，"不得以常礼自拘"，宜将怀帝神主入庙祭之。

讨论元帝继位告庙礼时，贺循依据坚持"礼与时变"。王导致书告之，尚书仆射刁协等人不欲告惠、怀二帝，问贺循该如何行礼。贺循答曰：

古礼及汉氏之初，皆帝帝异庙。即位大事，谒于太祖。故晋文朝于武宫，汉文谒于高庙也。至光武之后，唯有祖宗两庙而已。祖宗两庙，昭穆皆共堂别室。魏晋依之，亦唯立一庙。则一庙之中，苟在未毁，恐有事之日，不得偏有不告。然人不详太庙定议，不敢必据欲依古礼，唯告宣帝一庙。人意以祖宗非一，且太庙合共，事与古异，不得以古礼为断。（《通典》卷五十五）

贺循先陈述了当今庙制与古时庙制差异。古时帝帝异庙，故即位大事只需谒于太祖。但自东汉光武帝改革之后，唯立祖、宗两庙，而魏晋则仅立一庙。因庙制差异，故"不得以古礼为断"，故不得唯告宣帝一庙，得遍告诸祖庙。再如：

又琅邪王妃敬后前薨，而王后篡统，追加谥号，改神主，访贺循云："琅邪典祠令孙文立议：'使者奉主及册命诣中阁，中人受取入内，易著石函中。故主留于庙阁。新主出庙，国官拜送。'如文议，则非于行庙受册。"循答曰："崇谥敬后，宜立行庙。以王后之号，有加常尊，轻重不同，则宜礼有变改。既立行庙，则常主宜出居座位。临加册谥而并易以新主，则故主宜还埋故庙两阶之间。"（《通典》卷四十八）

贺循认为王后之号远较其他封号为尊，轻重不同，所以仪礼可以有变改，不可拘于常礼。

丁潭欲为王守丧之议，则体现了贺循重崇"今"制礼原则。丁潭为琅邪王袁郎中令，会袁死，潭上书请终丧，贺循议：

> 礼，天子诸侯俱以至尊临人，上下之义，君臣之礼，自古以来，其例一也。故礼盛则并全其重，礼杀则从其降。春秋之事，天子诸侯不行三年。至于臣为君服，亦宜以君为节，未有君除而臣服，君服而臣除者。今法令，诸侯卿相官属为君斩衰，既葬而除。以令文言之，明诸侯不以三年之丧与天子同可知也。君若遂服，则臣子轻重无应除者也。若当皆除，无一人独重之文。礼有摄主而无摄重，故大功之亲主人丧者，必为之再祭练祥，以大功之服，主人三年丧者也。苟谓诸侯与天子同制，国有嗣王，自不全服，而人主居丧，素服主祭，三年不摄吉事，以尊令制。若当远迹三代，令复旧典，不依法令者，则侯之服贵贱一例，亦不得唯一人论。（《晋书·丁潭传》）

古有诸侯为君、臣为君服斩衰三年之制。随着时代发展，群臣丧礼日渐宽松。到了东晋时，法令规定臣为君服斩衰，既葬而除。而丁潭欲恢复旧制，贺循极力反对，"若当远迹三代，令复旧典，不依法令者，则侯之服贵贱一例，亦不得唯一人论"。

从以上分析可以看出，贺循制礼重在为"今"服务，故往往不拘旧典，而因时制作。正如学者所说，贺循礼学"表现出了可贵的当代意识。他们在很多方面将古礼与今俗结合起来，在礼制的议定上体现了较大的开放性，从而使许多原先不符合传统礼制的现象被重新审视并获得了礼律上的认可"[1]。

五　以情解礼，情礼并重

先秦儒家多主张缘情制礼，礼为情作，"礼因人情而为之"。《礼记·

礼运》："故礼义也者……所以达天道顺人情之大窦也。"《礼记·问丧》："礼义之经也，非从天降也，非从地出也，人情而已矣。"《礼记·丧服四制》："凡礼之大体，体天地，法四时，则阴阳，顺人情，故谓之礼。"《淮南子·泰族训》："民有好色之性，故有大婚之礼……因其好色而制婚姻之礼，故男女有别。"正因如此，故主张礼"不以死伤生"（《礼记·丧服四制》）。

至后来，人们纳情于礼，以礼制情。《礼记·礼运》："孔子曰：'夫礼，先王以承天之道，以治人之情。'"孟子认为礼重于食、色（《孟子·告子下》），《毛诗序》："发乎情，止乎礼义"。到了汉代，以礼节情制欲思想更盛。《春秋繁露·天道施》："夫礼，体情而防乱者也。民之情，不能制其欲，使之度礼。"以礼制情导致了礼、情两分。随着玄学的兴起，重情风尚盛行于世，毁礼、非礼现象比比皆是。这又从另一个极端导致了情与礼的分裂。以礼制情，导致人情的失落；而以情毁礼，则导致人伦的丧失。该如何和谐处理情与礼之间的关系呢？这是魏晋时人所面临的重要难题。一代礼学大师贺循为解决这一现实问题提供了很好的参考。

作为一代礼家学，贺循无疑倡导礼，主张以礼治事，但贺循亦常从人情出发，以情解礼，使礼制人情化、人性化，表现出浓郁的情、礼并重倾向。东晋元帝初为晋王，妃虞氏先亡，王导与贺循书，论虞庙。

> 导又云："戴若思欲于太庙立后别室。"循答曰："愚以尊王既当天之正统，而未尽宸居之极称，既名称未极，更于事宜为难。或谓可立别庙，使进退无犯。意谓以尊意所重施于今，宜如有可尔理。若全尊寻备，昭穆既正，则俯从定位，亦无拘小别。然非常礼，无所取准。于名则未满，于礼则变常。窃以戴所斟酌，于人情为未安。"（《通典》卷四十七）

贺循以元帝司马睿为兄弟，亦上继武帝，以此定虞妃庙。然司马睿时为晋王，尚未正式称帝，"于名则未满"，为虞妃立别室，乃非常礼，"于礼则变常"。其于此，贺循认为戴若思建议"于人情为未安"，而加以反对。在此，贺循先从礼制的角度加以分析，再结合人情，颇让人信服。又如：

> 贺循《祭议》云："礼，在丧者不祭。祭，吉事故也。其义不但施于生人，亦祖祢之情，同其哀戚，故云于死者无服则祭也。今人者有服祭祀如故，吉凶相干，非礼意也。"（《通典》卷五十二）

贺循认为，祭"不但施于生人，亦祖祢之情，同其哀戚"，故丧者不祭。可见，贺循完全是从人情的角度来解释为何"在丧者不祭"的。再如贺循《为后服议》：

> 答曰："何为其然？礼有节权，恩义相顾，为所生无绝道，其余皆宜权制也。夫初出后者，离至亲之侧，为别宗之胄，阙晨昏之欢，废终养之道，顾复之恩靡报，罔极之情莫伸，义虽从于为后，恩实降于本亲，故有一降之差。若能专心所继，后者之子，上有所承，于今为同财之密，顾本有异门之疏。……初出情亲，故不夺其亲而与其降；承出之后，义渐轻疏而绝其恩。绝其恩者以一其心，其心一则所后亲，所后亲则祭祀敬，祭祀敬则宗庙严，宗庙严则社稷重，重社稷以尊百姓，齐一身以肃家道：此殆圣人之意也。"（《通典》卷九十六）

贺循完全从人情的角度解释出后子为本亲服丧问题。这样的例子还有不少：

> 太常贺循上尚书："二亲生离，吉凶未分，服丧则凶事未据，从吉则疑于不存，心忧居素，盖出人情，非官制所裁也。右丞蔡谟引《奔丧礼》，有除丧而后归，则未有奔除服之文也。宜申明告下。若直据东关之事，非圣人所行，恐不足以释疑也。"循重议："礼奔丧除而后归者，自谓丧葬如礼，限于君命者耳。若尸灵不收，葬礼不成，则在家与在远俱不得除也。况或必须求见，以其丧礼待己而成者邪！若引以为义，未足以服人心也。直以祸难未销，不可终身居服，故随时

立制，为之义断，使依东关故事。大将军上事，谓可从也。"（《通典》卷九十八）

因西晋末战乱，导致父母沦陷北方，生死未卜，于是一些人制丧服，终身行丧。大将军王敦上书，建议此类情况只能行丧三年。于是贺循上书，从人情的角度作了很好的解说。因父母吉凶未分，"心忧居素，盖出人情"。但如"丧礼待己而成"，则不足以服人心。于是建议采纳王敦的建议。

宋代庾蔚之曾为贺循《丧服要记》作注。其曾云："昔贺循以为，夫服缘情而制，故情降而服轻，既虞，哀心有杀，是故以细代粗，以齐代斩耳。"（《通典》卷八十七）此虽言的是五服变除，但可以代表贺循礼学的特点：以情说礼，情礼并重。此外，徐广亦云"缘情立制"（《晋书·礼志中》）。

贺循往往以情说礼，使得情礼结合，从而使枯燥的仪礼变得有情有义，因而更易让人接受。正因如此，自东晋以降，贺循的礼学受到历代礼学家的重视。

综上所述，贺循勤于礼学，又博采众家之上，故能度越前人而自成一家。贺循崇尚礼教，故常借礼来宣扬教化。贺循礼学，一方面固守经典，同时又因时制礼，变旧出新，呈现出鲜明的时代气息。在重情时代，贺循亦带有时代气息。贺循常以情说礼，做到情礼并重，使得枯燥的礼制人情化。正因如此，贺循开创了礼学的新思维，对后世礼学发展产生了深远的影响。

第六节　贺循礼学影响

贺循礼学思想广博精深，涉及当时礼学众多领域，对东晋前期礼制建设作出了巨大的贡献。因此有学者认为，"六朝三百七十年中的礼学成就以晋代中期最著，贺循又是此期佼佼者"[1]。此类说法并非空言。不仅如此，贺循也是六朝时期最有影响的礼学家之一，其礼学对此后礼学发展及

---

① 柯金虎：《贺循及其礼学》，《玄奘人文学报》2004 年第 3 期。

礼仪制度产生了深远的影响。

一　贺循与东晋礼学

作为一代儒宗，贺循礼学对东晋礼学发展及礼制建设有着很大的影响，后世学者在讨论各类礼制问题时，常常引其说为依据。东晋时期学者讨论丧服礼时，常引贺循《丧服要记》为据。

（1）故孝后①崩，庾家访服。……（众臣议之）护军江霦云："按贺公《记》，天子诸侯，五属之内，虽不服职为臣，皆服斩衰，为夫人则齐衰周。天子诸侯既同，后夫人亦不可得异，但文有详略耳。子侄服周，诸妇非复五属之例，谓当从降夫一等。"（《通典》卷八十一）

（2）晋虞喜按："贺循《丧服记》云：'父死未殡而祖父死，服祖以周，既殡而祖父死，则三年。此谓嫡子为父后者也。未殡服曾以周者，父尸尚在，人子之义，未可以代重也。'"（《通典》卷九十七）

（3）（晋）魏颙又云："《要记》称母为长子齐衰三年，其服节如父为子者。未有明征，而便缉之，斩名何得复存？《礼》虽言余皆易，不言灭斩。"（《通典》卷八十七）

（4）庾氏问徐广曰："母丧已小祥而父亡，未葬，至母十三月，当伸服三年，犹厌忍而祥邪？"答曰："按贺循云：'父未殡而祖亡，承嫡犹周，此不忍变父在也。'故自用父在服母之礼，灵筵不得终三年也。"（《通典》卷九十七）

（5）又范宁问与孔德泽云……孔又答云："继母出为服周，是父没而嫁。贺循《要记》亦谓之出。当以舍此适彼，不独在嫁，可以意领，故不必继于本也。"（卷九十六）

（6）殷仲堪问范宁曰："荀讷议太后改葬，既据言不虞，朝廷所用，贺《要记》云三月便止，何也？"（《通典》卷一百二）

---

① 废帝庾后，庾冰之女。

第一条，护军江霦引用贺氏《要记》论皇后丧服；第二条，虞喜引《要记》讨论重丧丧服问题；第三条，魏颛引用贺氏《要记》讨论斩衰既丧辑衰问题；第四条，徐广引《要记》讨论父母重丧丧服问题；第五条，徐广《要记》讨论丧服；第六条，殷仲堪引《要记》讨论改葬祭祀。

有时，虽然未直接引用贺氏《要记》原文，但引其观点作为论说依据。

> （1）王肃、贺循皆言老疾三谏去者为旧君服齐。……王、贺《要记》犹自使老疾三谏去者为旧君服齐，然则去官从故官之例，敢见臣服斩，皆应服齐明矣。（《通典》卷九十）
>
> （2）殷仲堪答宗氏庶子服出母："按王、贺以父在服齐衰周，父没不服。故以为父丧之服。父在齐衰周，本自心丧，终二十五月。"（《通典》卷九十四）

第一条引王肃、贺循观点讨论为旧君服丧问题，第二条引王肃、贺循观点讨论庶子为出嫡母服丧问题。

除了《丧服要记》之外，贺循的其他著述或理论观点亦常为东晋人所引用。

> 侍中孔汪问徐邈曰："汉宣帝谓史皇孙为皇考，此是称谓耳，未足以明服之轻重也。假令宣帝登祚后，有本父母丧，自当不得行重服。又君服父祖废疾不立者，故斩而不降。贺循云：'虽不立，位在嫡正，父之所继，己之所承，故为三年。'恐此与出后相喻。"（《通典》卷八十二）

孔汪引贺循观点讨论王后降服问题。再如，

> 张祖高问："士服天王云何？《要记》唯道大夫服君及家臣服大夫耳，不说士，恐有脱误。郑云：'士服君亦斩衰。'无明文，而《杂记》云'士居垩室'，此则士制周耶？士下吏服士，恐未应同。"谢沈答曰："朝廷之士服天王斩衰，礼之明文也。邑宰外任之士居垩

室，制周。《要记》非脱误，是简略耳。"（《通典》卷八十一）

此处《要记》，指的是贺氏《丧服要记》。① 张祖高引贺氏《要记》以讨论大夫为君服丧问题，并指出《要记》之暇。而谢沈则极力维护《要记》，认为《要记》不是有脱误，而是简略耳。

东晋学者不但常引贺循理论为论事依据，更有甚者，有学者为贺氏《丧服要记》作注。据《通典》引文，东晋谢徽曾为贺循《丧服要记》作注。惜此书早佚，仅有少许片断保存于《通典》之中，现转录如下②：

> 又《丧服要记》曰："公子之二宗，皆一代而已。庶兄弟既亡之后，各为一宗之祖也。"谢徽注曰："母弟于妾子则贵，于嗣子则贱，与妾子同为庶故也。既死之后，皆成一宗之始祖，即上所谓别子为祖也。"嫡继其正统者，各自为大宗，乃成百代不迁之宗也。谢徽注曰："贺公答庾元规曰：'虽非诸侯别子，始起是邦而为大夫者，其后继之，亦成百代不迁之宗。'郑玄亦曰：'太祖谓别子始爵者也，虽非别子始爵者亦然。'愚谓是起是邦始受爵者。又问：'别子有十人，一族之中可有十大宗乎？''然'。贺答傅纯云：'别子为祖，不限前后，此谓每公之子皆别也。'"（《通典》卷七十三）
>
> 晋贺循《丧服要记》曰："凡诸侯之嗣子，继代为君，君之群弟不敢宗君，君命其母弟为宗，诸弟宗之，亦谓之大宗，死则为齐衰九月。"谢徽注曰："母弟虽贵，诸弟亦不敢服；既为宗主，则齐衰九月。其母则小君也，其妻齐衰三月，如大宗也，以母弟之贵故也。"若无母弟，则命庶弟之大者为宗，诸弟宗之，亦如母弟，则为之大功九月。谢徽注曰："此《大传》之小宗也，其母妻则无服。女公子服宗，亦与男同。"注曰："此二宗亦不得并其宗。"此二宗者，一代而

---

① 东晋时期，礼学家颇重贺循，而轻王肃，故多引贺氏说，而少引王氏说。《通典》中直接引用贺氏《要记》颇多，而仅间接或作为异说时才引用少许王氏《要记》。考之马氏所辑二书条目多寡，便一目了然。

② （清）马国翰《玉函山房辑佚书》辑有谢徽《丧服要记注》一卷（仅5条），内容全同于下文所引。

已。谢徽注曰："此二宗亦不得并，故《大传》曰：'有大宗而无小宗者，有小宗而无大宗者，有无宗亦莫之宗者，公子之谓也。'"（《通典》卷七十三）

庶兄弟既死之后，各为一宗之祖。

贺循虽然早卒，但其礼学却对东晋一朝礼仪制定和礼学发展有着很大的影响。

二　贺循与南朝礼学

到了南朝时期，贺氏学说，特别是丧服说，依然颇受礼学家重视，常常引以为制礼或论说之依据。

晋代有谢徽为贺氏《丧服要记》作注，到了刘宋时期，又有庾蔚之为之作注。庾蔚之，正史无传。《经典释文序录》云："庾蔚之字季随，颍川人，宋员外常侍。"① 《宋书·臧焘徐广傅隆传论》曰："（庾）蔚之《略解礼记》，并注贺循《丧服》行于世。"庾氏《丧服要记注》今不存，佚文亦很少见。《礼记正义》中保存了一条：

庾氏注《要记》云："卒哭之后，则得与寻常大功同，于大功之末，可以身自冠、嫁，所以然者，虽本期年，但降在大功，其服稍伸，故得冠嫁也。"（《礼记正义·杂记》）

另，《通典》中保存了一条，可能出于庾氏《丧服要记注》。

贺循《丧服记》云："父死未殡而祖父死，服祖以周，既殡而祖父死，则三年。此谓嫡子为父后者也。父未殡服祖以周者，父尸尚在，人子之义，未可以代重也。"……宋庾蔚之谓："……按贺循所记，谓大夫士也。"（《通典》卷九十七）

---

① 吴承仕：《经典释文序录疏证》，中华书局1984年版，第112页。原书作"待"，当为"侍"之误。

庾氏按语是解说贺氏《丧服要记》所言对象，当出于《丧服要记注》无疑。不仅如此，庾氏论礼多引贺氏说为据。

（1）庾云："谓昔主，《要记》按《服问》曰：'君所主夫人、妻、大子、嫡妇'，故谓此在不除之例。"（《礼记正义·丧服小记》引）①

（2）宋庾蔚之云："……《丧服传》及《大传》皆云不继祖，以明庶子虽继祢而不继祖，则不服长子斩也。贺氏《要记》云：'庶子，父虽殁，犹不为长子三年，以己不继祖也。'是亦明己身继祖，乃得为长子斩也。"（《通典》卷八十八）

（3）宋庾蔚之谓："昔贺循以为，夫服缘情而制，故情降而服轻，既虞，哀心有杀，是故以细代粗，以齐代斩耳。"（《通典》卷八十七）

第一条，庾氏引贺氏观点讲述降服制度；第二条，庾氏引贺氏观点讲述庶子不为长子服斩衰制度；第三条，庾氏转贺氏制礼观点。从以上可以看出，庾蔚之不仅为贺氏《丧服要记》作注，而且其礼学多受贺氏影响。与庾蔚之同时代徐广亦多受贺循影响。

庾氏问徐广曰："母丧已小祥而父亡，未葬，至母十三月，当伸服三年，犹厌屈而祥邪？"答曰："按贺循云：'父未殡而祖亡，承嫡犹周，此不忍变父在也。'故自用父在服母之礼，灵筵不得终三年也。"（《通典》卷九十七）

徐广回答庾蔚之所问重丧服丧问题时，引了贺循观点为据。

不仅如此，宋时制礼，多依贺循学说。如宋武帝孝建二年（455），群臣论南郊祀。

---

① （唐）孔颖达：《礼记正义》，李学勤主编：《十三经注疏》，北京大学出版社1999年版，第984页。

太常丞朱膺之议："……今宗庙太尉亚献，光禄三献，则汉仪也。又贺循制太尉由东南道升坛，明此官必预郊祭。古礼虽由宗伯，然世有因革，上司亚献，汉仪所行。"（《宋书·礼志三》）

再如，

（宋）武帝孝建三年（456）五月丁巳，诏以第四皇子出绍江夏王太子睿为后。有司奏："皇子出后，检未有告庙先例，辄勒二学礼官议正，应告与不？告者为告几室？"……祠部朱膺之议以为："有事告庙，盖国之常典。今皇子出绍，事非常均。愚以为宜告。贺循云，古礼异庙，唯谒一室是也。既皆共庙，而阙于诸帝，于情未安。谓循言为允，宜在皆告。"（《宋书·礼志四》）

前一条，朱膺之引贺循观点，以证明南郊祀由太尉亚献。后一条，朱膺之引贺循观点来说明祖庙祭祀仪礼。

到了南齐，礼学家议礼亦多引贺循说为据。

太祖为齐王，依旧立五庙。即位，立七庙。……明帝立，复旧。及崩，祔庙，与世祖为兄弟，不为世数。史臣①曰："……江左贺循立议以后，弟不继兄，故世必限七，主无定数。"（《南齐书·礼志上》）

齐高祖追尊父为宣皇帝，母为昭皇后，七庙。萧子显曰："……庙有七室，数盈八主。晋太常贺循立议以后，弟不继兄，故代必限七，主无定数。"（《通典》卷四十七）

永明六年（488）太常何谚议："今祭有生鱼一头，干鱼五头。……贺循《祭义》犹用鱼十五头。"（《南齐书·礼志上》）

建元四年（482）高帝山陵，昭皇后应迁祔。祠部疑有祖祭及遣启诸莫九饭之仪不？左仆射王俭议："莫如大敛。贺循云：'从墓至其

---

① 《南齐书》为萧子显所撰，故"史臣"指的是作者萧子显。此条与下条《通典》所引同。

墓皆设奠，如将葬朝庙之礼.'……"从之。有司又奏："昭皇后神主在庙，今迁祔葬，庙有虞以安神，神既已处庙，改葬出灵，岂应虞祭？郑注改葬云'从庙之庙，礼宜同从墓之墓'。事何容异？前代谓应无虞。"左仆射王俭议："……贺循云'既窆，设奠于墓，以终其事.'虽非正虞，亦粗相似。……"从之。（《南齐书·礼志下》）

对于天子宗庙制度，贺循提出七世、主无定数、兄弟不相为后等观点。这些观点成为后世定规。在第一、第二条中，史臣便引贺循兄弟不相为后观点来论立天子宗庙问题。第三条，何谞引贺循《祭义》，讨论丧祭仪式。第四条，王俭引贺循《葬礼》说明丧葬礼仪。

此外，礼学家亦常将贺循与郑玄、王肃并提，以作为论证依据：

> 齐高帝建元三年（481），有司奏："皇太子妃穆以去年七月薨，其年闰九月，未审当数闰月？为应以闰附正月？"……（王）俭又答（尚书令褚渊）曰："……郑、射、王、贺唯云周则没闰，初不复区别杖周之中祥，将谓不俟言矣。"（《通典》卷一百）

在此王俭引郑玄、王肃、贺循等人观点，以论三年丧遇闰问题。

不仅如此，除了直接引用之外，南朝礼学家亦常接受贺循观点，并用于现实之中。《通典》卷四十七："宋武帝即尊位，祠七代为七庙"。此采用的便是贺循七庙为七代，非七主的观点。再如：

> 梁武帝天监四年（505），安成国称：欲迁立所生吴太妃神主。国王既有妃丧，欲使臣下代祭。明山宾议，以为："宜待王妃服除，亲奉盛礼。"（《通典》卷五十二）

贺循《祭议》云："礼，在丧者不祭。祭，吉事故也。其义不但施于生人，亦祖祢之情，同其哀戚，故云于死者无服则祭也。今人者有服祭祀如故，吉凶相干，非礼意也。"（《通典》卷五十二）贺循认为在丧者不祭，而明山宾此处采用了此观点，主张先丧后祭。

　　宋崔凯云："时人或有祖父亡，而后祖母亡，孙奉养祖母，祖母卒则为之齐衰三年者。凯以为祖母三年，自谓己父母早亡，受重于祖，故为祖斩衰三年，祖母齐衰三年。今己父后亡，则受重于父，不受重于祖，孙虽奉养祖母，固自当如礼齐衰周耳。"（《通典》卷八十九）

　　《仪礼·丧服》："不杖，麻屦者。祖父母"。传曰："何以期也？至尊也。"《仪礼》明确规定为祖父母服齐衰不杖期一年。贺循《丧服要记》认为"为祖父母后者，服之如母，不为祖父母后者，不得为祖母三年"（《通典》卷八十九）。崔凯显然采纳了贺循观点，为祖父母后者，可为之服丧三年，不为祖父母后者，不得服丧三年。这样的例子还有不少，就不再一一枚举了。

　　总之，在南朝时期，贺循礼学依然有着较大影响，其所制定的许多礼仪为后世遵为规范，其著述为后世学者广为引用。

三　贺循与唐代礼学

　　到隋唐时期，贺循礼学依然有不少影响，其学说被大量采纳于典籍之中。在唐代典籍之中，引用贺循著述最多的当数杜佑《通典》。

　　杜佑（734—812），京兆万年（今陕西西安市）人。历经玄宗、肃宗、代宗、德宗、顺宗、宪宗六朝。杜佑嗜书好学，博学多才，花数十年工夫编撰了我国第一部典志体史书《通典》。《通典》篇幅宏富，共二百卷，二百余万字。该书分类记载了自上古至中唐时的各类典章制度变迁。其中《礼典》共一百卷，占全书比重一半。《礼典》分为两大部分：《历代五礼沿革》六十五卷（卷四十一至卷百五），《开元礼》三十五卷。不计《开元礼》，仅《历代五礼沿革》便超过全书总量三分之一，可见其对礼的重视了。在《通典》卷四十一《礼序》中，杜佑罗列了汉代至中唐礼学家一百八十余人，其中会稽贺氏便有贺循、贺玚、贺纪、贺颙、贺知章等。

　　据笔者统计，《通典》直接引用或借他人之口转引贺循著述达六十余（65）条之多，仅三条见于《乐典》，其余皆见于《礼典》"历代五礼沿革"部分。可见，贺循的确是"礼"学家，而不是普通的儒学家。对于这些，前面论述其礼学思想时已多加引用，在此就不再举例了。

孔颖达主编的《礼记正义》一书广征博引，引前代礼学家著述近二十家。[①] 该书引用贺循学说 5 条，主要出于《丧服要记》。

> 贺循云："出居庐，论称杖者必庐，庐者必禫。"（《礼记正义·丧服小记》引）[②]
>
> 贺循又云："妇人尊微，不夺正服，并厌，其余哀。"（《礼记正义·丧服小记》引）
>
> 庚云："谓昔主，《要记》按《服问》曰：'君所主夫人、妻、大子、嫡妇，'故谓此在不除之例。"（《礼记正义·丧服小记》引）
>
> 贺循云："以郑二注不同，故著《要记》以为男子及妇人皆谓在国内者。"（《礼记正义·丧服小记》引）
>
> 故贺循等以为，妇人不杖，谓出嫁之妇人不为主，则不杖，其不为主而杖者，唯姑在为夫杖，故此《记》特明之。（《礼记正义·丧服小记》引）

此五条皆为《丧服小记》篇注释引用，故其出于贺循《丧服要记》无疑。[③]

此外，唐代学者议礼，亦常引贺循学说为据。现略举数例如下：

> 永徽二年（651）七月，太尉长孙无忌等奏议曰……诏从无忌等议，存祀太微五帝，于南郊废郑玄六天之义。礼部尚书许敬宗等又奏称："……又《礼论》说晋太常贺循上言：'积柴旧在坛南，燎祭天之牲，用犊左胖。汉仪用头，今郊天用胁之九个。太宰令奉牲胁，太

---

① 据何希淳研究，《礼记正义》引礼类佚书 17 种（郑玄、阮谌《三礼图》算作一种）。参见其著《〈礼记正义〉引佚书考》，台北：嘉新水泥公司文化基金会 1966 年版。其实，《礼记正义》引用礼类佚书数量不止如此，如引贺循《丧服要记》多条，而何氏却未言及。

② 此条亦见于《通典》卷八十九。

③ 马国翰将此五条佚文皆辑入《贺氏丧服要记》，较为可信。

祝令奉珪瓒，俱奠燔薪之上。'即晋代故事，亦无祭末之文。"……诏从之。(《通典》卷四十三)

许敬宗引用贺循观点来说明郊祭之礼。

> 大唐开元四年（716），太常卿姜皎及礼官太常博士陈贞节、苏献等上《七庙昭穆议》曰："……谨按晋太常贺循议：'兄弟不相为后也。故殷之盘庚，不序于阳甲，而上继于先君；汉之光武，不嗣于孝成，而上承于元帝。'又曰：'晋惠帝无后，怀帝承统，怀帝自继于代祖，而不继于惠帝。其惠帝当同阳甲、孝成，别出为庙。'又曰：'若兄弟相代，则共是一代，昭穆位同，不可兼毁二庙，此盖礼之常例。'"……从之。(《通典》卷五十一)

中宗李旦与睿宗李显是兄弟关系，与晋代惠帝、怀帝关系相同。睿宗亡后，便涉及如何处理天子七庙问题：是以代为数，还是以神主为数。姜皎等人完全依据贺循宗庙观点：七庙即七世，神主无定数，兄弟不相为后等。此是东晋以来规则，故玄宗从之。至唐代，议礼时，人们依然时常将贺循与郑玄、王肃等礼学大师并提，作为论说依据。

> 大唐圣历元年（698），太子左庶子王方庆尝书问太子文学徐坚曰……（徐）坚答曰："……《小戴礼记》继父服，并有明文，斯《礼经》之正说也。至于马融、王肃、贺循等，并称大儒达礼，更无异文。惟傅玄著书，以为父无可继之理，不当制服，此礼，焚书之后俗儒妄造也。"(《通典》卷九十)

在此，徐坚引用王肃、马融等人贺循等学说，以说明为继父服丧之礼。

此外，唐代类书如《北堂书钞》《艺文类聚》《初学记》等，对贺循学说亦多有引用。唐代礼学著作，如《大唐开元礼》等亦对贺循学说多加引用或采纳。到了宋代，《太平御览》等类书对贺循著作亦多有引用。

贺循《葬仪》曰："大夫五旐吉韦车之所建也，通而已下，不为龙画。"①

贺循《葬仪》曰："杠，今之旐也。古者以缁布为之，命以绛缯，题姓字而已，不为画饰也。"②

贺循《丧服要记》曰："始吊朝，玄端之服也。皮弁绖，素弁而加环绖也。始死而往朝服者，主人未变，宾未可以变也。"③

又曰："古之吊者皆因朝夕哭而入吊。宾至，主人出即中门外，西面，北上，拜。宾入门，即位于堂下，当阼阶，西面。宾入即位，皆哭。哭止，主人拜之。"④

又曰："大夫吊于大夫，始死而往，朝服裼裘如吉时也。当敛之时而至，则弁绖服，服皮弁之服以袭裘也。主人成服而往，则皮弁绖而加锡裘也。大夫于士有朋友之恩，乃得弁绖。"⑤

前两条是讲丧葬的，故马国翰将其辑入《葬礼》。后三条是讲丧服、吊丧的，马国翰将其辑入《贺氏丧服要记》。

另外，虽然时隔七八百年，宋代论礼时，依然引贺循学说为据。宋人议宗庙时，依然以贺循学说为正。宋真宗咸平元（998）年群臣议天子七庙，礼官便引贺循观点："晋贺循议兄弟不合继位昭穆云：'商人六庙，亲庙四并契、汤而六，比有兄弟四人相袭为君者，便当上毁四庙乎？如此，四世之亲尽，无复祖祢之祖也！"⑥ 再如，宋真宗天禧四年（1020），论父母重丧服丧问题，礼官便引贺循说："贺循云：'父之丧未终，又遭母丧，当父服应终之月，皆服祥祭之服，如除丧之礼。卒事，反母之服。'"⑦ 另，《册府元龟》引用贺循说多达二十余条。

---

① 《太平御览》卷五百五十二引。（北宋）李昉等：《太平御览》，中华书局 1960 年版，第 2499 页。

② 同上。

③ 《太平御览》卷五百六十一引。（北宋）李昉等：《太平御览》，中华书局 1960 年版，第 2536 页。

④ 同上。

⑤ 同上书，第 2537 页。

⑥ （元）脱脱等撰：《宋史》，中华书局 1977 年版，第 2568 页。

⑦ 同上书，第 2923 页。

　　到了清代，随着三礼学的兴起，出现了大量的高水平的礼学著作。这些著作中，有不少著作大量引用贺循学说。徐乾学《通礼通考》引用贺循说达 54 条之多。秦蕙田《五礼通考》引贺循说达 42 条之多，盛世佐《仪礼集编》引贺循说 7 条，《钦定礼记义疏》引贺循说 4 条等。

　　贺循丧礼学影响深远，不仅东晋、南朝礼学遵之，引以为据，甚至到了唐代、宋代，依然将其学说作为经典而加以引用。可见，贺循在中国礼学史上占有重要的一席之地。

第五章　贺玚礼学

经过短暂衰微之后，至梁代，贺氏涌现了贺玚、贺琛、贺革等礼学大师，使得贺氏家族再度兴盛一时，不仅在当时有着较大的影响，也使得贺氏家族保持着良好的发展势态，从而成为中古时期著名的学术世家。

第一节　贺玚与齐梁礼制建设

贺玚（452—510），字德琏，晋代礼家大师贺循之玄孙，其祖贺道力善于《三礼》。贺玚少传家业，精于《三礼》之业。贺玚长于礼学，仕于齐、梁两朝，任太学博士、太常丞等职，为齐、梁礼乐建设作出了不少贡献。

齐时，会稽府丞刘瓛见而异之，荐为国子生。举明经，为扬州祭酒。后贺玚曾任国子助教、太学博士、太常丞等职，曾参与一些礼仪制作。萧子显《南齐书·礼志上》载，建武二年（495），通直散骑常侍庾昙隆上疏，认为南郊坛圆兆外内，永明中起瓦屋，形制宏观。检案经史，无所准据。明帝诏付群臣议。庾昙隆观点得到国子助教徐景嵩、太学博士贺玚以及兼左丞王摛等人支持。贺玚云：

> 《周礼》"王旅上帝，张毡案，设皇邸。"国有故而祭，亦曰旅。毡案，以毡为床於幄中，不闻郊所置官宇。

但因遭到骁骑将军虞炎等反对，故庾昙隆议不行。后因母忧去职。入梁之后，贺玚复为太常丞。梁武帝制礼，贺玚被诏治宾礼。《通典》卷四十一："至梁武帝，命群儒又裁成焉。吉礼则明山宾，凶礼则严植之，军礼则陆琏，宾礼则贺玚，嘉礼则司马褧。"郑樵《通志》卷十三亦云："天监初，何佟之、贺玚、严植之、明山宾等覆述制旨，并撰吉凶宾军嘉五礼，凡一千余卷，帝称制断疑焉。"①《梁书·徐勉传》对此有更详细的记载。普通六年（525），徐勉《上修五礼表》：

> 乃以旧学士右军记室参军明山掌吉礼，中军骑兵参军严植之掌凶礼，中军田曹行参军兼太常丞贺玚掌宾礼，征虏记室参军陆琏掌军礼，右军参军司马褧掌嘉礼，尚书左丞何佟之总参其事……《宾礼仪注》以天监六年（507）五月二十日上尚书，合十有七秩，一百三十三卷，五百四十五条。（《梁书·徐勉传》）

可见《宾礼仪注》编撰历经了六七年之久。与此同时，贺玚任职于太学，讲授五经。"四年，初开五馆，以玚兼《五经》博士"（《梁书·儒林列传·贺玚传》）。"天监四年（505），乃诏开五馆，建立国学，总以《五经》教授，置《五经》博士各一人。于是以平原明山宾、吴郡陵琏、吴兴沈峻、建平严植之、会稽贺玚补博士，各主一馆。馆有数百生。"（《南史·儒林列传序》）不仅如此，贺玚还参与各种礼制制定。《梁书·儒林列传·贺玚传》："别诏为皇太子定礼，撰《五经义》。玚悉礼旧事，时高祖方创定礼乐，玚所建议，多见施行。"惜《梁书》及《南史》本传过简，对此类事迹无载，幸《通典》保存了贺玚议宫廷用乐一事。《通典》一百四十七载：

> 梁武帝天监六年，东官新成，皇子出官后，于崇正殿宴会。兼殿中郎司马褧议谓："既于崇正殿宴会，太子临座，其事重，宜依礼会奏金石轩悬之乐。"旧东官元会仪注，官臣先入，入时无乐，至上官客入，方奏乐。天监中，掌宾礼贺玚议："按礼，宾入而悬兴，示易

---

① （南宋）郑樵：《通志》，《文渊阁四库全书》第 372 册，台湾商务印书馆 1986 年版，第 608 页。

以敬也。和易以敬，官人皆然，谓不应有异，愚以官臣始入，便应奏乐。"制曰："宜。"玚又议："上官元会，奏《大壮》武舞、《大观》文舞。旧东宫仪注既不奏，问乐府有，恐是旧仪注阙。"制曰："学者今止云应犹未见，其仪更可议。"议曰："按《礼记》云：'天子为乐也，以赏诸侯之有德。其治人劳者，舞行缀远；其治人逸者，舞行缀短。观其舞，知其德。'以此而求，诸侯舞时，王之乐可知也。况皇储养德春宫，式瞻攸属，谓宜备二舞，以宣文武之德焉。"制曰："依议。"玚又议："上官元会始作乐，先奏《相和》五引。今未审东宫元会同不？"制曰："宜同。"

《隋书·音乐志上》对此亦有所记载：

天监四年，掌宾礼贺玚，请议皇太子元会出入所奏。帝命别制养德之乐。玚谓宜名《元雅》，迎送二傅亦同用之。取《礼》"一有元良，万国以贞"之义。明山宾、严植之及徐勉等，以为周有九《夏》，梁有十二《雅》。此并则天数，为一代之曲。今加一雅，便成十三。玚又疑东宫所奏舞，帝下其议。玚以为，天子为乐，以赏诸侯之有德者。观其舞，知其德。况皇帝储养德春宫，式瞻攸属。谓宜备《大壮》《大观》二舞，以宣文武之德。帝从之。于是改皇太子乐为《元贞》，奏二舞。是时礼乐制度，粲然有序。

在此，贺玚先建议官人始入时便奏乐，并提出奏《大壮》武舞和《大观》文舞。还建议皇储养德宫，宜备二舞。这些建议都得到梁武帝的认同，并且指出东宫元会用乐同于上宫会乐。可见，贺玚对梁代礼乐制度的确作出了不少贡献。

南朝时期，佛教极其盛行，范缜作《神灭论》以反对佛教。梁武帝迷信佛教，故命群臣作文与范缜展开论战。贺玚虽未直接参与此次论战，却也间接涉及此论辩。今《弘明集》中保存了其《答释法云书难范缜神灭论》：

辱告。垂示敕答臣下审《神灭论》。钻仰反复，诵味循环，故知妙蕴机初，事隔凡识，神凝系表，义绝庸情。皇上睿览通幽，性与天道，所以机见英远，独悟超深。述三圣以导未晓，标二事以洗偏惑，故系孝之旨愈明，因果之宗弥畅，崛山粹典，即此重彰，洙水清教，于兹再朗，譬诸日月，无得逾焉，弟子虽冥顽多蔽，谬奉格言，研求妙趣，犹知蹈舞。法师宣扬至道，光阐大猷，猥惠未及，益增铭荷。弟子贺玚呈。（《弘明集》卷十）

今存史料未见贺玚信佛之记载，此信中对法云法师以及迷信佛教的梁武帝颇多美言，这些恐怕多出于客套，可能其并非对佛教有好感。

第二节　《礼记新义疏》考辨

贺循（260—319）是晋代著名的礼学家，其四世孙贺玚（452—510）是梁代著名礼学家，二者都有一些礼学著作，惜这些著作均早佚，无一完帙流传至今。唐代孔颖达编撰《礼记正义》时，对二贺著作多加引用。这些引文，有一部分明确指明贺循云或贺玚云，但有一部分则简称为"贺氏云"或"贺云"。因贺循和贺玚皆可省称"贺氏"，致使后世学者难以明了《礼记正义》所引"贺氏云""贺云"指的是贺循还是贺玚。马国翰《玉函山房辑佚书》是清代著名的辑佚著作，其对《礼记正义》所引"贺云""贺氏云"是这样处理的：

> 从《正义》《释文》所引辑为一卷，内有显言贺玚，亦有只称贺氏及贺云者。《正义序》云为义疏者，南人有贺循、贺玚。考循撰《丧服谱》《丧服要记》，《隋志》皆著录，而不见义疏之目。《正义》于说《丧服》引贺循并是《要记》之文，而与贺玚并言为义疏者，义疏是通辞。庾蔚之作《略解》，崔灵作《三礼义宗》，孔氏亦言义疏可证。故除贺循说别辑入《要记》外，凡言贺氏悉采入玚《疏》，明注于下，俾有考焉。[1]

----

[1] （清）马国翰：《礼义新义疏序》，马国翰辑：《玉函山房辑佚书》，《续修四库全书》第1202册，上海古籍出版社2002年版，第44页。

马氏这样处理实出无奈，其所言也是比较中肯的。尽管后世学者觉得这样处理不太妥帖，但大多著作接受了马氏的观点。当然也遭到一些学者的批判。简博贤云："马氏辑佚，多伤浮滥，即此所言，可见一斑。"[①] 马书以广博见称，因求博而忽精，但并非浮滥，如其所辑王肃《毛诗王氏注》便胜于同类辑本。马氏在此提出的理由有二：其一，贺循无《礼记》义疏之著；其二，《礼记正义》所引贺循语集中于说《丧服》，不见于其他部分。马氏所言颇有一定道理。下面以马书观点为基础，对《礼记正义》所引"贺氏""贺氏云"作一考辨。

一 《礼记正义》引贺循说考

据笔记统计，《礼记正义》一书引贺循说共 6 条，现依出现次序罗列如下：

1. 贺循云："出居庐，论称杖者必庐，庐者必禫。"（《丧服小记》引）

2. 贺循又云："妇人尊微，不夺正服，并厌，其余哀。"（《丧服小记》引）

3. 庾云："谓昔主，《要记》按《服问》曰：'君所主夫人、妻、大子、嫡妇，'故谓此在不除之例。"（《丧服小记》引）

4. 贺循云："以郑二注不同，故著《要记》以为男子及妇人皆谓在国内者。"谯周亦以为然。（《丧服小记》引）

5. 故贺循等以为，妇人不杖，谓出嫁之妇人不为主，则不杖，其不为主而杖者，唯姑在为夫杖，故此《记》特明之。（《丧服小记》引）

6. 若贺循、谯周之等云在己国则得为君服斩，夫人齐衰；若在他国则不得也。[②]（《杂记下》引）

---

① 简博贤：《今存南北朝经学遗籍考》，台北：黎明文化事业股份有限公司 1975 年版，第 34 页。

② 此条上承第 3 条，故罗列时先贺循后谯周之。

其中第 6 条是第 4 条观点的发挥，马书将其合并为一条，是颇有道理的。也就是说，《礼记正义》实引贺循说 5 条。第 4 条明确标明《要记》，即贺循《丧服要记》。第 3 条"庾云"指的是"庾蔚之云"，而庾蔚之乃南朝刘宋时人，其引《要记》当为贺循《丧服要记》。不仅如此，这 5 条皆见于《丧服小记》注疏，主要是解说丧服制度的。

贺循是晋代著名礼学大师，尤精丧服礼。贺循著作甚丰，据《隋书·经籍志》载，梁有贺循《丧服要记》六卷，著录《丧服谱》一卷，《丧服要记》十卷，《会稽记》一卷，《贺循集》十八卷，梁二十卷，录一卷，（史部）《会稽记》一卷。另《通典》引有《葬礼》《宗议》等。从史籍著录和引用情况来看，贺循著作以丧礼为主，并无《礼记》注疏类著作。《礼记正义》所引贺循学说都集中于《丧服小记》，主要内容都是解说丧服制度的。因此，马国翰认为"《正义》于说《丧服》引贺循并是《要记》之文"①，是颇有道理的。

二　《礼记正义》引书体例

孔颖达受诏编撰《五经正义》，但孔颖达只是总领，其具体工作往往由其他学者承担。今存《礼记正义序》对此书的编撰情况作了不少记载：

> 去圣逾远，异端渐扇，故大、小二戴，共氏而分门；王、郑两家，同经而异注。爰从晋、宋，逮于周、隋，其传《礼》业者，江左尤盛。其为义疏者，南人有贺循、贺玚、庾蔚之、崔恩灵、沈重、范宣、皇甫侃等；北人有徐遵明、李业兴、李宝鼎、侯聪、熊安生等。……虽体例既别，不可因循，今奉敕删理，仍据皇氏以为本，其有不备，以熊氏补焉。……恐独见肤浅，不敢自专，谨与中散大夫守国子司业臣朱子奢、国子助教臣李善信、守太学博士臣贾公彦、行太常博士臣柳士宣、魏王东阁祭酒臣范义颁、魏王参军事臣张权等对共量定。至十六年，又奉敕与前修疏人及儒林郎守太学助教云骑尉臣周玄达、儒林

---

① （清）马国翰：《礼义新义疏序》，马国翰辑：《玉函山房辑佚书》，《续修四库全书》第 1202 册，上海古籍出版社 2002 年版，第 44 页。

郎守四门助教云骑尉臣赵君赞、儒林郎守四门助教云骑臣王士雄等，对敕使赵弘智覆更详审，为之《正义》，凡成七十卷。

可见，参加初编的学者有孔颖达、朱子奢、李善信、贾公彦、柳士宣、范义顽、张权七人，审阅人除了上述七人之除，另增加周玄达、赵君赞、王士雄三人。《礼记正义》成于众人之手，为了规范编撰工作，当时制定了一系列的编撰体例。

《礼记正义》一书引书甚丰，多达三十余种，其中《礼记》注疏共12家：马融《礼记注》、卢植《礼记注》、蔡邕《月令章句》、王肃《礼记注》、孙炎《礼记注》、射慈《礼记音义隐》、庾蔚之《礼记略解》、何胤《礼记隐义》、贺场《礼记新义疏》、皇侃《礼记义疏》、沈重《礼记义疏》、熊安生《礼记义疏》等。[1] 这 12 家中有五家见于上引《序》，即贺场、庾蔚之、沈重、皇侃、熊安生。细考《礼记正义》引书条目，便可发现其引书颇有一定体例。

《礼记正义序》云："以皇氏为本""以熊氏为补"，故对皇侃《礼记义疏》和熊安生《礼记义疏》注引颇多，皆多达二百三十余条，远胜王肃、庾蔚之、贺场等数十条。[2] 因《序》中已言明，故《正义》引皇、熊二氏说皆用简称"皇氏""熊氏"。引其余各家义疏，往往先用全称，再用简称。如引蔡邕《月令章句》前面多次（4 次）称"蔡邕云"之后方才简称"蔡云"。引庾蔚之《礼记略解》先或称"庾蔚之"或"庾蔚"云，后方才简称"庾氏云"或"庾云"。引卢植、王肃等人注疏亦是如此。

马国翰辑《礼记新义疏》47 条，其中引自《礼记正义》45 条，这 45 条中明确标明"贺场云"23 条，"贺氏云"11 条，"贺云"11 条。从阮元校刻本《十三经注疏》本《礼记正义》来看，《礼记正义序》便引用了"贺场云"1 条。此后《曲礼上》引用 2 条，《檀弓下》引用 2 条，《月令》2 条，《郊特牲》1 条，皆云"贺场云"，直至《郊特牲》第二条引用

---

① 参见何希淳《〈礼记正义〉引佚书考》，台北：嘉新水泥公司文化基金会 1966 年版。

② 据何希淳《〈礼记正义〉引佚书考》一书统计，引皇氏、熊氏最多，《礼记正义》引皇侃 239 条，熊安生 239 条，其余依次为庾蔚 73 条，贺场 42 条，王肃 32 条。

时方云"贺氏云"。此后"贺氏云""贺云"与"贺玚云"交错出现。而"贺循云"一直未出现，可见这些"贺氏云""贺云"显然是"贺玚云"的简称。

在《丧服小记》中"贺循云""贺玚云"与"贺氏云"等交错出现，但其所指都很明确，并无混乱之感。现将《丧服小记》中所引情况依先后次序罗列如下：

1. 男子冠而妇人笄，男子免而妇人髽。其义：为男子免，为妇人则髽。贺玚云："男去冠，犹妇人去笄，义尽于此，无复别义，故云其义也。"

2. 故期而祭，礼也。期而除丧，道也。祭不为除丧也。庾氏、贺氏并云："祭为存亲，幽隐难知。除丧事显，其理易识。"恐人疑祭之为除丧而祭，故记者特明之，云"祭不为除丧也。"

3. 夫为人后者，其妻为舅姑大功。贺云："此谓子出时已昏，故此妇还，则服本舅姑大功。若子出时未昏，至所为后家方昏者，不服本舅姑，以妇本是路人，来又恩义不相接，犹臣从君而服，不从而税，人生不及祖之徒，而皆不责非时之恩也。"

4. 宗子，母在为妻禫。贺玚云："父在，嫡子为妻不杖。不杖则不禫。若父没母在，则为妻得杖又得禫。"凡嫡子皆然。嫌畏嫡子尊厌其妻，故特云"宗子，母在为妻禫"。宗子尚然，则其余嫡子母在为妻禫可知。贺循云："出居庐，论称杖者必庐，庐者必禫。"……贺循又云："妇人尊微，不夺正服，并厌，其余哀。"如贺循此论，则母皆厌，其嫡子庶子不得为妻禫也。故宗子妻尊，母所不厌，故特明得禫也。

5. 为慈母后者，为庶母可也，为祖庶母可也。贺玚云："虽有子道，服于慈庶母三年，而犹为己母不异，异于后大宗而降本也。"

6. 其余以麻终月数者，除丧则已。庾云："谓昔主，《要记》按《服问》曰：'君所主夫人、妻、大子、嫡妇'，故谓此在不除之例，定更思详，以尊主卑，不得同以卑主尊，无缘以卑之未葬，而使尊者长服衰绖也。"

7. 与诸侯为兄弟者服斩。贺循云："以郑二注不同，故著《要记》以为男子及妇人皆谓在国内者。"

8. 下殇小功，带澡麻不绝，绌而反以报之。贺玚云："下殇小功，男子经牡麻而带澡，妇人带牡而经澡。"故小功殇章云："牡麻经。"若依其次，不应前带，故知前言男子之带，后言妇人之经也。

9. 妇人不为主而杖者，姑在为夫杖。故贺循等以为，妇人不杖，谓出嫁之妇人不为主，则不杖，其不为主而杖者，唯姑在为夫杖，故此《记》特明之。

从以上分析可以看出，直至第四条方才出现"贺循云"。依据《礼记正义》（后简称《正义》）引书体例，第二、第三条中的"贺氏""贺云"显然指的是贺玚。第四条中"贺循云"与"贺玚云"交错出现，可能为了避免混乱，故皆用完整称呼，而无简省。第六条中"庾云"指的是"庾蔚之"。《经典释文序录》云："庾蔚之字季随，颍川人，宋员外常侍。"①《宋书·臧焘徐广傅隆传论》曰："（庾）蔚之《略解礼记》，并注贺循《丧服》行于世。"此《要记》显然指的是贺循《丧服要记》。第五、第七、第八、第九条皆用全称，而无简称，一目了然。

《丧服小记》之后，《少仪》《乐记》《杂记》《丧大记》诸篇亦多有"贺玚云"与"贺云""贺氏云"交错使用现象，其大体上是先"贺玚云"之后再用"贺氏云"或"贺云"。如《少仪》先出现"贺玚云"1次，再出现"贺云"1次；《杂记》中先出现"贺玚云"之后方才出现"贺云"；《丧大记》中先出现"贺玚云"1次，再出现"贺氏云"和"贺云"。可见这些"贺氏云"或"贺云"显然是承前省略，指的是贺玚无疑。仅有少量例外，如《学记》中出现"贺氏以为"1次，却无"贺玚云"；《乐记》先出现"贺云"1次，再出现"贺玚云"，之后二者交错运用。此当承前面"贺玚云"而省略。

另外，在《礼记正义》一书中，当两个或两个以上学者并提时，编者往往按照时间先后的次序加以罗列。《月令》："以迎春于东郊"。《正义》

---

①　吴承仕：《经典释文序录疏证》，中华书局 1984 年版，第 112 页。原书作"待"，当为"侍"之误。

曰："按贾、马、蔡邕皆为迎春祭大皞及句芒。"《郊特牲》："祭帝弗用也。"《正义》曰："贾逵、马融、王肃之等以五帝非天，唯用《家语》之文，谓大皞、炎帝、黄帝五人帝之属，其义非也。"《曲礼上》："水潦降，不献鱼鳖"。《正义》曰："今谓水潦降者，天降下水潦，鱼鳖难得，故注云：'不饶多也'。卢植、庾蔚之等并以为然。"这样的例子还有不少。在《礼记正义》一书中，编者常将贺氏与庾氏、皇氏等学者并提：

> 庾氏、贺氏并云："祭为存亲，幽隐难知。除丧事显，其理易识。"恐人疑祭之为除丧而祭，故记者特明之，云"祭不为除丧也。"（《正义》）

"庾氏"指的是庾蔚之。庾蔚之，宋人，曾作《礼记略解》，并为贺循《丧服要记》作注。《礼记正义》引庾氏《礼记略解》共达73条之多。贺循乃两晋之际人，贺玚乃梁代人。在此，《礼记正义》将"贺氏"置于"庾氏"之后，显然此"贺氏"指的是梁代贺玚，而不是晋代贺循。

> 皇氏用贺氏之说"鸳，蝙蝠"，其义未闻。（《正义》）

《礼记正义》以皇侃注疏为本，《正义》所引皇氏指的是皇侃。《梁书·儒林列传·皇侃传》："侃少好学，师事贺玚。""皇氏用贺氏"用的"贺氏"显然指的是贺玚。

另外，"贺氏"为"贺玚"，还有一实例可以为证。《杂记下》：

> 已虽小功，既卒哭，可以冠，取妻，下殇之小功则不可。贺氏云："小功下殇，本是期亲，以其重，故不得冠、取。推此而言之，降在大功，理不得冠、嫁矣。"（《正义》）

《梁书·贺琛传》载其与皇太子论大功之末冠嫁之文，文中云：

> 昔实期亲，虽再降是犹依小功之礼，可冠可嫁。若夫期降大功，大功降为小功，止是一等，降杀有伦，服未冠嫁，故无有异。惟下殇

之服，特明不娶之义者……嫌其年稚服轻，顿成杀略，故特明不娶，以示本重之恩。是以凡厌降服，冠嫁不殊，惟在下殇，乃明不娶。其义若此，则不得言大功之降服，皆不可冠嫁也。

贺琛所言与上引"贺氏云"大体相近。贺琛早年从其伯父贺场学经，其思想自然受到贺场影响。而贺循与贺琛相隔一百六十余年，二人思想颇难一致。此亦证明此处"贺氏云"当为贺场的观点。

从以上分析可以看出，《礼记正义》所引"贺氏云""贺云"皆当为"贺场云"，马国翰将这些归为贺场《礼记新义疏》显然是比较合理的。

第三节　《礼记新义疏》

贺场著述甚丰，惜这些著作早已亡佚，唯有《礼记新义疏》一书流传较广，后世众多著作皆加以引用。虽则如此，其书在唐代之后逐渐亡佚，至宋代之后，人们对贺氏《礼记新义疏》的引用往往多转引自《礼记正义》。至今，仅有马国翰《玉函山房辑佚书》辑佚本。以上对马氏辑本作了考证，证明马氏所辑佚文可信。下面就《礼记新义疏》的内容、体系及特征等作一简单论述。

一　《礼记新义疏》内容

贺场著作均早佚，只有一些片断保存于史籍以及经注之中。贺场著作今仅《礼记新义疏》（后简称《新义疏》）有辑佚本存世。马国翰《玉函山房辑佚书》从《礼记正义》《经典释文》等中辑得《新义疏》四十七条，其中四十五条辑自孔颖达主编的《礼记正义》，另两条辑自陆德明的《经典释文》。此数十条佚文显然不过是《新义疏》的"冰山一角"，虽不足以观其全貌，但亦可略察其体貌一二。从今存佚文来看，《新义疏》的主要内容涉及以下几个方面。

1. 句读音读

从《经典释文》中保存的两条佚文来看，《新义疏》对《礼记》原文的句读及读音多有所注解。

《内则》：鲂鲔烝雏。

《释文》：贺读"鲂鲔烝雏"为句。①

《玉藻》：庙中齐齐。

《释文》："贺（齐）在启反。"②

2. 字词释义

一般认为《小戴礼记》一书诸篇形成于战国时期，③ 汉代戴圣不过将诸篇编撰成书而已。因时代久远，一些名物往往不为后人所知，故历代注家对一些难解名物或术语加以诠释。贺场《新义疏》亦对一些名物加以解说。如《内则》："芝栭、菱、椇。"贺氏云："栭，软枣，亦云芝，木椹也。"贺氏对"栭"作了解说，此说似不可信，《礼记正义》已指出"贺氏说非也"。④《明堂位》："俎用梡嶡。"郑玄注："梡，始有四足也。嶡为之距。"郑注过于简练而不具体。贺云："直有脚曰梡，加脚、中央横木曰嶡。"贺氏注解准确简洁。再如：

《内则》：三牲用藙。

贺氏云："今蜀郡作之，九月九日取茱萸，折其枝，连其实，广长四五寸，一升实，可和十升膏，名之藙也。"

《丧大记》："皆升自东荣。"郑玄注："荣，屋翼。"

贺场云："以其体下于屋，故谓上下在屋，两头似翼。故名屋翼也。"

---

① 黄焯汇校：《经典释文汇校》，中华书局 2006 年版，第 400 页。

② 同上书，第 406 页。

③ 参见王锷《〈礼记〉成书考》，中华书局 2007 年版。

④ （唐）孔颖达：《礼记正义》，李学勤主编：《十三经注疏》，北京大学出版社 1999 年版，第 847 页。

前条，贺氏对"薮"形态作了具体描述，后条贺氏对何为"屋翼"作了详细解说。

对于一些仪礼器物，往往与日用器物不类，《新义疏》亦常对此类器物作些解说。

《杂记上》：素端一。贺玚云："以素为衣裳也。"

《杂记上》：纁裳一。贺云："冕服之裳也，亦可鷩、毳，任取中间一服也。"

《丧大记》：拒用浴衣。贺氏云："以布作之。"

在此贺氏对丧礼中所用衣物等作了补充说明，使读者更易明了。

3. 释说经义

《礼记》原文过于简练，致使后人难求确解。《新义疏》亦常对《礼记》原文所指作些解说。如：《曲礼上》："别同异。"贺玚云："本同今异，姑姊妹是也。本异今同，世母叔母及子妇是也。"在此，贺氏对"异同"具体所指作了解说。这样的例子很多，据笔者统计，今存《新义疏》佚文有近三分之一是解说《礼记》原文的，现再略举数例如下：

（1）《丧服小记》：男子冠而妇人笄，男子免而妇人髽。其义：为男子免，为妇人则髽。

贺玚云："男去冠，犹妇人去笄，义尽于此，无复别义，故云其义也。"

（2）《丧服小记》：故期而祭，礼也。期而除丧，道也。祭不为除丧也。

庾氏、贺氏并云："祭为存亲，幽隐难知。除丧事显，其理易识。"恐人疑祭之为除丧而祭，故记者特明之，云"祭不为除丧也。"

（3）《丧服小记》：下殇小功，带澡麻不绝，诎而反以报之。

贺玚云："下殇小功，男子经牡麻而带澡，妇人带牡而经澡。"

（4）《杂记下》：已虽小功，既卒哭，可以冠，取妻，下殇之小功则不可。

贺氏云："小功下殇，本是期亲，以其重，故不得冠、取。"

（5）《杂记下》：女虽未许嫁，年二十而笄，礼之：妇人执其礼。

贺玚云："十五许嫁而笄者，则主妇及女宾为笄礼。主妇为之著笄，女宾以醴礼之。未许嫁而笄者，则妇人礼之，无主妇、女宾，不备仪也。"

第（1）条，贺氏指明经文中"其义"乃"无复别义"也；第（2）条，贺氏对"祭不为除丧也"意思作了解说；第（3）条贺氏对下殇小功礼作了说明；第（4）条贺氏对下殇小功不可冠、娶作了解说；第（5）条贺氏对女未许嫁笄礼作了详细描述。因贺氏之解说颇有可观之处，故多为《礼记正义》等书引用。

4. 申发郑说

三《礼》经文晦涩难解，郑玄集前人之功，对其作注，广惠后世，功不可没。后王肃亦遍注三《礼》，其《礼记注》影响尤为深远，六朝及隋唐著作多加引用。[1] 从今存佚文来看，贺玚《新义疏》有不少条目是申发、补充郑玄学说的。如《郊特牲》："冠而字之，敬其名也。"郑玄注："重以未成人之时呼之。"贺氏云："重，难也。难未成人之时呼其名，故以字代之。"贺玚先对郑玄注中"重"加以解说，再对郑注全文加以解说，以申其旨。据笔者统计，今存《新义疏》佚文中有三分之一左右条目是申发、补充郑注的。现再略举数例如下：

（1）《玉藻》：君在不佩玉，左结佩，右设佩。

---

① 参见刘柏宏《开创与影响：王肃礼学义理及中古传播历程》，稻乡出版社 2009 年版。

郑玄注："出所处而君在焉，则去德佩而设事佩。……结者，结其绶不使鸣也。"

贺云："事佩绶且不鸣，今云'结绶不使鸣'，则犹在佩玉也。"

（2）《少仪》：凡羞有湇者，不以齐。

郑玄注："齐，和也。"

贺玚云："凡湇皆谓大羹，大羹不和也。"

（3）《乐记》：欣喜欢爱，乐之官也。

郑玄注："官，犹事也。"

贺玚云："八音克谐，使物欢欣，此乐之事迹也。"

（4）《乐记》：夫《武》之备戒之已久，则既闻命矣，敢问迟之迟而又久，何也？

郑玄注："迟之迟，谓久立于缀。"

贺氏云："备戒已久是迟，久立于缀亦是迟。"

（5）《丧大记》：吊者袭裘，加武带绖。

郑玄注："始死，吊者朝服裼裘如吉时也，小敛则改袭而加武与带绖也。武，吉冠之卷也。加武者，明不改冠，亦中免也。"

贺氏云："武，谓吉冠之卷。主人既素冠素弁，故吊者加素弁于武。"①

---

① 《礼记正义》云："贺氏以为加素弁于吉冠之武，解经文似便，与郑注不改冠其义相妨。"（唐）孔颖达：《礼记正义》，李学勤主编：《十三经注疏》，北京大学出版社1999年版，第1247页。

第（1）条，贺氏对郑玄注释作了些补充说明；第（2）、（3）条贺氏以郑玄观点为基础加以发挥；第（4）条重申郑玄之观点；第（5）条亦是重申郑玄之观点。

5. 解说礼制

《礼记》是记载先秦礼仪制度的重要著作，对于一些礼仪细节，《礼记》往往语焉不详，后世注家常加以补充说明。《新义疏》对《礼记》原文中省而未详的礼仪规则亦多作详细解说。如《月令》："天子乃荐鞠衣于先帝。"郑玄注："先帝，大皞之属。"《礼记正义》："其所祭之处，王权、贺玚、熊氏等并以为在明堂，以大皞祭有明堂故也。"可见贺玚注疏补充了祭祀先帝场所。《新义疏》此类佚文甚多，现再略举数例如下：

（1）《丧服小记》：宗子，母在为妻禫。

贺玚云：父在，嫡子为妻不杖。不杖则不禫。若父没母在，则为妻得杖又得禫。凡嫡子皆然。嫌畏嫡子尊厌其妻，故特云"宗子，母在为妻禫"。宗子尚然，则其余嫡子母在为妻禫可知。

（2）《丧服小记》：为慈母后者，为庶母可也，为祖庶母可也。

贺玚云："虽有子道，服于慈庶母三年，而犹为己母不异，异于后大宗而降本也。"

（3）《杂记下》：如有服而将往哭之，则服其服而往。

贺玚云："若新死者服轻，则不为之制服。虽不为重，变而为之制服。往奔丧哭之，则暂服所制之服。往彼哭之事毕，反服故服也。"

（4）《丧大记》：夫于妻、于昆弟执之。

贺云："夫于妻执其心上衣也，于兄弟亦执心上衣。"

（5）《丧大记》：大夫画帷，二池。

　　　贺云："前后各一。"

此数条对丧服制度作了补充说明。

除此之外，《新义疏》有少许条目涉及礼学义理。如《礼记正义序》引贺玚云："其体有二。一是物体，言万物贵贱高下小大文质各有其体；二曰礼体，言圣人制法，体此万物，使高下贵贱各得其宜也。"（《正义》）郑玄《礼记注序》云："礼者，体也，履也。统之于心曰体，践而行之曰履。"《礼记·礼器》："礼也者，犹体也。"《礼记·祭义》："礼者履此者也。"可见，贺玚将郑玄等人观点融为一体，提出了"礼二体"说，丰富和发展了礼学义理。

综上所说，从今存佚文来看，贺玚《礼记新义疏》涉及名物训诂、经文诠释、郑注申发、礼制解说等诸多方面，其内容真可谓丰富渊博。

二　《礼记新义疏》思想

通观贺玚《礼记新义疏》佚文，便可发现，贺玚礼学具有以下特点。

1. 郑学为宗，多申郑旨

如上所说，从今存佚文来看，贺玚《新义疏》有很大一部分内容是以郑玄注释为基础进行解说的，这样的例子很多，上文已罗列不少。因此学者认为贺玚是"守郑注较严的一派"[①]。贺氏申发郑说，大多颇为可信。如《郊特牲》："冠而字之，敬其名也。"郑玄注："重以未成人之时呼之。"贺氏云："重，难也。难未成人之时呼其名，故以字代之。"郑、贺之说颇为可信。《仪礼·士冠礼》：冠者既见母毕，"冠者立于西阶东，南面宾字之，冠者对"。再如《少仪》："饮酒者、机者、醮者，有折俎不坐。"郑玄注："折俎尊，彻之乃坐也。"[②] 贺氏作了进一步补充说明："折俎则殽馔尊。"《礼记正义》：故《冠礼》：庶子冠于房户之前，而冠者受

---

　　① 焦桂美：《南北朝经学史》，上海古籍出版社 2009 年版，第 251 页。
　　② （唐）孔颖达：《礼记正义》，李学勤主编：《十三经注疏》，北京大学出版社 1999 年版，第 1043 页。

醮不敢坐，及机并不敢坐也。案《乡饮酒》《燕礼》有折俎者皆不坐，独云机者、醮者不坐者，以机者、醮者无酒俎之时则得坐，嫌畏有折俎亦坐，故特明之，云"有折俎不坐"。

《礼记》传至郑玄时已有不明者。诸如此类问题，贺氏往往择善立说。如《杂记上》：玄冕一。郑玄注："玄冕，或为玄冠，或为玄端。"郑氏已不能明断其义。贺云："燕居之服，元端朱裳也。"贺氏从元端之义，择善立说，"郑氏功臣也"①。总体而言，贺氏申郑大多颇为可信。

贺氏宗郑，偶有发挥郑说误者。贺氏有不达郑义而误者。《内则》："芝栭、菱、椇。"郑玄注："自'牛脩'至此三十一物，皆人君燕食所加庶羞也。"贺氏云："栭，软枣，亦云芝，木椹也。"贺氏显然有误。《正义》："郑下注云'三十一物'，则数芝栭为一物也，贺氏说非也。"贺氏亦有理解失误者。如《丧大记》："吊者袭裘，加武带绖。"郑玄注："始死，吊者朝服裼裘如吉时也，小敛则改袭而加武与带绖也。武，吉冠之卷也。加武者，明不改冠，亦不免也。"贺氏云："武，谓吉冠之卷。主人既素冠素弁，故吊者加素弁于武。"熊氏云："加武带绖，谓有朋友之恩，以绖加于武，连言带耳。"《礼记正义》不能明辨是非，"两家之说，未知孰是，故备存焉。"孙希旦《礼让集解》："愚谓加武，熊氏谓'加绖于武'，是也。加武，带、绖者，以吊绖加于冠之武，而要又著带也。麻不加于采，小敛之后，吊者犹玄冠，朝服而加带、绖，以此知吊绖乃葛绖也。加武，带、绖，吊者之服皆然，非专为有朋友之恩。说见《檀弓》。"②简博贤对此亦有辨析。

> 二说不同，熊义为是。绖者，丧首戴也（见《说文》）。胡培翚《仪礼正义》云："绖有二，皆以麻为之。在首者谓之首绖，《士虞礼》：'妇人说首绖'是也。"（《丧服篇》"苴绖"条）是绖皆葛麻为之。贺谓加素升于武，布八十缕为升；是升非既绖也。记文谓"加武带绖"，贺氏以素升解绖，义实未著；是又熊说之为愈也。③

---

①　简博贤：《今存南北朝经学遗籍考》，台北：黎明文化事业股份有限公司1975年版，第36页。

②　（清）孙希旦：《礼记集解》，中华书局1989年版，第1143页。

③　简博贤：《今存南北朝经学遗籍考》，台北：黎明文化事业股份有限公司1975年版，第41页。

亦有郑氏误，而贺氏亦沿郑说而误者。如《玉藻》："立容德。"郑玄注："如有予也。"郑玄读"德"为本字，故释为"予也"。郑说误也。贺云："德，有所施与之名也"。立时身形小俯向前，如授物与人时也，故注云"如有予也。"贺氏极力维护郑说。元代陈澔对此提出了批判。《礼记集说》："旧说以为如有所予与人，其义难通。应氏谓中立不倚，俨然有德之气象。此说近之。"① 陈书所引应氏说亦不足为据。俞樾《群经平议》："郑注本非经旨。《正义》二说，皆曲说也。'德'当读为'植'，'植'从'直'声。古'德'字作'悳'，则亦从'直'声；故字得通用。立容德也，立容植也。定十年《左传》曰：'步左右皆至而立如植。'是其义也。《说文》：'植'或作要'橦'。故古音即读如置。《释文》曰：德，徐音置。斯或近之矣。"② 当然，此类微暇不可掩贺氏《新义疏》之学术成就与贡献。

2. 力避旧说，多立新说

贺玚《礼》注既以"新"字，表明其作并非因陈袭作，而是颇多新的见解心得。在注疏中提出了颇多新说。如《杂记上》："有三年之练冠，则以大功之麻易之，唯杖、履不易。"《礼记正义》存有先师三种解说：

　　《圣礼论》云：范宣子之意，以母丧既练，遭降服大功则易衰。以母之既练，衰八升，降服大功，衰七升；故得易之，其余则否。

　　贺玚之意，以三等大功，皆得易三年练衰。其三等大功，衰虽七升、八升、九升之布，有细于三年之练衰，以其新丧之重，故皆易之。

　　庾氏（蔚之）说，唯谓降服大功，衰得易三年之练。其余七升、八升、九升之大功，则不得易三年之练。

范宣子乃东晋人，庾蔚之乃刘宋时人，而贺氏为梁人，时代最晚。贺氏力避范、庾二说，而提出"皆易之"之说。《礼记正义》依庾氏说。朱彬《礼记训纂》引赵良澍说析之甚明：

---

① （元）陈澔：《礼记集说》，凤凰出版社 2010 年版，第 247 页。
② （清）俞樾：《群经平议》，《续修四库全书》第 178 册，上海古籍出版社 2002 年版，第 336—337 页。

　　三年之丧既练，则久受之以葛带矣。而以大功之麻易之者，以练除首绖，前丧之哀略杀，故暂为之变服。迨后丧既葬，则反服其前丧之服也。经文概言"三年"，未尝别之为父为母。郑注概言大功，未尝定为之殇，固不如贺氏之说谓三等大功皆得易之，重新丧也。①

孙希旦《礼记集解》则力挺贺氏说：

　　愚谓父丧既练，衰七升，母丧既练，衰八升。大功初丧降服七升，正服八升，义服九升，则是大功之服有轻于既练之服者矣。而悉得易三年之练衰者，盖练为三年之末，而大功新丧为重，故得变前服，不计其升数之多寡也。②

简博贤亦云："孔颖达礼记正义虽断从庾说；然夷考其实，贺义为长。"③

《檀弓下》："君于大夫，将葬，吊于宫，及出，命引之，三步则止。"郑玄注："出谓柩已在路。"而"贺场以路为载柩之车，义亦通也"（《正义》）。贺氏释"路"为"辂"。贺氏此解所出有源。《释名·释车》："天子所乘曰路，路亦车也。谓之路者，言行于道路也。"④《诗·魏风·汾沮洳》："彼其之子，美无度。美无度，殊异乎公路。"《毛传》："路，车也。"⑤《公羊传》昭公二十五年："设两观，乘大路。"何休注："礼，天子大路，诸侯路车，大夫大车，士饰车。"⑥可见，贺氏说立新说，颇为可信。

　　贺氏新说，看似立异，却颇能自圆其说。如《曲礼上》：六十曰

---

　　①　（清）朱彬：《礼记训纂》，中华书局1998年版，第615页。

　　②　（清）孙希旦：《礼记集解》，中华书局1989年版，第1054页。

　　③　简博贤：《今存南北朝经学遗籍考》，台北：黎明文化事业股份有限公司1975年版，第35页。

　　④　（清）王先谦：《释名疏证补》，中华书局2008年版，第247页。

　　⑤　（唐）孔颖达：《毛诗正义》，李学勤主编：《十三经注疏》，北京大学出版社1999年版，第363页。

　　⑥　（唐）徐彦：《春秋公羊传注疏》，李学勤主编：《十三经注疏》，北京大学出版社1999年版，第524页。

"耆"，指使。郑玄注：指事使人也。《释名·释长幼》："六十曰耆。"①
《说文·老部》："耆，老也。"②《礼记·射义》云："幼壮孝弟，耆耋好
礼。"郑玄注："耆耋皆老也。"而贺玚云："耆，至也，至老之境也。六
十耳顺，不得执事，但指事使人也。"（《正义》）再如《乐记》："礼者别
宜，居鬼而从地。"郑玄注："别宜，礼尚异也。居鬼，谓居其所为，亦言
循之也。鬼神，谓先圣先贤也。"贺云："以为居鬼者，居其所为，谓若五
祀之神，各主其所造而受祭，不得越其分，是不变化也。五祀之神造门，
故祭于门；造灶，故祭于灶，故云'居'。"（《正义》）贺氏将"居鬼者"
解释为"五祀之神"，异于众说，但却"义亦通也"③。

　　贺氏立新说，偶有失误者。如《内则》："雉兔鹑鷃。"郑玄注："又
以'鷃'为'鴽'也。"郑玄依据的是《仪礼·公食大夫礼》。贺氏则认
为"鴽，蝙蝠"。贺氏此说异于众家之说，且无依据，故《礼记正义》指
责"其义未闻"。

　　从以上分析可以看出，贺玚《新义疏》多立新说，却多有道理或能自
圆其说。贺玚礼说此特点显然与齐梁时期求新求变的学术风气有关，正如
学者所说贺玚"不宥成说，贵出己见，在一定程度上体现了南朝经学的重
创见、好立说之共性"④。

　　3. 重义理，尚性情

　　自东汉以来，会稽学风以保守著称，故传统经学在会稽得到了较好的
传承，这在贺氏家族《礼》学中得到很好的表现。但自东晋以降，随着北
方士族的南下，江南士族亦渐染玄学气息。如余姚虞啸父忠义意识淡薄，
晋代孔群及子孙皆耽于酒。孔群性嗜酒，尝与亲友书云："今年田得七百
石秫米，不足了曲蘖事。"（《晋书·孔群传》）到了南朝，会稽士族儒学
气息渐淡，玄学气息渐浓，就连以固守传统经学而闻名的贺氏家族亦难免
玄学影响。据《梁书·贺玚传》记载，贺玚曾著"三玄"《易》《老》

---

① （清）王先谦：《释名疏证补》，中华书局 2008 年版，第 95 页。
② （东汉）许慎：《说文解字》，中华书局 1963 年版，第 173 页。
③ （唐）孔颖达：《礼记正义》，李学勤主编：《十三经注疏》，北京大学出版社 1999 年版，
第 1094 页。
④ 焦桂美：《南北朝经学史》，上海古籍出版社 2009 年版，第 251 页。

《庄》作注。不仅如此，"保存在《礼记正义》中的贺玚之说，有一些颇带着玄学气味"①。玄学对贺玚《新义疏》的影响主要表现在两个方面：一是重义理，二是尚性情。汉学（以古文经学为代表）颇重训诂之学，如郑玄等，颇重于字词义训释。自魏晋玄学兴起之后，经注家，如何晏、王弼、郭象等人，颇重义理之学，重在阐发文本中的义理。贺氏《新义疏》受此风尚影响，亦多重义理概说与总结。如《礼记正义序》引，贺玚云："其体有二，一是物体，言万物贵贱高下小大文质各有其体；二曰礼体，言圣人制法，体此万物，使高下贵贱各得其宜也。"（《正义》）郑玄《礼记注序》云："礼者，体也，履也。统之于心曰体，践而行之曰履。"《礼记·礼器》："礼也者，犹体也。"《礼记·祭义》："礼者履此者也。"可见，贺玚将郑玄等人观点融为一体，提出了"礼二体"说，丰富和发展了礼学义理。再如《檀弓下》："虞人致百祀之木，可以为棺椁者斩之。"郑玄注："虞人，掌山泽之官。百祀，畿内百县之祀也。以为棺椁，作棺椁也。斩，伐也。"郑氏仅对字词义作了释说，而贺氏则作了进一步发挥。贺玚云："君者德著幽显，若存，则人神均其庆，没，则灵祇等其哀伤也。"（《正义》）再如《杂记上》："女君死，则妾为女君之党服。摄女君，则不为先女君之党服。"郑玄注："妾于女君之亲，若其亲然。"贺玚云："虽是徒从而抑妾，故为女君党服，防觊觎也。摄女君，则不为先女君之党服者，以摄女君差尊，故不为先女君之党服也。"贺氏则从尊卑之义角度作了进一步发挥。

众所周知，魏晋士人重性情，魏晋文学重性情展示，魏晋玄学重才性之辨。受此风尚影响，贺玚常以性情说来释《礼》。《中庸》："天命之谓性。"贺玚云：

> 性之与情，犹波之与水，静时是水，动则是波；静时是性，动则是情。案《左传》云天有六气，降而生五行。至于含生之类，皆感五行生矣。唯人独禀秀气，故《礼运》云：人者五行之秀气，被色而

---

① 唐长孺：《读〈抱朴子〉推论南北学风的异同》，载其著《魏晋南北朝史论丛》，河北教育出版社 2000 年版，第 360—361 页。

生。既有五常仁、义、礼、智、信，因五常而有六情，则性之与情，似金与镮印，镮印之用非金，亦因金而有镮印。情之所用非性，亦因性而有情，则性者静，情者动。故《乐记》云："人生而静，天之性也。感于物而动，性之欲也。"故《诗序》云"情动于中"是也。但感五行，在人为五常，得其清气备者则为圣人，得其浊气简者则为愚人。降圣以下，愚人以上，所禀或多或少，不可言一，故分为九等。孔子云："唯上智与下愚不移"。二者之外，逐物移矣，故《论语》云："性相近，习相远也。"亦据中人七等也。（《正义》）

贺氏此条注释不仅很长，而且内容丰富，其对性与情之间关系作了很好的解说，其解说条理清晰、充满逻辑性与辩论性，与玄学家注经无异。再如，《乐记》："礼、乐、刑、政，其极一也。"贺云："虽有礼、乐、刑、政之殊，及其检情归正，同至理极，其道一也。"贺氏以性情统礼、乐、刑、政四者于一，"情归正"。这显然受到玄学本体论思想的影响。

从以上分析可以看出，贺玚《新义疏》以郑学为宗，往往对郑注加以补充或发挥，但其亦颇重创新，提出不少新说，这些新说往往有一定道理，且多能自圆其说。因受玄学影响，贺氏《新义疏》往往重义理揭示，常以性情来说礼。贺玚《新义疏》亦有少许误读之处，但毕竟是微暇，不可掩其对《礼记》学发展作出的贡献。

第四节　贺玚礼学影响

贺玚乃梁代著名的礼学家，其一生勤于礼制建设，著述甚丰，颇有建树，对后世礼学发展产生了较深远的影响。不仅《礼记正义》大量加以引用，而且清人著述亦大量加以引用，可见其影响了。

一　贺玚与皇侃礼学

《梁书·儒林列传·贺玚传》载，在齐、梁两朝，贺玚一直长期任太学博士，梁时兼《五经》博士，"玚于《礼》尤精，馆中生徒常百数，弟子明经对策至数十人。"贺玚弟子多不可考，唯吴郡皇侃最为著名。

《梁书·儒林列传·皇侃传》："侃少好学，师事贺场，精力专门，尽通其业，尤明《三礼》《孝经》《论语》。"唐代孔颖达主编的《礼记正义》引贺场《新义疏》45条，数量不可谓不多。《礼记正义序》："据皇氏以为本，其有不备，以熊氏补焉。"可见，《礼记正义》是以皇侃义疏为本，以熊氏为辅，兼采众家学说编撰而成的。据学者统计，《礼记注疏》共引皇侃义疏239条，为礼家中引用最多者之一（熊氏亦引用239次）。① 皇氏既师贺氏，故其《礼学》颇受贺氏影响。如《内则》："雉兔鹑鷃。"郑玄注：又以"鷃"为"鴽"也。《正义》："皇氏用贺氏之说'鴽，蝙蝠'，其义未闻。"皇侃承其师说而误。再如《祭统》："夫祭有三重焉：献之属莫重于裸，声莫重于升歌，舞莫重于《武宿夜》，此周道也。"《正义》：皇氏云："师说《书传》云：'武王伐纣，至于商郊，停止宿夜，士卒皆欢乐歌舞以待旦，因名焉。'"据《梁书·儒林列传·皇侃传》，皇侃师少师贺场，此"师说"当指贺场说无疑。

再如《杂记上》："有三年之练冠，则以大功之麻易之，唯杖履不易。"《正义》："贺场之意，以三等大功，皆得易三年练衰。其三等大功，衰虽七升、八升、九升之布，有细于三年之练衰，以其新丧之重，故皆易之。皇氏云：'或不易'。"如上所述，贺氏观点胜于范宣子和庾蔚之二家，但其弟子皇侃却因受其他人影响而游移不决。孔氏《正义》以皇氏为本，可见皇氏义疏远胜其师贺氏，真可谓"青胜于蓝"。纵观二者义疏，皇氏确多有胜出其师之处。如《杂记下》："如有服而将往哭之，则服其服而往。"《正义》：贺场云："若新死者服轻，则不为之制服。虽不为重，变而为之制服。往奔丧哭之，则暂服所制之服。往彼哭之事毕，反服故服也。"……皇氏云：此文虽在功衰之下，而实通初丧也。假令初丧而有五属之亲死，则亦暂服五服之服而往彼哭也。上云"自诸侯达诸士"，然诸侯绝期，不应有诸亲始死服。今云"服其服而往"，当是故体。及所不臣者，谓始封君，不臣父诸昆弟也。故郑明之也。贺氏仅仅对丧服变更作了详细说明，而皇氏则从上下语境进一步指出此礼"实通初丧也"，显然解

---

① 参见何希淳《〈礼记正义〉引佚书考》，台北：嘉新水泥公司文化基金会1966年版，第80、137页。

说更完整、清晰。皇氏对贺氏说作了些补充。对此孙希旦《礼记集解》有较好评说：愚谓……功衰虽不吊人，若有五服之亲丧，则服新死者之服而往哭之。此虽承"功衰"而言，其实未练亦然。《檀弓》曰："有殡，闻远兄弟之丧，虽缌必往。"皇氏谓"实通初丧"，是也。大功之麻，变三年既练之葛。此仅服基服而哭之，贺氏、庾氏谓"惟据小功以下轻丧"亦是也。① 再如，《内则》："鲂鱮烝雏，烧雉芗。"《释文》：贺读"鲂鱮烝雏"为句。② 皇氏"烝"字"烧"字"雉"字"芗"字为句。贺氏读"鲂、鱮、烝雏"为句。③ 后世学者多从皇氏说，"孔氏同皇，今从之"④。《礼记·内则》："鹑羹、鸡羹、鴽，酿之蓼；鲂、鱮烝，雏烧，雉、芗，无蓼。"前句以"羹"修辞"鹑""鸡"，后句当以"烝（蒸）"饰"鱮"，以"烧"饰"雏"。可见皇氏说可信，贺氏误也。从以上分析可以看出，不管是沿用，还是修正，皇氏的确多受其师贺玚学说的影响。

二　《礼记正义》与贺玚礼学

孔颖达主编的《礼记正义》引贺玚《礼记新义疏》达四十五条之多，具体而言，《正义》引贺氏《新义疏》主要有以下几种情况。

1. 录新义

贺氏注疏冠以"新"，其释义颇多新见异说。对于一些富有创见的新异，《正义》往往加以采纳。如《郑序》："礼者，体也。"贺玚云："其体有二，一是物体，言万物贵贱高下小大文质各有其体；二曰礼体，言圣人制法，体此万物，使高下贵贱各得其宜也。"贺氏"二体"说很好地概括了礼的内涵。再如《檀弓下》："虞人致百祀之木，可以为棺椁者斩之。""必取祀木"者，贺玚云："君者德著幽显，若存，则人神均其庆，没，则灵祇等其哀伤也。"贺氏说进一步提升了"取祀木"的深层意义。再如《杂记上》："女君死，则妾为女君之党服。摄女君，则不为先女君之党服。"郑玄注："妾于女君之亲，若其亲然。"贺玚云："虽是徒从而抑妾，

---

① （清）孙希旦：《礼记集解》，中华书局1989年版，第1097—1098页。
② 黄焯：《经典释文汇校》，中华书局2006年版，第400页。
③ 即皇氏句读为"鲂鱮烝，雏烧，雉、芗"；而贺氏句读为"鲂、鱮、烝雏，烧雉、芗"。
④ （清）孙希旦：《礼记集解》，中华书局1989年版，第749页。

故为女君党服，防觊觎也。摄女君，则不为先女君之党服者，以摄女君差尊，故不为先女君之党服也。"贺氏则从尊卑角度对此丧服制度作了合理解说，故《正义》引之。

2. 引以解经

有些《礼记》原文，郑氏无注，其他注家或许无注，或许不足取，故《正义》引贺氏说以解经。如《曲礼上》："别同异。"贺玚云："本同今异，姑姊妹是也。本异今同，世母叔母及子妇是也。"《正义》引之以深化对"别异同"之理解。再如《学记》："强而弗抑则易。"郑氏无注。《正义》引贺氏说解注，"贺氏以为：师但劝强其神识，而不仰之令晓，则受者和易，和易亦易成也。"再如《乐记》："大小相成。"郑玄无注。《正义》引贺氏说解经，"十二月律，互为宫羽而相成也。"《杂记上》："缥裳一。"郑氏对此无解说，《正义》引贺氏说，贺云："冕服之裳也，亦可鷩、毳，任取中间一服也。"这样的例子颇多。

有时郑注过于简单，《正义》引贺氏注以作补充说明。如《乐记》："欣喜欢爱，乐之官也。"郑玄注："官，犹事也。"郑注过简，未能将经义解说清楚，《正义》引贺氏说加以补充，贺玚云："八音克谐，使物欢欣，此乐之事迹也。在心则伦类无害，故为乐情。在貌则欣喜欢爱，故为乐事也。"有时郑氏虽有注，但有所遗漏，故引贺氏说加以补充。如《丧大记》："诸父兄弟之丧，既卒哭而归。"郑玄注："归，谓归其宫也。……礼：命士以上，父子异宫。"郑氏只对"归"作了解说，而未指明具体所指，《正义》故引贺氏说作补充。贺氏云："此弟谓嫡弟，则庶兄为之次，云至卒哭乃归也。下云兄不次于弟，谓庶弟也。"这样的例子颇多。

3. 引以申郑

郑玄《礼记》注是今存最早的注释，其在《礼记》学史上具有极其重要的地位，故《正义》对郑注皆加以收录。但郑注成书较早，数百年后，因语言的变迁，郑注自身亦成为注释的对象了。郑注有时过于简单，《正义》常引贺氏以作补充说明。如《内则》："三牲用藙。"郑玄注："藙，煎茱萸也。《汉律》：会稽献焉。《尔雅》谓之樧。"贺氏云："今蜀郡作之，九月九日取茱萸，折其枝，连其实，广长四五寸，一升实，可和十升膏，名之藙也。"贺氏解说更为详尽形象。再如《郊特牲》："蜡也者，索也。岁十二月，合聚万物而索飨之也。"郑玄注："谓求索也。岁十二月，周之正数，谓建亥之月也。飨者，祭其神也，万物有功加于民者，神使为之也，祭之以报焉，造者配之也。"郑注虽详尽，却未指明祭者。贺氏则加以明确说明，贺玚云："谓造此腊祭，配此八神而祭。"《丧大记》："皆升自东荣。"郑玄："荣，屋翼。升东荣者，谓卿大夫、士也。"郑玄仅对"荣"作了解说，但未说所以然。而贺氏作了详细解说。贺玚云："以其体下于屋，故谓上下在屋，两头似翼。故名屋翼也。"

有时，郑注本身颇为晦涩难懂，故引贺氏注加以解说。如《郊特牲》："冠而字之，敬其名也。"郑玄注："重以未成人之时呼之。""重"颇让人费解，故《正义》引贺氏说以明之。贺氏云："重，难也。难未成人之时呼其名，故以字代之。"再如《玉藻》："立容德。"郑玄注："如有予也。"郑注过简。故引贺氏说作补充，贺云："德，有所施与之名也。"立时身形小俯向前，如授物与人时也，故注云"如有予也"。会前两注也。此类例子颇多。①

4. 引以为据

贺氏《新义疏》平实通达，且颇多新见，故《礼记正义》解说时常引之以为据。如《明堂位》："俎用梡嶡。"郑玄注："梡，始有四足也，嶡为之距。"郑注解说颇不具体。《正义》："俎用梡嶡"者，梡、嶡两代俎也。虞俎名梡，梡形四足如案。《礼图》云："梡长二尺四寸，广一尺二寸，高一尺。诸臣加云气，天子牺饰之。夏俎曰嶡。嶡亦如梡，而横柱四足，中央如距也。"贺云："直有脚曰梡，加脚、中央横木曰嶡。"贺注精练准确，故引之为据。《丧服小记》："为慈母后者，为庶母可也，为祖庶母可也。"《正义》："为祖庶母可也"者，又触类言之。此既可为庶母后，则亦可为祖庶母后。故云"为祖庶母之后可也"。祖庶母者，谓己父之妾，亦经有子，子死今无也。父妾既无子，故己命己之妾子与父妾为后，故呼己父之妾为祖庶母。既为后，亦服之三年，如己母矣。必知妾经有子者，若无子则不得立后故也。贺玚云："虽有子道，服于慈庶母三年，

① 何希淳多将贺氏注归为此类。参见何希淳《〈礼记正义〉引佚书考》一书各条说明。台北：嘉新水泥公司文化基金会 1966 年版。

而犹为己母不异，异于后大宗而降本也。"《正义》引之为解说依据。再如《少仪》："饮酒者、机者、醮者，有折俎不坐。"《正义》："有折俎不坐"者，折俎，谓折骨体于俎也。机、醮者，若有折俎为尊，机、醮小事为卑，故不得坐也。折俎所以为尊者，贺云："折俎则殽馔尊"。故《冠礼》：庶子冠于房户之前，而冠者受醮不敢坐，及机者并不敢坐也。案《乡饮酒》《燕礼》有折俎者皆不坐，独云机者、醮者不坐者，以机者、醮者无酒俎之时则得坐，嫌畏有折俎亦坐，故特明之，云"有折俎不坐"。亦引贺氏说为据。这样的例子颇多。

5. 存异说

贺氏《新义疏》不乏新说，但这些新说往往标新立异，与传统说法迥异，虽有几分道理，却不为人们所认同。对于这些观点，《正义》往往出于保存"另类声音"的目的加以收录。如《曲礼上》："六十曰'耆'，指使。"郑玄注："指事使人也。"贺氏申郑氏说，贺场云："耆，至也，至老之境也。六十耳顺，不得执事，但指事使人也。"贺氏此说与郑注、《说文》《释名》等皆异，但颇有几分道理，故《正义》加以收录。再如《檀弓下》："君于大夫，将葬，吊于宫，及出，命引之，三步则止。"郑玄注："出谓柩已在路。"而贺场以路为载柩之车。《正义》认为"义亦通"，故加以收录。再如《乐记》："乐者敦和，率神而从天。礼者别宜，居鬼而从地。"郑玄注："敦和，乐贵同也。率，循也。从，顺也。别宜，礼尚异也。居鬼，谓居其所为，亦言循之也。鬼神，谓先圣先贤也。"《正义》云："鬼神，谓先圣先贤也"者，鬼则先贤，神即先圣。圣人魂强，能神通变化，乐者清虚无体，亦能变化，故云"率神"也。贤人魂弱，但归处居住有形，上下之礼亦有体，依循鬼之尊卑，故云"居鬼"也。贺云：以为居鬼者，居其所为，谓若五祀之神，各主其所造而受祭，不得越其分，是不变化也。五祀之神造门，故祭于门；造灶，故祭于灶，故云"居"。义亦通也。故加以收录。再如，《少仪》："凡羞有湆者，不以齐。"

　　　郑玄："齐，和也。"

　　　庾云："湆，法也。若羞有法，则有盐梅齐和。若食者更调和，
　　　则嫌薄主人味，故'不以齐'也。"

贺玚云："凡淯皆谓大羹，大羹不和也。"（《正义》）

再如《杂记下》："己虽小功，既卒哭，可以冠，取妻，下殇之小功则不可。"郑玄："己大功卒哭，而可以冠子，小功卒哭，而可以取妻，必偕祭乃行。下殇小功，齐衰，除丧而后可为昏礼。凡冠者，其时当冠，则因丧而冠之。"《正义》：庾氏注《要记》云："卒哭之后，则得与寻常大功同，于大功之末，可以身自冠、嫁。所以然者，虽本期年，但降在大功，其服稍伸，故得冠、嫁也。"贺氏云："小功下殇，本是期亲，以其重，故不得冠、取。推此而言之，降在大功，理不得冠、嫁矣。"……庾记非，今从贺义。

6. 存众说

贺氏《新义疏》有时并非《正义》所取，但作为一家之言，《正义》将其加以收录，以供后人参考或选择。如《丧服小记》："宗子，母在为妻禫。"郑玄："宗子之妻，尊也。"《正义》：贺玚云：父在，嫡子为妻不杖。不杖则不禫。若父没母在，则为妻得杖又得禫。凡嫡子皆然。嫌畏嫡子尊厌其妻，故特云"宗子，母在为妻禫"。宗子尚然，则其余嫡子母在为妻禫可知。贺循云："出居庐，论称杖者必庐，庐者必禫。"……贺循又云："妇人尊微，不夺正服，并厌，其余哀。"如贺循此论，则母皆厌，其嫡子庶子不得为妻禫也。故宗子妻尊，母所不厌，故特明得禫也。……（孔疏）如贺循此论，则母皆厌，其嫡子庶子不得为妻禫也。故宗子妻尊，母所不厌，故特明得禫也。再如《杂记上》："有三年之练冠，则以大功之麻易之，唯杖履不易。"《正义》曰：此一经，明先有三年练冠之节，今遭大功之麻易之。先师解此，凡有三义。按《圣证论》云：范宣子之意，以母丧既练，遭降服大功而易丧衰。以母之既练，衰八升，降服大功，衰七升，故得易之，其余则否。贺玚之意，以三等大功，皆得易三年练衰。其三等大功，衰虽七升、八升、九升之布，有细于三年之练衰，以其新丧之重，故皆易之。皇氏云："或不易。"庾氏（蔚之）说，唯谓"降服大功，衰得易三年之练，其余七升、八升、九升之大功，则不得易三年之练"。今依庾说。《正义》罗列三家学说，再表明其观点。这样的例子颇多。

（1）《杂记下》：如有服而将往哭之，则服其服而往。

贺玚云："若新死者服轻，则不为之制服。虽不为重，变而为之制服。往奔丧哭之，则暂服所制之服。往彼哭之事毕，反服故服也。"庾氏云："将往哭之，乃服其服者，谓小功以下之亲轻也。始闻丧，不为之制服，至于往哭吊，乃服其服。"（《正义》）

（2）《丧大记》：吊者袭裘，加武带绖。

贺氏云："武，谓吉冠之卷。主人既素冠素弁，故吊者加素弁于武。"……贺氏以为加素弁于吉冠之武，解经文似便，与郑注不改冠其义相妨。熊氏云："加武带绖，谓有朋友之恩，以绖加于武，连言带耳。"……两家之说，未知孰是，故备存焉。（《正义》）

（3）《丧大记》：妻于夫拘之。

"妻于夫拘之"者，卢云"拘轻于冯，重于执也"。庾云"拘者，微引心上衣也。"贺云"拘其衣裣领之交也"。（《正义》）

（4）《丧大记》："大夫画帷，二池。"

庾云："两边而已。"贺云："前后各一。"（《正义》）

7. 批误说

贺氏《礼记新义疏》至初唐依然有一定的影响，故对其一些误说，《正义》编撰者特加罗列，并指出其谬。如《内则》：雉兔鹑鷃。（"鷃"即"鴽"）皇氏用贺氏之说"鴽，蝙蝠"，其义未闻。再如《内则》：芝栭、菱、椇。《正义》："芝栭"者，庾蔚云："无华叶而生者曰芝栭。"卢氏云："芝，木芝也。"王肃云："无华而实者名栭，皆芝属也。"庾又云："自'牛脩'至'姜桂'凡三十一物也。"则芝栭应是一物也。今春夏生

于木，可用为菹，其有白者不堪食也。贺氏云："栭，软枣，亦云芝，木
楺也。"孔疏：郑下注云"三十一物"，则数芝栭为一物也，贺氏说非也。
《丧服小记》："夫为人后者，其妻为舅姑大功。"《正义》：贺云："此谓子
出时已昏，故此妇还。则服本舅姑大功。若子出时未昏，至所为后家方昏
者，不服本舅姑，以妇本是路人，来又恩义不相接，犹臣从君而服，不从
而税，人生不及祖之徒，而皆不责非时之恩也。"今按夫为本生父母期，
故其妻降一等服大功，是从夫而服，不论识前舅姑与否。假令夫之伯叔在
他国而死，其妇虽不识，岂不从夫服也？熊氏云："然恐贺义未尽善也。"

　　总之，作为南朝时期较有影响的一家礼说，《正义》对其学说采取辩
证的态度加以采纳，取其可取，存其可存，批其可批。正基于此，故《正
义》对贺氏《新义疏》多加引用。这使得《新义疏》的一些内容得以保
存下来，流传后世。

三　宋元学者对贺玚学说的接受

　　自孔颖达《五经正义》出后，不仅前代众多经注渐佚，并且后世亦少
有出其"规矩"者。就《礼记》注疏而言，自《礼记正义》之后，唐代
《礼记》注疏极少，更无传世者。到了宋元时期，情况略有变化，现出了
两部影响较大的注疏本，一是宋代卫湜的《礼记集说》，二是元代陈澔的
《礼记集说》，二者颇能代表同时代的《礼记》学水平。

　　1. 卫湜《礼记集说》

　　卫湜（生卒年不详），宋代礼学家，凡二十余载撰成《礼记集说》一
书。全书篇幅宏大，共达一百六十卷。该书"采摭群言最为赅博，去取亦
最为精审，自郑玄注而下，所取凡一百四十四家，其他书之涉于《礼记》
者，所采录不在此数焉"，[①] 该书对于保存古注有着相当大的贡献，因此
被誉为"礼家之渊海"[②]。全书篇幅宏大，共一百六十卷，《四库全书》收
录，共四大册（经部 117—120 册）。

　　卫氏在前言列举了所引诸家姓名，惜失误，将"贺玚"误作"贺

---

① （清）永瑢等：《四库全书总目》，中华书局 1965 年版，第 169 页。
② 同上。

循"。如《檀弓下》："虞人致百祀之木，可以为棺椁者斩之。"《礼记正义》：贺玚云："君者德著幽显，若存，则人神均其庆，没，则灵祇等其哀伤也。"而卫氏《集说》仅云"贺氏云"。可见，"贺氏"指的是"贺玚"，并非"贺循"。《礼记正文》引贺循说仅五条，且多标明，其余皆为"贺玚"说，而卫氏注疏以《礼记正义》为本，故其误也。但此并不影响其书的学术的价值。

据笔者统计，卫湜《礼记集说》一书直接引用贺氏《新义疏》共达二十条之多（不包括用其意者），几近《礼记正义》所引总数的一半。卫书引贺氏观点在形式上表现为两类：一是直接引"贺氏曰"，二是将其当作孔氏注疏，包含于"孔氏曰"之中。据笔者统计，卫氏《礼记集说》一书直接标明"贺氏曰"者共5条。

（1）《檀弓下》：虞人致百祀之木，可以为棺椁者斩之。

卫《集说》：贺氏曰：必取祀木者，君者德著幽显，若存，则人神均其庆，没，则灵祇等其哀伤也。

（2）《玉藻》：立容德。

卫《集说》：贺氏曰：德，有所施与之名也。立时身形小俯向前，如授物与人时也，故注云"如有予也"。

（3）《丧服小记》：夫为人后者，其妻为舅姑大功。

卫《集说》：贺氏曰：此谓子出时已昏，故此妇还，则服本舅姑大功。若子出时未昏，至所为后家方昏者，不服本舅姑，以妇本是路人，又恩义不相接，犹臣从君而服，不从而税，人生不及祖之徒，而皆不责非时之恩也。

（4）《丧服小记》：宗子，母在为妻禫。

卫《集说》：贺氏曰：父在，嫡子为妻不杖。不杖则不禫。若父没母在，则为妻得杖又得禫。凡嫡子皆然。嫌畏宗子尊厌其妻，故特云"宗子，母在为妻禫"。宗子尚然，则其余嫡子母在为妻禫可知。

(5)《乐记》：礼、乐、刑、政，其极一也。

卫《集说》：贺氏曰：虽有礼、乐、刑、政之殊，及其检情归正，至理一也。

其余十五条则包含于孔氏注疏"孔氏曰"之中。现略举数例如下：
(1)《曲礼上》：别同异。

贺玚云：本同今异，姑姊妹是也。本异今同，世母叔母及子妇是也。（《正义》）

卫《集说》：孔氏曰：……本同今异，姑姊妹是也；本异今同，世母叔母及子妇是也。

(2)《郊特牲》：冠而字之，敬其名也。

贺氏云：重，难也。难未成人之时呼其名，故以字代之。（《正义》）

卫《集说》：孔氏曰：……难未成人之时呼其名，故以字代之。

(3)《明堂位》：俎用梡嶡。

贺云：直有脚曰梡，加脚、中央横木曰嶡。（《正义》）

卫《集说》：孔氏曰：……直有脚曰梡……加脚、中央横木曰嶡。

(4)《丧大记》：大夫画帷，二池。

贺云：前后各一。（《正义》）

卫《集说》：孔氏曰：……二池，前后各一，或云两边而已。

卫氏《集说》以资料汇编为主，不重是非考辨，但其收录时当有所选择，故所收贺氏说往往是较为平正可取之说，对于一些奇怪新说，往往不予采用。

2. 陈澔《礼记集说》

陈澔（1260—1341），元代著名理学家，著《礼记集说》传世。该书问世后便产生了较大的影响。明代胡广等编纂《礼记大全》便选中陈氏《集说》。自明永乐十三年（1415）至清乾隆元年（1736），陈氏《集说》一直是明清两代科举考试官方指定的教材，《明史》卷七十《选举志二》："永乐间，颁四书五经大全，废注疏不用……《礼记》止用陈澔《集说》。"① 因此在社会上流传极广。陈氏集注除多引郑注、孔颖达疏之外，对于汉唐、宋元诸家，亦广加引用。陈氏《集说》对贺玚《礼记新义疏》亦多加采纳，据笔者统计，陈澔《礼记集说》一书共采纳贺氏《新义疏》共计17条，超过《正义》所引总数之三分之一。陈书中仅1条直接标明"贺氏云"。《杂记上》："素端一。"陈《集说》：贺氏云"衣裳并用素为之"。皮弁一，第三称也。皮弁之服，布衣而素裳。另有两条直接引为孔疏。

（1）《曲礼上》：别同异。

贺玚云：本同今异，姑姊妹是也；本异今同，世母叔母及子妇是也。（《正义》）

陈《集说》：疏曰：……本同今异，姑姊妹是也。本异今同，世母叔母及子妇是也。

（2）《杂记下》：女虽未许嫁，年二十而笄，礼之：妇人执其礼。

贺玚云：十五许嫁而笄者，则主妇及女宾为笄礼。主妇为之著

① （清）张廷玉等：《明史》，中华书局1974年版，第1694页。

笄，女宾以醴礼之。未许嫁而笄者，则妇人礼之，无主妇、女宾，不备仪也。（《正义》）

　　陈《集说》：疏曰：十五许嫁而笄，则主妇及女宾为笄礼，主妇为之著笄，女宾以醴礼之。未许嫁而笄者，则妇人礼之，无主妇、女宾，不备仪也。

　　另有多条直接抄录贺氏注疏，仅有个别字词改动，却未标明出处。此种情况共计6条。

（1）《丧服小记》：宗子，母在为妻禫。

　　贺玚云：父在，嫡子为妻不杖。不杖则不禫。若父没母在，则为妻得杖又得禫。（《正义》）

　　陈《集说》：父在，则适子为妻不杖，不杖则不禫。父没母存，则杖且禫矣。

（2）《杂记上》：玄端一。

　　"玄端一"者，贺云：燕居之服，玄端朱裳也。（《正义》）

　　陈《集说》：玄端，玄衣朱裳，齐服也。天子以为燕服。

（3）《杂记上》：纁裳一。

　　"纁裳一"者，贺云：冕服之裳也。（《正义》）

　　陈《集说》：纁裳，冕服之裳也。

（4）《杂记下》：已虽小功，既卒哭，可以冠，取妻，下殇之小功则不可。

　　贺氏云：小功下殇，本是期亲，以其重，故不得冠、取。（《正义》）

陈《集说》：下殇之小功，自期服而降，以本服重，故不得冠娶也。

(5)《丧大记》：皆升自东荣。

贺玚云：以其体下于屋，故谓上下在屋，两头似翼。故名屋翼也。（《正义》）

陈《集说》：翼，在屋之两头，似翼，故名翼屋也。

(6)《丧大记》：大夫画帷，二池。

贺云：前后各一。（《正义》）

陈《集说》：二池，一云两边各一，一云前后各一。

另有大量采纳或化用贺氏观点。

(1)《明堂位》：俎用梡嶡。

贺云：直有脚曰梡，加脚、中央横木曰嶡。（《正义》）

陈《集说》：梡形四足如按，嶡则加横木于足中央为横距之形也。

(2)《丧服小记》：期而祭，礼也。期而除丧，道也。祭不为除丧也。

庾氏、贺氏并云："祭为存亲，幽隐难知。除丧事显，其理易识。"恐人疑祭之为除丧而祭，故记者特明之，云"祭不为除丧也。"（《正义》）

陈《集说》：祭与练虽同时并举，然祭非为练而设也。

(3)《少仪》：凡羞有湆者，不以齐。

庾云：湆，汁也。若羞有汁，则有盐梅齐和。若食者更调和之，

则嫌薄主人味，故"不以齐"也。贺玚云：凡湆皆谓大羹，大羹不和也。（《正义》）

陈《集说》：湆，大羹也。大羹不和，故不用盐梅之齐也。

陈氏集庾氏说与贺氏说于一体。

（4）《杂记上》：有三年之练冠，则以大功之麻易之，唯杖履不易。

贺玚之意，以三等大功，皆得易三年练衰。其三等大功，衰虽七升、八升、九升之布，有细于三年之练衰，以其新丧之重，故皆易之。（《正义》）

陈《集说》：当此时忽遭大功之丧，若是降服，则其衰七升，与降服齐衰葬后之服同，故以此大功之麻经，易去练服之葛经也。惟杖履不易者，言大功无杖无可改易，而三年之练，与大功初丧，同是绳履耳。

（5）《杂记上》：女君死，则妾为女君之党服。摄女君，则不为先女君之党服。

贺玚云：虽是徒从而抑妾，故为女君党服，防觊觎也。摄女君，则不为先女君之党服者，以摄女君差尊，故不为先女君之党服也。（《正义》）

陈《集说》：女君死而妾犹服其党，是徒从之礼也。妾摄女君则不服，以摄位稍尊也。

陈氏采纳贺氏尊卑之说，大意相同。
（6）《丧大记》：吊者袭裘，加武带经。

贺氏云：武，谓吉冠之卷。主人既素冠素弁，故吊者加素弁于武。（《正义》）

陈《集说》：吊者小敛后来，则掩袭裘士之裼衣，加素弁于吉冠之武。武，冠下卷也。

陈氏采纳贺氏加素于冠之说，而未采纳熊氏以武上加绖与带。

再如，《乐记》：礼、乐、刑、政，其极一也。

> 贺云：虽有礼、乐、刑、政之殊，及其检情归正，同至理极，其道一也。（《正义》）
>
> 陈《集说》：刘氏曰：礼乐刑政四者之事虽殊，而其致则一归于慎其所以感之者，所以同民心而出治道也。

此虽引为"刘氏曰"，其实代表的亦是陈氏的观点。

陈氏对贺氏误解之处，则加以质疑。如，

> 《玉藻》："立容德。"
>
> 贺云："德，有所施与之名也。"立时身形小俯向前，如授物与人时也，故注云"如有予也。"会前两注也。（《正义》）
>
> 陈《集说》：旧说以为如有所予于人，其义难通。应氏谓中立不倚，俨然有德之气象。此说近之。

陈氏有所质疑，故引应氏说以辨之。

陈氏《礼记集说》以"简便浅近著称"，① 故其征引资料远较卫氏同名著作简略，② 其注引贺氏《新义疏》达 17 条，数量不可谓少矣。此外，明代吴澄《礼记纂言》直接引用"贺氏云"4 条，胡广等编撰的《礼记大全》直接引用 1 条，当然有不少虽大意相近，但未标明，故不好统计。

---

① 万久富：《礼记集说整理说明》，载万久富校注《礼记集说》，凤凰出版社 2010 年版，第 2 页。

② （南宋）卫湜《礼记集说》（《文渊阁四库全书》本）共皇皇四大册，一百六十卷二千四百余页，而陈澔《礼记集说》（《文渊阁四库全书》本）仅十卷三百三十余页。

四　清代学者对贺玚学说的接受

从学术史角度而言，经过宋明衰微之后，至清代《礼记》注疏渐至巅峰。清代《礼记》注疏甚多，多达三十余种，并且"考释经记，补正注疏，往往超越前人，大有裨于后学"①。在清代《礼记》注本众多，如孔希旦的《礼记集解》、朱彬的《礼记训纂》、王夫之的《礼记章句》、郝懿行的《礼记笺》等，现以此数种著作为例，以窥见清代学者对贺玚《新义疏》的接受。

（一）孙希旦《礼记集解》

孙希旦（1736—1784），浙江瑞安人，曾参加《四库全书》的编纂工作。孙氏博学多才，精于礼学，著《礼记集解》六十一卷（附《尚书顾命解》），同治七年（1868）三月刊成。中华书局将其列入《十三经清人注疏》系列之中。

孙希旦《礼记集解》一书先对前代注疏加以汇编，再进行考证、辨析。孙氏《集解》一书对贺玚《新义疏》征引或采纳颇多，据笔者统计，孙氏直接征引贺氏观点共 5 条，以"孔氏曰"方式引贺氏观点者 5 条，采纳（或部分采纳）贺氏观点者 4 条，对贺氏观点进行质疑或批判者 5 条，总计 19 条，几近《正义》所引条目总数一半，涉及贺氏的一些较有影响的观点。其具体情况如下：

1. 对于贺氏富有创见性的观点，孙氏直接引为"贺玚云"或"贺氏云"，以明确其所有权。

（1）《檀弓下》：虞人致百祀之木，可以为棺椁者斩之。

孙《集解》：贺玚云：君者德著幽显，存则人神均庆，没则灵祇等其哀也。

（2）《丧大记》：抠用浴衣。

①　钱玄：《三礼辞典自序》，载钱玄、钱兴奇编《三礼辞典》，江苏古籍出版社 1998 年版，第 4 页。

孙《集解》：贺氏云："以布作之"。

（3）《丧大记》：诸父兄弟之丧，既卒哭而归。

孙《集解》：贺氏云：此"弟"谓嫡弟，下云"兄不次于弟"，谓庶弟也。

（4）《丧大记》：大夫画帷，二池。

孙《集解》：贺云"前后各一"。

（5）《杂记下》：如有服而将往哭之，则服其服而往。

孙《集解》：孔氏曰……贺玚云："新死者服轻，不为制服。往哭之则暂服其服。事毕而反故服也。"庾氏云："此谓小功以下之亲，始闻丧，不为制服，至于往吊哭，乃服其服。"

在按语中，作者表达了对贺氏观点的支持："愚谓……功衰虽不吊人，若有五服之亲丧，则服新死者之服而往哭之。此虽承'功衰'而言，其实未练亦然。"①

2. 有时，如同其他学者一样，孙氏直接将贺氏观点当作孔疏加以引用，直接引为"孔氏曰"。此类情况不少。

（1）《曲礼上》：别同异。

贺玚云：本同今异，姑姊妹是也。本异今同，世母叔母及子妇是也。（《正义》）

孙《集解》：孔氏曰：……本同今异，姑姊妹是也。本异今同，世母叔母及子妇是也。

---

① （清）孙希旦：《礼记集解》，中华书局 1989 年版，第 1097—1098 页。

（2）《曲礼上》：六十曰"耆"，指使。

贺玚云：耆，至也，至老之境也。六十耳顺，不得执事，但指事使人也。（《正义》）

孙《集解》：孔氏曰……耆，至也，至老之境也。六十不得执事，但指事使人也。

（3）《杂记上》：玄端一。

"玄端一"者，贺云：燕居之服，玄端朱裳也。（《正义》）

孙《集解》：孔氏曰……玄端一者，燕居之服，玄端，朱裳也。

（4）《杂记上》：纁裳一。

"纁裳一"者，贺云：冕服之裳也，亦可鷩、毳，任取中间一服也。（《正义》）

孙《集解》：孔氏曰……纁裳一者，冕服之裳也，鷩、毳中间任取一服也。

（5）《杂记下》：女虽未许嫁，年二十而笄，礼之：妇人执其礼。

贺玚云：十五许嫁而笄者，则主妇及女宾为笄礼。主妇为之著笄，女宾以醴礼之。未许嫁而笄者，则妇人礼之，无主妇、女宾，不备仪也。（《正义》）

孙《集解》：孔氏曰：十五许嫁而笄，则主妇及女宾为笄礼，主妇为之著笄，女宾以醴礼之。未许嫁而笄者，则妇人礼之，无主妇、女宾，不备仪也。

3. 采纳贺氏观点，将其融于解说之中。

（1）《少仪》：凡羞有湇者，不以齐。

庾云：湆，汁也。若羞有汁，则有盐梅齐和。若食者更调和之，则嫌薄主人味，故"不以齐"也。贺玚云：凡湆皆谓大羹，大羹不和也。（《正义》）

孙《集解》：湆，大羹也。齐，谓盐梅之齐和也。大羹不和。

孙氏对"湆"的解释以及"大羹不和"源于贺氏说。

（2）《乐记》：礼、乐、刑、政，其极一也。

贺云：虽有礼、乐、刑、政之殊，及其检情归正，同至理极，其道一也。（《正义》）

孙《集解》：故礼、乐、刑、政，其事虽异，然其归皆所以同民之心而出治平之道也。

孙氏与贺氏大意相同。

（3）《丧大记》：皆升自东荣。

贺玚云：以其体下于屋，故谓上下在屋，两头似翼。故名屋翼也。（《正义》）

孙《集解》：荣，屋翼也。天子诸侯四注为屋，大夫以下不得四注，但南北二注而为直头，以其体下于屋，在屋两头似翼，故名屋翼。

孙氏对"屋翼"的解说基于贺氏说。

（4）《丧大记》：夫于妻、于昆弟执之。

贺云："夫于妻执其心上衣也，于兄弟亦执心上衣。"（《正义》）
孙《集解》：孔氏曰……执之，执其心上衣也。

孙氏"执其心上衣"便源出贺氏。

4. 对贺氏观点加以质疑，或提出批判。

（1）《内则》：芝栭、菱、椇。

孙《集解》：愚谓孔氏以芝栭为一，则为三十一物，贺氏以芝栭灵二，则为三十二物，未知孰是。

(2)《丧服小记》：夫为人后者，其妻为舅姑大功。

孙《集解》：孔氏曰：贺云：此谓子出时已昏，故此妇还服本舅姑大功。若子出时未昏，至所为后家方昏者，不服本舅姑，以妇本是路人，来又恩义不相接，犹臣从君而服，不从君而税，人生不及祖之徒而皆不责非时之恩也。……熊氏云：然贺义未善。 愚谓夫为人后，谓所后者为父母，则其妻当谓夫所后者为舅姑，而于夫之本生父母乃亦称舅姑者，据其本亲言之，亦犹《丧服》"齐衰不杖"章"为人后者为其父母"之义也。为人后者为其父母期，嫌其妻或据所后者之亲疏以服其舅姑，故特明之。

孙氏先全录孔氏《正义》所引观点，再以按语的形式对贺氏观点进行了反驳。

(3)《丧服小记》：宗子，母在为妻禫。

孙《集解》：孔氏曰：贺玚云："父在，嫡子为妻不杖。不杖则不禫。若父没母在，则为妻得杖又得禫。凡嫡子皆然。嫌宗子尊其妻，故特云然。"贺循云："宗子母在为妻禫，则非宗子，其余嫡、庶母在，为妻并不得禫也。妇人尊微，不夺正服，并厌其余哀。" 愚谓其二贺之说不同，而后说为是。

孙氏先全录孔氏《正义》所引诸家观点，再以按语的形式支持贺循观点，反对贺玚观点。

(4)《杂记上》：女君死，则妾为女君之党服。摄女君，则不为先女君之党服。

贺玚云：虽是徒从而抑妾，故为女君党服，防觊觎也。摄女君，

则不为先女君之党服者，以摄女君差尊，故不为先女君之党服也。（《正义》）

> 孙《集解》：愚谓妾服女君之党，旧说以为从服，然从服之服，必视其所从者而有降焉，妾为女君之党，其服乃与女君同，则非从服也。

孙氏所言"旧说以为从服"指的是《正义》所引贺氏说。在按语中孙氏对贺氏说作了反驳。

（5）《丧大记》：吊者袭裘，加武带绖。

> 孙《集解》：孔氏曰：加武者，贺氏云："武，谓吉冠之卷。主人既素冠、素弁，故吊者加素弁于武。"……熊氏云："加武，带、绖，谓有朋友之恩，以绖加于武，连言带耳。" 愚谓加武，熊氏谓"加绖于武"，是也。

孙氏先引《正义》中所录诸家观点，再以按语的形式表达自己的观点，支持庾氏说，反对贺氏说。

可见，贺氏的一些观点遭到了清代学者的批判。

（二）朱彬《礼记纂》

朱彬（1753—1843），江苏宝应人。他博览子史百家，于经义研究尤勤，著《经传考证》《礼记训纂》等。朱氏《礼记训纂》影响较大，被中华书局列入《十三经清人注疏》系列之中。朱彬《礼记训纂》一书不仅征引广博，而且极为严谨，往往直接引录原文，少作文字处理，亦少有用其意，或概其旨者。朱彬《礼记训纂》一书直接征引贺氏《新义疏》共计24条，超过《礼记正义》所引条目总数的一半，也是历代《礼记》注疏著作中征引较多者。朱氏征引时往往直接引自《礼记正义》或《经典释文》，其"贺玚云""贺氏云""贺云"皆不作改动，故最易辨认。现略举数例如下：

（1）《曲礼上》：六十曰"耆"，指使。

朱《训纂》：《释文》：贺玚云："耆，至也至老境也。"①

（2）《郊特牲》：蜡也者，索也。岁十二月，合聚万物而索飨之也。

朱《训纂》：《正义》：贺玚云："谓造此腊祭，配此八神而祭。"

（3）《郊特牲》：冠而字之，敬其名也。

朱《训纂》：《正义》：贺氏云："重，难也。难未成人之时呼其名，故以字代之。"

（4）《玉藻》：君在不佩玉，左结佩，右设佩。

朱《训纂》：《正义》：贺云："事佩，绶且不鸣，今云'结绶不使鸣'，则犹佩玉也。"

（5）《明堂位》：俎用梡嶡。

朱《训纂》：《正义》：贺云："直有脚曰梡，加脚中央横木曰嶡。"

（6）《乐记》：礼、乐、刑、政，其极一也。

朱《训纂》：贺云："虽有礼、乐、刑、政之殊，及其检情归正，同至理极，其道一也。"

（7）《乐记》：夫《武》之备戒之已久，则既闻命矣，敢问迟之迟而又久，何也？

---

① 此条见于《礼记正主》我，非《经典释文》，朱氏误。

朱《训纂》：《正义》贺氏云：备戒已久，是迟久。立于缀，亦是迟而又久。何意如此。

（8）《丧服小记》：期而祭，礼也。期而除丧，道也。祭不为除丧也。

朱《训纂》：庾氏、贺氏并云：“祭为存亲，幽隐难知。除丧事显，其理易识。恐人疑祭之为除丧而祭，故记者特明之。”

朱氏时有舍贺氏说而取他人观点者，但并未对贺氏之误作辨析。

《杂记上》：有三年之练冠，则以大功之麻易之，唯杖履不易。

朱《训纂》：《正义》：贺玚之意，以三等大功皆得易三年练衰。其三等大功衰，虽七升、八升、九升之布，有细于三年之练衰，以其新丧之重，故皆易之。……赵氏良澍曰：……固不如贺氏之说，谓三等大功皆得易之，重新丧也。

明末清初王夫之《礼记章句》引“贺玚云”2条：

（1）《曲礼上》：六十曰“耆”，指使。

贺玚云：“耆，至也，至老之境也。”
王《章句》：耆，之为言至也，言已至老境也。

（2）《杂记上》：素端一。

贺玚云：“以素为衣裳也。”（《正义》）
王《章句》：素端者，衣裳皆以素为之。

另引“贺云”2条，亦是贺玚观点：

（1）《明堂位》：俎用梡嶡。

贺云："直有脚曰桄，加脚、中央横木曰蕨。"（《正义》）

王《章句》：桄、俎下有四足，蕨四足，中间横木为距。

（2）《丧大记》：大夫画帷，二池。

贺云："前后各一。"（《正义》）

王《章句》：二池，前后各一。

晚清郝懿行《礼记笺》直接引"贺玚"2条：

（1）《曲礼上》：六十曰"耆"，指使。

郝《记笺》：贺玚云："耆，至也，至老境也。"

（2）《杂记下》：已虽小功，既卒哭，可以冠，取妻，下殇之小功则不可。

贺氏云："小功下殇，本是期亲，以其重，故不得冠、取。推此而言之，降在大功，理不得冠、嫁矣。"（《正义》）

郝《记笺》：余按：必偕祭乃行者，冠、娶必祭，须父、子同在丧末，乃后得行也。疏引贺玚云："小功下殇，本是期亲，以其重，故不得冠、取。"推此而言之，降在大功，理不得冠、嫁矣。

间接引用贺玚观点3条：

（1）《少仪》：凡羞有湆者，不以齐。

贺玚云："凡湆皆谓大羹，大羹不和也。"（《正义》）

郝《记笺》：愚按：大羹也，故不和。

（2）《乐记》：礼、乐、刑、政，其极一也。

贺云："虽有礼、乐、刑、政之殊，及其检情归正，同至理极，其道一也。"（《正义》）

郝《记笺》：贺氏云：虽有礼、乐、刑、政之殊，及其检情归正，同至理极，其道一也。

（3）《乐记》：夫《武》之备戒之已久，则既闻命矣，敢问迟之迟而又久，何也？

"迟之迟"者，贺氏云：备戒已久是迟，久立于缀亦是迟。而又久，何意如此？（《正义》）

郝《记笺》："迟之迟"谓久立于缀。

此外，清代乾隆时《钦定礼记义疏》直接引用"贺氏场云"3条，"贺氏云"3条，亦是引用贺场观点。纳兰性德《陈氏礼记集说补正》引用"贺氏云"2条，实乃贺场观点。① 杭世骏《续礼记集说》以"孔颖达曰"形式引贺场观点1条。

自唐代以降，诸家《礼记》注疏对贺场《礼记新义疏》征引颇多。至清代，学者不仅大量征引贺氏《新义疏》，还对其观点进行辨析、考证，支持其正确者，驳斥其错误者。不管是支持还是批判，表明贺氏《新义疏》作为一家之说，在后世产生了不可忽视的影响。

---

① 该书引"晋贺循云"2条。

第六章　贺琛礼学

自东晋贺循以降，贺氏转微，入梁之后，随着贺玚出仕，贺氏逐渐崛起，而真正给贺氏家族带来巨大声望的是贺琛，但给贺氏家族带来一些不良影响的也是贺琛。贺琛是一代礼学大师，深得梁武帝器重，仕途通达，官至尊位。在六朝贺氏家族史上，贺琛占有较重要的一席之地。

第一节　贺琛人格与心态

贺琛（481—510），字国宝，会稽山阴人，梁代礼学大师贺玚之侄。早年从其伯父贺玚学经业，深得伯父赞颂，曰："此儿当以明经致贵"（《梁书·贺琛》）。贺玚卒后，贺琛年近三十，依然未出仕。家贫，常贩粟以自给。又于乡里聚徒教授。直至梁武帝普通中（520—527），贺琛年已四十，方始出仕，初为刺史临川王祭酒从事史。梁武帝闻其名而召见之，与语悦之，尝在仆射徐勉面前盛赞贺琛："琛殊有世业"（《梁书·贺琛》）。于是贺琛仕途渐达，一路升迁，累迁至通直正员郎、西鄱阳王中录事等职。曾受诏撰《新谥法》一书，为世施用。贺琛多次参与朝廷礼仪议定。时皇太子议，大功之末，可以冠子嫁女，贺琛上书驳之，梁武帝从之。贺琛深得梁武帝器重。贺琛迁员外散骑常侍。旧尚书南坐，无貂。貂自琛始之。后任通直散骑常侍，领尚书左丞，并参礼仪事。贺琛前后居职，凡郊庙诸议，多所创定。每见高祖，与语常移晷刻，故省中为之语曰："上殿不下有贺雅"（《梁书·贺琛》）。后贺琛上书，陈时政弊端诸事。梁武帝见后大怒，口授深责之。贺琛谢过，自此不必复有指斥，且久不见升迁。侯景之乱，与司马杨暾守东府，城陷，受伤被虏。被舆至阙下劝降，受到王克等人责备。次年，逃回乡里。不久又为叛军所得，授以伪职。后遇疾而卒。《梁书·贺琛传》对贺琛一生事迹记载较为简略，却用了大半篇幅全录其上奏给梁武帝的《条奏时务封事》一文以及梁武帝对其的口授批判。虽则如此，《梁书·贺琛传》依然是研究贺琛生平以及其人格、心态的重要资料。

一 孝母、尚节操、学精

在姚察《梁书》中，贺琛单独立传，而李延寿《南史》中，将贺场、贺琛等人合传。《南史·贺琛传》对《梁书·贺琛传》做了大量增补与删改。最明显之处是，《梁书》花了大量篇幅载录贺琛《条奏时务封事》以及梁武帝批判他的文字，而《南史》对这两篇文章仅作了简单的内容概说。《南史》增添了大量细节，使得贺琛形象更为丰满，其性格特征更为鲜明。

贺琛出身礼学世家，故早年便表现出较好的礼仪规范。

（1）孝母

贺琛父亡较早，他不仅勤心养母，并且表现得很是孝顺。《南史·贺琛传》：其伯父贺场卒，"琛家贫，常往还诸暨贩粟以养母"。为了养母，他甚至不愿出仕。彭城到溉访之，叹其学，荐其补郡功曹史。而贺琛"辞以母老，终于固执"（《南史·贺琛传》）。母亡，哀毁积年。"俄遭母忧，庐于墓所。服阕，犹未还舍，生徒复从之。琛哀毁积年，骨立而已，未堪讲授。诸生营救，稍稍习业"（《南史·贺琛传》）。直至四十余岁，贺琛方才始应辟命，出为临川王萧宏祭酒从事。

（2）尚节操

早年贺琛虽较为贫困，却保持着良好的节操。《南史·贺琛传》载：

> 湘东王幼年临郡，彭城到溉为行事，闻琛美名，命驾相造。会琛正讲，学侣满筵，既闻上佐忽来，莫不倾动。琛说经无辍，曾不降意。溉下车，欣然就席，便申问难，往复从容，义理该赡。溉叹曰："通儒硕学，复见贺生。今且还城，寻当相屈。"琛了不酬答，

神用颓然。

当时贺琛仅为布衣，而到溉为诸侯王行事。到溉闻其名而访之，贺琛表现得不卑、不媚，继续讲学不止。到溉盛赞其学问，且欲荐其为官时，贺琛"了不酬答，神用颓然"，并无丝毫巴结之感。贺琛与梁武帝语常移时，故省中为之语曰："上殿不下有贺雅。"何以称之"贺雅"？因为贺琛"容止都雅，故时人呼之"（《梁书·贺琛传》）。后来，贺琛还上书梁武帝，批判当时任职者缘饰奸谄等不正之风。可见，贺琛早年便有着良好的节操风范，入仕之后，依然有着敢于批判的精神。

（3）勤学艺精

贺琛父早卒，从其伯父贺玚学经，"一闻便通义理"，以致贺玚叹曰："此儿当以明经致贵。"（《梁书·贺琛传》）贺玚卒后，贺琛辛勤养母。劳作之余，依然勤于学经。"虽自执舟楫，闲则习业，尤精三礼。年二十余，玚之门徒稍从问道。"（《南史·贺琛传》）年将三十，便成为远近闻名的经师：

> 初，玚于乡里聚徒教授，四方受业者三千余人。玚天监中亡，至是复集，琛乃筑室郊郭之际，茅茨数间，年将三十，便事讲授。既世习礼学，究其精微，占述先儒，吐言辩絜，坐之听受，终日不疲。（《南史·贺琛传》）

到溉闻其讲经，叹曰"通儒硕学，复见贺生"（《南史·贺琛传》）。梁武帝召见文德殿，与语悦之，谓仆射徐勉曰："琛殊有世业。"入仕之后，其建议多得以采用。受诏撰《新谥法》，便即施用。曾议皇太子大功之末不冠子嫁女，朝廷从其议。可见，贺琛礼学造诣精深，深得世人认可。

二　勇于批判时政

梁代贪欲之风盛行，早年尚节操的贺琛难于免俗，甚至以此免官。《梁书·贺琛传》："琛家产既丰，买主第为宅，为有司所奏，坐免官"。

姚察（533—603），吴兴武康人。其上距贺琛时代不过数十年，且皆为江东士族，其与贺氏或有交往，其所著《梁书》记载当较为可信。唐人李延寿《南史》亦有记载。但《南史》又增添了一些细节：

> 琛性贪昧，多受赇赂，家产既丰，买主第为宅，为有司奏，坐免官。（《南史·贺琛传》）

如上所说，《南史·贺琛传》增添了不少细节，补充了不少史料，使得其《贺琛传》优于《梁书》。但《南史》所记这一细节是否可信颇值得怀疑。赵翼《廿二史札记》"南史增删梁书处"条云："李延寿专以博采见长，正史所有文词必删汰之，事迹必隐括之，以归简净。而于正史所无者，凡琐言碎事，新奇可喜之迹，无不补缀入卷。"① 并在"南史增梁书琐言碎事"条作了详细列举。② 李延寿所加琐言碎事，并非完全可信。据《梁书》和《南史》本传记载，后来贺琛有感于"高祖任职者，皆缘饰奸谄，深害时政"（《梁书·贺琛传》），便上书梁武帝言时政各种弊端。其一便是贪赂淫奢之风：

> 今天下宰守所以皆尚贪残，罕有廉白者，良由风俗侈靡，使之然也。淫奢之弊，其事多端，粗举二条，言其尤者。夫食方丈于前，所甘一味。今之燕喜，相竞夸豪，积果如山岳，列肴同绮绣，露台之产，不周一燕之资，而宾主之间，裁取满腹，未及下堂，已同臭腐。又歌姬舞女，本有品制，二八之锡，良待和戎。今畜妓之夫，无有等秩，虽复庶贱微人，皆盛姬姜，务在贪污，争饰罗绮。故为吏牧民者，竞为剥削，虽致赀巨亿，罢归之日，不支数年，便已消散。盖由宴醧所费，既破数家之产，歌谣之具，必侔千金之资，所费事等丘山，为欢止在俄顷。乃更追恨向所取之少，今所费之多。如复傅翼，增其搏噬，一何悖哉？其余淫侈，著之凡百，习以成俗，日见滋甚，

---

① （清）赵翼著，王树民点校：《廿二史札记校证》（订补本），中华书局1984年版，第214页。

② 同上书，第223—227页。

欲使人守廉隅，吏尚清白，安可得邪！（《梁书·贺琛传》）

在此，贺琛对当时社会上盛行的贪贿淫奢之风作了大力批判，并积极倡导俭朴之风。梁武帝阅其上书，大怒，召主书于前，口授敕责，对贺琛所言一一加以辩驳。文中曾引孔子云："其身正，不令而行；其身不正，虽令不从。"最后指出："凡人有为，先须内省，惟无瑕者，可以戮人。卿不得历诋内外，而不极言其事。亿闻重奏，当复省览，付之尚书，班下海内，庶乱羊永除，害马长息，惟新之美，复见今日。"梁武帝重在谴责贺琛以偏概全，所说不明指，而并未指责贺琛个人的品德。试想，如若在此之前贺琛曾多贪赂之举，他又怎敢上书批判当时社会上盛行的贪赂之风呢？如若其自身亦有此弊，梁武帝回文谴责时为何不直接或间接指出其身不正呢？为何不要求他先自省呢？以此可见，就算贺琛染有爱财之病，但不会至于太明显或太过分。

如上所说，贺琛曾上书对当时社会盛行的各类弊端进行了大力批判。其分为四个方面：其一主要讨论治民策略，其二主要讨论淫奢社会风气，其三主要讨论用人方针，其四主要讨论国家财政。这四个方面基本上概括了梁代的时弊与危机。[1] 梁氏败亡主要源于政治腐败、经济崩溃和儒教不振等。关于政治腐败和经济崩溃，除了贺琛之外，时人多有所批判。早于贺琛二十余年前，郭祖深上书梁武帝，直指时弊：

各竞奢侈，贪秽遂生。颇由陛下宠勋太过，驭下太宽，故廉洁者自进无途，贪苛者取入多径。直弦者沦溺沟壑，曲钩者升进重沓。饰口利辞，竞相推荐，讷直守信，坐见埋没。劳深勋厚，禄赏未均，无功侧入，反加宠擢。……且百僚卿士，鲜有奉公，尸禄竞利，不尚廉洁。累金积镪，侍列如仙，不田不商，何故而尔？……（《南史·循吏列传·郭祖深传》）

---

[1] 王夫之云："贺琛上书论事，其他亦平平耳，最要者，听百司莫不奏事，使斗筲诡进，坏大体以窃威福，此亡国败家必然之券也。……琛言未冷，梁社旋亡，图存保国者，尚以察察为戒哉！"（清）王夫之：《读通鉴论》，中华书局 1975 年版，第 503—504 页。

何之元《梁典》亦云:

> (梁武帝)罔恤民之不存,而忧士之不禄。莅民之长,守次更为……为君者甚多,为民者甚少。由是君臣之义薄,狡恶之萌兴,下上递憎,甚于仇敌。百城恣其暴夺,亿兆困其征求,捐弃旧乡,奔亡他县,地荒邑散,私少官多。于是仓库既空,赋敛更重,天示谴祸,地出妖祥,饥疫互生,水旱交至,民不堪命,轰然土崩。……梁氏之有国,少汉之一郡,大半之人,并为部曲,不耕而食,不蚕而衣,或事王侯,或依将师,携带妻累,随逐东西,与藩镇共侵渔,助守宰为蟊贼,收缚无罪,逼迫善人,民尽流离,邑皆荒毁。①

可见,贺琛所言并非无凭之虚言。② 自魏晋以降,由于受到玄学的冲击,儒教渐微。这在梁武帝对其子侄等的宽容与放纵中便可见一斑。梁武帝对其子侄放纵,悖于情理,让人难以理解。③ 其弟临川王萧宏洛口之败,不但未受处分,反而升为司徒,领太子太傅。④ 萧宏后来多次谋害梁武帝,梁武帝不仅不加以惩罚,反倒对其泣曰:"我人才胜汝百倍,当此犹恐颠坠,汝何为者。我非不能为周公、汉文,念汝愚故。"(《南史·梁宗室上·临川靖惠王萧宏传》)对萧宏之子萧正德,更甚于此。萧正德曾被梁武帝认为嗣,后遣还。萧正德先叛梁奔魏,不得魏优待,又逃归梁朝。梁武帝对其不加惩罚,仅仅"泣而诲之"(《南史·梁宗室上·萧正德传》)。后随豫章王萧综伐魏,萧正德又弃军逃归。梁武帝对他仅免官削爵,不久又

---

① (南朝陈)何之元:《梁典总论》,载(清)严可均辑《全陈文》,商务印书馆1999年版,第332页。

② 叶适云贺琛上书"求名而无实,不切而难用。传之后世陷其君于愎谏之恶,盖琛浅陋之罪"。(南宋)叶适:《习学记言》,《文渊阁四库全书》第849册,台湾商务印书馆1986年版,第629页。叶氏所言过也。古人云:言者无罪,闻者足戒。若此,则后世无忠谏之臣也。况且如上所说,贺氏所言皆为众多有识之士所共睹的实情。

③ 王夫之云:"父子兄弟之恩,至于武帝之子孙而歼灭无余矣。……所以然者,岂非慈过而伤慈之致哉?……慈而无节,宠而无等,尚妇寺之仁,施禽犊之爱,望恩愈已,则挟怨益深,诸子之恶,非武帝陷之,而岂其不仁至此哉!"(清)王夫之:《读通鉴论》,中华书局1975年版,第505页。

④ 叶适:《习学记言》卷三十三《南史》二:"至(萧)宏不肖反逆,而帝能容之,不失兄弟之恩,盖人情所难。本史阙不载,不知此乃梁所以亡者,何可讳也。"(南宋)叶适:《习学记言》,《文渊阁四库全书》第849册,台湾商务印书馆1986年版,第625页。

封为临贺郡王，并任以丹阳尹、南兖州刺史，皆以昏虐免官。侯景之乱，命他为平北将军，镇守朱雀航，他却早与侯景通谋，把叛军引进宣都门，致使建康外城被攻陷。对于其子萧综亦是放纵不教。萧综可能为齐东昏侯萧宝卷遗腹子。萧综百般放纵，梁武帝不加责诛。后萧综逃奔魏，死后，仍派人将其棺木偷回，加以皇子礼葬。侯景之乱，诸子相互争斗，全不以救父为意。萧绎不允萧誉、萧詧、萧纶入援京师，甚至派兵将萧誉杀死，逼萧纶逃离郢州，后为西魏所杀。对此，后世史家作了很好的批判："元帝以盘石之宗，受分陕之任，属君亲之难，居连率之长，不能抚剑尝胆，枕戈泣血，躬先士卒，致命前驱。遂乃拥众逡巡，内怀觖望，坐观国变，以为身幸。不急莽、卓之诛，先行昆弟之戮。……何补金陵之覆没，何救江陵之灭亡哉！"（《南史·梁本纪下史论》）侯景不过数千人作乱，却能摧枯拉朽，不及三载而亡梁，非侯景之才高也，实乃梁朝腐朽之所致也。可惜，贺琛忠谏不仅未受到重视，反而遭到斥责，梁武帝口授长文，加以批判辩驳。最终贺琛谢过，不敢复有指斥。此后贺琛久而不迁。

三 晚节不保的悲哀

暮年的不幸，不仅给贺琛一生添上了不光彩一笔，也为整个贺氏家族史添上了不光彩的一笔。侯景之乱，叛军袭京师，梁武帝等移入台内，留贺琛与司马杨暾守东府。不久侯景攻陷外城，放兵杀害，贺琛受伤，未至死。贼求得之，舆至阙下，求见仆射王克、领军朱异，劝开城纳贼。仆射王克等让之，贺琛涕泣而止。"涕泣而止"，表明其劝降是为贼所逼迫。当然，贺琛不能严守正义，而迫于淫威，应受到谴责。但这似乎与儒教不兴的社会风气有关。如上所说，梁武帝子侄多骄奢放纵，多行不礼。而文武大臣表现亦不见得更好。当时逃阵、降敌者亦不少，如庾信望敌而逃等。而贺琛毕竟是年近七十的老人了，且身负伤，苟且偷生之心自然难免，于是便上演了劝降这一不光彩的一节。从当时情况来看，贺琛此行虽说不义，但亦不可作过深责备。后复送至庄严寺疗治之。翌年，京师被攻陷，贺琛趁着混乱逃归乡里。那年冬天，侯景军进攻会稽，贺琛再次为贼所得。侯景对其授予伪职金紫光禄大夫。不久遇疾卒，年六十九。贺琛晚年之劝降、受伪职等不光彩行为，确应当承担责任。但结合以当时社会实情，对此等不光彩之事亦不可太过于纠结，因为当时此类事件太多。兄弟之间相互残杀，卖国叛国者众，这些都远胜于贺琛的不义之举。

传统的家学培养了贺琛渊博的学识和良好的情操，他早年具有不亢不卑、不谗不媚等节操，故深得人们称赞。入仕之后，他虽染有爱财的时代病，但却敢于上书，抨击时政，表明其内心依然保持着正直、刚毅之品行。可惜，到了晚年，或受时代病感染过重，不敢与逆贼抗争，甚至顺从于贼威，上演了一幕幕不义之举。这些一方面源于其坚强意志的消退，另一方面也与当时的时代氛围密切相关。姚察《梁书》将贺琛与朱异同传，便遭到了后世一些学者的批判。姚察在《梁书·朱异贺琛传论》中对朱异之罪作了评说："（朱）异遂微宠幸，任事居权，不能以道佐君，苟取容媚。及延寇败国，实异之由。"方北辰先生亦认为，"朱异是侯景之乱的直接酿成者"。① 而贺琛呢，并无亡国之过，且有净谏之姿，又怎能同此佞臣合传呢？姚察将朱异与贺琛合传或源于二人"并起微贱，以经术逢时，致于显贵"（《梁书·朱异贺琛传论》）吧！

第二节　贺琛礼学思想

贺琛为梁代著名礼学大师，其才学渊博，多次参加礼制议事，为梁代礼制建设作出不少贡献。不仅如此，他还有不少著述，这些著述很好地展现了其礼学思想。

一

贺琛出仕较晚，年近四十方才出仕。贺琛经学造诣精深，梁武帝曾赞其"殊有世业"，因而对其颇为赏识。入仕之后，贺琛便参与礼事。其先为王国侍郎，兼尚书通事舍人时，便参礼仪事。为尚书左丞时，又受命撰

① 方北辰：《魏晋南朝江东世大族述论》，台北：文津出版社 1991 年版，第 95 页。方北辰先生并对此作了详细论述。参见方北辰《魏晋南朝江东世大族述论》，台北：文津出版社 1991 年版，第 93—95 页。

《新谥法》，便即施用。普通中，参与丧礼之议。迁御史中丞后，依然参礼仪事如先。后为通直散骑常侍，领尚书左丞，并参礼仪事。贺琛"前后居职，凡郊庙诸仪，多所创定"（《梁书·贺琛传》）。《梁书·武帝纪下》："大同中，于台西立士林馆，领军朱异、太府卿贺琛、舍人孔子祛等递相讲述。"此亦见于《梁书·张缵传》："是时城西开士林馆聚学者，缵与左卫朱异、太府卿琛递述《制旨礼记中庸》义。"《梁书·武帝纪下》还记载其关于藉田用辇之建议。大同五年（539），御史中丞、参礼仪事贺琛奏："今南北二郊及籍田往还并宜御辇，不复乘辂。二郊请用素辇，籍田往还乘常辇，皆以侍中陪乘，停大将军及太仆。"诏付尚书博议施行。改素辇名大同辇。昭祀宗庙乘玉辇。贺琛建议被采纳，并付诸实践。《南史》还载其建议增立博士一事。《南史·到溉传》："（到溉）后为散骑常侍、侍中、国子祭酒。表求列武帝所撰《正言》于学，请置《正言》助教二人，学生二十人。尚书左丞贺琛又请加置博士一人。"这些举措显然有利于当时儒学的发展。此外，贺琛还奉旨制《毛诗义》。梁简文帝《请尚书左丞贺琛奉述制旨毛诗义表》："臣闻乐由阳来，性情之本，诗以言志，政教之基。故能使天地咸亨，人伦敦序。故东鲁梦周，穷兹删采，西河邵魏，著彼缵述。叶星辰而建诗，观斗仪而命礼。以为陈徐雅颂，膏肓匪一，燕韩篇什，痼疾多端。北海郑君，徒逢笺释，南郡太守，空为异序。庶今中和永播，硕学知宗，大胥负师，国子咸绍。孝敬之德，化洽天下，多识之风，道行比屋。"①

贺琛在《条奏时务封事》中多批判官吏违反礼制之事"又歌姬舞女，本有品制，二八之锡，良待和戎。今畜妓之夫，无有等秩，虽复庶贱微人，皆盛姬姜，务在贪污，争饰罗绮"（《梁书·贺琛传》）。可惜这些忠言并未被梁武帝采纳，反招致严厉谴责。

二

贺琛论礼文字，史籍少载，今多不可考。唯《梁书·贺琛传》载贺琛与皇太子关于大功之末冠子嫁女之议，由此可窥其礼学之思想与造诣。贺

---

① （清）严可均辑：《全梁文》，商务印书馆1999年版，第100页。

琛与皇太子此议源于对《礼记·杂记下》理解的差异：

> 《礼记·杂记下》：大功之末，可以冠子，可以嫁子。父小功之
> 末，可以冠子，可以嫁子，可以娶妇。己虽小功，既卒哭，可以冠，
> 取妻。下殇之小功则不可。郑玄注：此皆谓可用吉礼之时。父大功卒
> 哭，而可以冠子、嫁子。小功卒哭，而可以取妇。己大功卒哭，而可
> 以冠子，小功卒哭，而可以取妻，必偕祭乃行也。下殇小功，齐衰之
> 亲，除丧而后可为昏礼。凡冠者，其时当冠，则因丧而冠之。①

据《仪礼·丧服》：古丧服有五种：斩衰、齐衰、大功、小功、缌麻等
五种。大功之服，又有成人大功和殇大功之服。小功亦有成人小功和殇小功
之分。② 成人大功九月，成人小功五月。殇，指未成年男女。《仪礼·丧服
传》："子、女子子之长殇、中殇。"郑玄注："殇者，男女未冠笄而死，
可伤者。"③《礼记·曲礼上》云："男子十二，冠而字……女子许嫁，笄
而字。"《礼记·内则》："（女子）十有五年而笄，二十而嫁。"可见，古
代男子未满二十岁、女子未满十五岁而亡，皆可谓殇。古代殇有长、中、
下三类。《仪礼·丧服传》："年十九至十六为长殇，十五至十二为中殇，
十一至八岁为下殇。不满八岁以下皆为无服之殇。无服之殇，以日易月。
以日易月之殇，殇而无服。"虽然殇有长、中、下三等，但殇大功服只有
长殇和中殇之服，而无下殇之服，其下殇均列入殇小功之服。④ 殇大功服
有九月与七月两种丧期，长殇为九月，中殇为七月。而下殇小功丧期仅五
月一种。《仪礼·既夕》："三虞，卒哭。"郑玄注："虞，丧祭名。虞，安
也。骨肉归于土，精气无所不之，孝子防其彷徨，三祭以安之。朝葬，日
中而虞，不忍一日离"；"卒哭，三虞之后祭名。始朝夕之间，哀至则哭。

---

① （唐）孔颖达：《礼记正义》，李学勤主编：《十三经注疏》，北京大学出版社 1999 年版，
第 1213 页。
② 丁鼎先生对大功服、小功服的具体情况作了详细分析，参见丁鼎《〈仪礼·丧服〉考
论》，社会科学文献出版社 2003 年版，第 158—174 页。
③ （唐）贾公彦：《仪礼注疏》，李学勤主编：《十三经注疏》，北京大学出版社 1999 年
版，第 598 页。
④ 丁鼎：《〈仪礼·丧服〉考论》，社会科学文献出版社 2003 年版，第 158—159 页。

至此祭，止也。朝夕哭而已。"① 三虞祭，初虞葬日，二虞葬后三日，三虞葬后四，共计四日。葬后第六日行卒哭祭，卒哭祭约两日。至此，丧祭结束（服丧并没有结束），可以止住哭声，故称为卒哭祭。古时大夫、士死后三月安葬，加上三虞祭、卒哭祭，总计近百天，故又称百日卒哭。②

由于《礼记》言"小功"时分而述之"父小功"和"己小功"，而言"大功"时并未言是"父大功"还是"己大功"，导致学者理解不一。此外，"之末"和"卒哭"当是两个时间概念，亦不可混同。上述郑玄注，并非解说原文，而是就此发表了自己的看法，其所说并不一致。如经云"大功之末"，而郑玄却云"父大功卒哭"、"己大功卒哭"。如上所说，大功有九月、七月之别，其末所指不一，而卒哭则在三月之后近百日时。笔者认为，前言"大功之末"是就己身而言，己在大功之末，可以为子加冠，可以嫁女娶妇。如无父者，亦可自冠。因己未冠，故无嫁女娶妇之事。此可不必分是"父大功"还是"己大功"。如此就"父大功"而言，"父大功"时，己或服大功，或服小功。如父服大功，己亦服大功；如父服大功，己服小功，小功轻于大功，结果亦同。③ 后言小功，区分得很清楚，故少有歧义。至于"下殇之小功则不可"，贺氏（玚）云："小功下殇，本是期亲，以其重，故不得冠、取"④。是颇有道理的。《仪礼·丧服》："小功布衰裳，澡麻带绖五月者。叔父之下殇，嫡孙之下殇，昆弟之下殇，大夫庶子为嫡昆弟之下殇，为姑、姊妹、女子子之下殇。"马融云："本皆服期，下殇降二等，故小功也。"⑤ 这些对象，如果是成人的话，则应服齐衰；若为长殇或中殇，则当服大功。现已降二等，且期仅五月，故不得冠、娶，以示重之。郑玄注云："下殇小功，齐衰之亲，除丧而后可

① （唐）贾公彦：《仪礼注疏》，李学勤主编：《十三经注疏》，北京大学出版社1999年版，第764页。

② 参见丁凌华《中国丧服制度史》，上海人民出版社2000年版，第90页。

③ 《礼记正义》云："谓己有大功之丧，既卒哭，可以冠子、嫁子也。"此亦认为"大功之末"乃就己而言的，或是受郑玄注影响，将"之末"界定为卒哭祭之后。（唐）孔颖达：《礼记正义》，李学勤主编：《十三经注疏》，北京大学出版社1999年版，第1213页。

④ （唐）孔颖达：《礼记正义》，李学勤主编：《十三经注疏》，北京大学出版社1999年版，第1214页。

⑤ （唐）杜佑撰，王文锦等点校：《通典》，中华书局1988年版，第2500页。

为昏礼",① 亦是此意。

当时皇太子（萧统）认为大功之末，可以冠子嫁女。贺琛加以驳之：

> 令旨以"大功之末可得冠子嫁女，不得自冠自嫁"。推以《记》文，窃犹致惑。案嫁冠之礼，本是父之所成，无父之人，乃可自冠，故称大功小功，并以冠子嫁子为文，非关惟得为子，己身不得也。小功之末，既得自嫁娶，而亦云"冠子嫁妇"，其义益明。故先列二服，每明冠子嫁子，结于后句，方显自娶之义。既明小功自娶，即知大功自冠矣，盖是约言而见旨。若谓缘父服大功，子服小功，小功服轻，故得为子冠嫁，大功服重，故不得自嫁自冠者，则小功之末，非明父子服殊，不应复云"冠子嫁子"也。若谓小功之文言己可娶，大功之文不言己冠，故知身有大功，不得自行嘉礼，但得为子冠嫁。窃谓有服不行嘉礼，本为吉凶不可相干。子虽小功之末，可得行冠嫁，犹应须父得为其冠嫁。若父于大功之末可以冠子嫁子，是于吉凶礼无碍；吉凶礼无碍，岂不得自冠自嫁？若自冠自嫁于事有碍，则冠子嫁子宁独可通？今许其冠子而塞其自冠，是琛之所惑也。（《梁书·贺琛传》）

贺琛所言甚是，只是论辩似乎过于烦琐。接下来，贺琛又对皇太子另一观点作了辩驳：

> 又令旨推"下殇小功不可娶妇，则降有大功亦不得为子冠嫁"。伏寻此旨，若谓降服大功不可冠子嫁子，则降服小功亦不可自冠自娶，是为凡厥降服大功小功皆不得冠娶矣。《记》文应云却降服则不可，宁得惟称下殇？今不言降服，的举下殇，实有其义。……此服虽降，彼服则隆。昔实期亲，虽再降是犹依小功之礼，可冠可嫁。若夫期降大功，大功降为小功，止是一等，降杀有伦，服末嫁冠，故无有异。惟下殇之服，特明不娶之义者，盖缘情以幼稚之故，夭丧情深，既无受厚伦姓，

---

① （唐）孔颖达：《礼记正义》，李学勤主编：《十三经注疏》，北京大学出版社1999年版，第1213页。

又异传重彼宗，嫌其年稚服轻，顿成杀略，故特明不娶，以示本重之恩。是以凡厥降服，冠嫁不殊；惟在下殇，乃明不娶。其义若此，则不得言大功之降服，皆不可冠嫁也。……（《梁书·贺琛传》）

大功有父大功与己大功两类。贺琛分类作了详细论述，所言甚是，合于郑玄等人之意。

从上例便可看出，贺琛礼学造诣精深，他往往深究于经传原文，而不作过多推衍，因而能更好地把握经传原文意旨。

第三节 《谥法》

贺琛著述甚丰，惜只有《谥法》一书广泛见引于后世著述，其余皆不闻于后。《梁书·贺琛传》载，贺琛受诏撰《新谥法》，撰成之后"便即施用"（《南史·贺琛传》），并一直被后世所沿用。可惜宋代之后，因皇帝另颁行《谥法》，此书渐佚，今仅有王谟《汉魏遗书钞》辑佚本存世。

一 谥法历史

何为"谥"？《说文解字》："諡，行之迹也。"[1]《大戴礼》云："谥者行之迹也，号者功之表也。"[2]《白虎通·谥篇》："谥之为言引也，引列行之迹也。所以进劝成德，使上务节也。"[3] 许慎《五经通义》云："谥之言列，陈列所行。善行有善諡，恶行有恶諡，以为劝戒也。"[4] 也就是说，古代帝王将相死后，朝廷根据他生前事迹，给予一个褒贬善恶的称号，这

---

[1] （东汉）许慎：《说文解字》，中华书局1963年版，第57页。《说文解字》："諡，笑皃，从言益声。"姚文田、严可均《说文校议》认为：《说文》"諡"字原无"笑皃"之训，后人既改"諡"为"諡"，又取《字林》以"諡"为笑声窜入，且改"笑声"为"笑皃"，"諡"之训解当为"行之迹也，从言，益声"。转引自《汉语大字典》（缩印本），湖北辞书出版社、四川辞书出版社1992年版，第1668页。

[2] 转引自《通典》卷一百四。（唐）杜佑著，王文锦等点校：《通典》，中华书局1986年版，第2711页。

[3] （清）陈立：《白虎通疏证》，中华书局1994年版，第67页。

[4] 转引自《通典》卷一百四。（唐）杜佑著，王文锦等点校：《通典》，中华书局1986年版，第2711页。

一称号便是谥号，加谥制度的法规便是谥法。至于谥法的起源，历来说法不一。近代著名学者王国维认为谥法产生于西周中期，此说得到了不少学者赞同。① 谥法自春秋时期产生以来，历代沿用，直至清朝灭亡。在沿用过程中，谥法制度经历了不少发展变化。②

谥法具有褒贬的重要意义，历代对其都很重视，因而产生了不少相关著作。产生最早，影响最为深远的便是《逸周书·谥法解》（后简称《谥法解》）。《谥法解》开篇称其为周公所作，此说显然不可信，学者多认为此篇产生于战国前期。③《谥法解》开篇解说谥法之产生："维周公旦、太公望开嗣王业，建功于牧之野，终将葬，乃制谥，遂叙谥法。谥者，行之迹也；号者，功之表也；车服者，位之章也。是以大行受大名，细行受细名。行出于己，名生于人。"此类说法不可信。④ 接下来《谥法解》罗列了百余种谥号，⑤ 最后为"释训"，对五十余种（56 种）谥号含义作了简单解说。自产生以来，《谥法解》便成为制定谥号的法典，因此为之作注者甚众。其中最早的注释便是东汉末刘熙的《谥法注》，一卷，刘熙选取《谥法解》中 76 个谥字，为之作注。刘书早佚，有不少条目为后世著作引用。晋代荀𫖮把刘熙之书增补成三卷。此书见载于《隋志》《旧唐书》《新唐书》，后亡佚，内容不得而知。

另，西晋时孔晁曾作《逸周书注》，为今所见《逸周书》最早注释本，流传至今。孔氏亦为《谥法解》作了不少注释，今存 194 条。清代学者孙彤将刘熙佚注与孙晁注释合辑为一书，《谥法》三卷，刘熙撰，孔晁注。⑥ 到了汉代，《白虎通》中有《谥篇》，共八章，对各类人物之谥以及号谥取法等作了规定。汉末大才子蔡邕《独断》一书中有《帝谥》篇，

---

　　① 汪受宽先生对此说作了进一步论证，参见汪受宽《谥法研究》，上海古籍出版社 1995 年版，第 8—12 页。

　　② 汪受宽先生《谥法研究》一书对此作了详细研究，可参看。

　　③ 汪受宽先生认为《谥法解》成书时间在公元前 431 年至前 321 年间。参见汪受宽《谥法研究》，上海古籍出版社 1995 年版，第 226 页。

　　④ 汪受宽先生对此作了很好的辩驳，参见汪受宽《谥法研究》，上海古籍出版社 1995 年版，第 5—10 页。

　　⑤ 各种版本所收谥字不一，少则 98 字，多则 104 字。参见汪受宽《谥法研究》，上海古籍出版社 1995 年版，第 234 页。

　　⑥ 《续修四库全书》史部第 826 册收录湖北省图书馆藏清嘉庆孙氏刻问经堂丛书本。

罗列帝王谥字 46 个，每谥字各有一解。大体上善谥 33 字，平谥 7 字，恶谥 6 字。到了梁代，在梁武帝的带动下，谥学大兴，先后有沈约《谥例》①、贺琛《新谥法》以及裴子野《附益谥法》等著作问世，进一步规范了谥法，将谥法研究提升至更高水准。

二　贺琛《谥法》

沈约（441—513）历仕宋、齐、梁三朝，是一位博学多才的大学者，当时文坛领袖。沈约曾撰《谥例》十卷。此书一直流传于后世。《隋志》：《谥法》十卷，② 特进中军将军沈约撰。《旧唐书》：《谥例》十卷，沈约撰。《新唐书》：沈约《谥例》十卷。至宋之后，逐渐亡佚。幸有沈氏《序》独存于王应麟《玉海·艺文志》。其序云：

> 《大戴礼》及《世本》旧并有《谥法》，而二书至（沈）约时已亡。其篇唯取《周书》及刘熙《谥法》《广谥》旧文，仍采乘奥《帝王世纪·谥法篇》之异者，以为此书。首列《周书》二篇（下阙），以熙为本，叙次旧文、《广谥》及《乘奥谥法》，各于其下注本文所出。自周迄宋帝王名臣，凡有谥者，并列其人名号于左方。③

可见，沈约《谥例》是以刘熙《谥法注》为基础，补充了《广谥法》及《帝王世纪·谥法》中谥字，并将可考知的周至刘宋帝王名臣谥号附于谥字之下。《郡斋读书志》卷一云："沈贺《谥法》四卷。右梁沈约撰，凡七百九十四条"。④ 沈书被誉为"集解式的谥字总集"⑤，对后代《谥法》著作产生了很大的影响。

贺琛受梁武帝之诏，撰《新谥法》，后世多简称为《谥法》。其书早

---

① 《梁书·沈约传》：《谥例》十卷。后世各类著作多称之为沈约《谥法》。
② 《隋志》所载《谥法》即《谥例》。
③ （南宋）王应麟：《玉海》，《文渊阁四库全书》第 944 册，台湾商务印书馆 1986 年版，第 447 页。
④ （南宋）晁公武：《郡斋读书志》，《文渊阁四库全书》第 674 册，台湾商务印书馆 1986 年版，第 171 页。
⑤ 汪受宽：《谥法研究》，上海古籍出版社 1995 年版，第 244 页。

佚，幸《崇文总目》《玉海》和《郡斋读书志》中对其内容、形式等作了些记载。《崇文总目》卷一：

> 《谥法》十卷，梁贺琛撰。初（沈）约本周公之《谥法》，至琛又分君、臣、美、恶、妇人之谥，各以其类标其目，曰旧谥者，周公之《谥法》；曰《广谥》者，约所撰也；曰《新谥》者，琛所增也。按《永乐大典》引此作《谥法》四卷，《文献通考》亦同。①

《玉海·艺文志》"梁谥法"条：

> 贺琛《谥法》三卷，采旧《谥法》及《广谥》，又益以已所撰《新谥》，分君、臣、妇人三卷，卷各分美、平、恶三等，其条比沈约《谥例》颇多，亦有约载而琛不取者。②

《郡斋读书志》卷一："贺琛又加妇人谥二百三十八条。"③ 也就是说，贺琛《新谥法》总计一千余条。《文献通考》卷一八八转载了《崇文总目》和《郡斋读书志》的观点。④ 贺琛《新谥法》打破以前各谥法著作混为一体的做法，首先依据对象将全书分为君谥、臣谥、妇人谥三卷，并且各卷之内又分为美谥、平谥、恶谥三类。"这是谥法史上第一次将谥字分类的开创性工作"，⑤ 因而被誉以"新"字。梁武帝不满意于沈约《谥法》，故令贺琛重撰。贺琛撰成后，获得梁武帝认可，"便即施用"（《南史·贺琛传》），且后世沿用较久。贺琛《新谥法》不仅数量上远胜于沈约等人著作，而且分类条理清晰，因而自产生之后便取代此前的各类谥法

---

① （北宋）王尧臣：《崇文总目》，《文渊阁四库全书》第 674 册，台湾商务印书馆 1986 年版，第 11 页。

② （南宋）王应麟：《玉海》，《文渊阁四库全书》第 944 册，台湾商务印书馆 1986 年版，第 447 页。

③ （南宋）晁公武：《郡斋读书志》，《文渊阁四库全书》第 674 册，台湾商务印书馆 1986 年版，第 171 页。

④ 《文献通考》载贺琛《谥法》四卷，与《崇文总目》及《玉海》所载卷数各异。

⑤ 汪受宽：《谥法研究》，上海古籍出版社 1995 年版，第 245 页。

著作，而成为谥法之典。当然，贺琛《新谥法》并非完美无缺。苏洵《嘉祐编定谥法序》对贺琛《新谥法》颇有微词："沈约、贺琛，纪纲粗备，然琛好加以己意，务为多而无穷。"① 后裴子野作《附益谥法》一卷，可能是对贺琛《新谥法》的补充。姚察（533—606）《梁书·贺琛传》云"至今施用"，表明至陈、隋时依然沿用。陈、隋时期，并无谥法著作问世。到了唐代，谥法著述主要有杜佑（734—812）《通典》以及王彦威《续古今谥法》。杜佑在《通典·礼六十四》中对有关谥法的诸多问题作了阐释。《崇文总目》卷一云：

> 《续古今谥法》十四卷，唐户部郎中王彦威撰，因旧谥品，援集故事，依沈约《谥例》，记梁已来至唐得谥官称姓名，又以单复谥为别。②

可见此书采用的是沈约《谥例》体例，只不过将梁至唐代官员的谥号增补进来，且将单谥、复谥加以分开罗列。此书《新唐书》及《宋史》有载，大约在南宋以后亡佚。《宋史》卷一百二十四《礼志二十七》："太平兴国八年（983），诏增《周公谥法》五十五字，美谥七十一字为一百字，平谥七字为二十字，恶谥十七字为三十字。其沈约、贺琛、《续》《广谥》尽废。"③ 此即所谓户蒙《谥法》。也就是说，直至北宋初期，沈约、贺琛《谥法》依然沿用。虽然贺琛《新谥法》被废除，但后世编撰谥法著作时，往往多参考其书。如北宋仁宗嘉祐年间，因户蒙所撰《谥法》简而不精，错误较多，于是命范镇、周航等撰《编定六家谥法》二十卷。这六家谥法指的是《周公谥法》（即《逸周书·谥法解》）、杜预《春秋谥法》、佚名《广谥》、沈约《谥例》、贺琛《新谥法》以及户蒙《谥法》。北宋苏洵撰《谥法》（即《嘉祐谥法》）一书。该书在《编定六家谥法》的基础之上，作了增补与考辨。南宋龚颐正所编《七家谥法》，

---

① （南宋）王应麟：《玉海》，《文渊阁四库全书》第 944 册，台湾商务印书馆 1986 年版，第 457 页。

② （北宋）王尧臣：《崇文总目》，《文渊阁四库全书》第 674 册，台湾商务印书馆 1986 年版，第 11 页。

③ （元）脱脱等撰：《宋史》，中华书局 1977 年版，第 2913 页。

便以《编定六家谥法》和苏洵《谥法》为基础的。苏洵之后，各类谥法著作亦多参考之。《钦定续通志》卷一百二十《谥略》：

> 沈约、贺琛之书，罗泌以为皆本于《广谥》。晁公武谓，沈约撰七百九十四条，贺琛加妇人谥二百三十八条。意其时去汉未远，师承有自。王彦威以下，转相祖述，必有可观。①

《四库全书总目》卷八十二"《谥法》"条云：

> 自《周公谥法》以后，历代言谥者有刘熙、来奥、沈约、贺琛、王彦威、苏冕、扈蒙之书，然皆杂糅附益，不为典要。至洵奉诏编定《六家谥法》，乃取周公《春秋》《广谥》及诸家之本删订考证，以成是书。凡所取一百六十八谥，三百十一条。新改者二十三条，新补者十七条，别有七去、八类，于旧文所有者刊削甚多。其间如尧、舜、禹、汤、桀、纣，乃古帝王之名，并非谥号。而沿袭前伪，概行载入，亦不免疏失。然较之诸家义例，要为严整。②

这些表明，贺琛《新谥法》多为后世谥法著作所借鉴和参考。

三　《谥法》考辨

贺琛《新谥法》一书宋代之后亡佚，今仅有王谟《汉魏遗书钞》辑佚本。其序云：

> 贺琛书四卷，扈蒙书一卷，皆祖述古法而增广之。今按六家，惟周公《谥法》具载汲冢书。张守节于《史记正义》全写一篇，凌氏《史记评林》刊列卷首，今所称为张本是也。然其文亦多有异同，老泉苏氏所谓周公春秋之《法》，往往反取贺琛《新法》而载之。其书

---

① 《钦定续通志》，《文渊阁四库全书》第 394 册，台湾商务印书馆 1986 年版，第 19 页。
② （清）永瑢等：《四库全书总目》，中华书局 1965 年版，第 702 页。

意即拮此而言若诸家谥法未得见。而胡三省《通鉴注》多引贺琛《谥法》，今故据以为主，而以诸书所引《谥法》为旧《谥法》所无，及文有异同者，并以入贺琛书。以诸家皆在贺前，递相祖述，唯户蒙宋人，中有一二条，不复置辨也。但贺书原分君、臣、妇人三卷，复分美、平、恶三等。今本书既亡，无分卷帙，姑仍诸书次第采录，凡钞出《史记集解》八条，《左传释文》七条，《左传正义》八条，《后汉书注》六条，《通鉴注》六十七条，又诸史谥议引谥法六条。①

从以上分析可以看出，在贺琛之前便有《逸周书·谥法解》，汉代有刘熙《谥法注》，沈约有《谥例》十卷，而贺琛《新谥法》是在继承这些著作（特别是沈约《谥例》）的基础上编撰而成的，因此，贺书中大多条目可能亦见于以上诸书，而后世著作征引谥法条目时，又往往统称为"旧谥法"，而较少作明晰区分，这些为辑佚贺琛《新谥法》增加了难度。王谟《汉魏遗书钞》所辑贺琛《新谥法》是今所见唯一辑本，其功不可没。王氏将"诸书所引《谥法》为旧《谥法》所无，及文有异同者，并以入贺琛书"，② 这一说法看似有泛化之感，但细考王氏引文，便可发现，王氏所辑贺琛《新谥法》条目大体可信。

胡三省（1230—1302），宋元之际人，其曾注《资治通鉴》多处直接引用贺琛《新谥法》一书。这表明，贺书至此时依然保存完整。现将这些条目罗列分析如下。

（1）佐相克终曰成。

《资治通鉴》（后简称《通鉴》）胡三省注3次引用。卷十二《汉纪四》：周公《谥法》："安民立政曰成。"贺琛《谥法》："佐相克终曰成。"卷四十三《汉纪三十五》贺琛曰："佐相克终曰成。惇庞纯固曰成。"卷一百九十三《唐纪九》：贺琛《谥法》："佐相克终曰成，民和臣福曰成。"

（2）惇庞纯固曰成。

同上。

---

① （清）王谟：《谥法序录》，载其辑《汉魏遗书钞》，《续修四库全书》第1199册，上海古籍出版社2002年版，第686页。
② 同上。

（3）民和神福曰成注：《旧谥》成字无此条。注引贺琛《臣谥》。

《通鉴》卷三十《汉纪二十二》胡三省注引：应劭曰：《谥法》："安民立政曰成。"卷九十三《晋纪十五》注引《谥法》："安民立政曰成。"卷一百九十三《唐纪九》：贺琛《谥法》："佐相克终曰成，民和臣福曰成。"

考之今本《逸周书·谥法解》，"成"字仅 1 条："安民立政曰成"。今本蔡邕《独断》无"成"字条。在前两条中，将贺琛《谥法》与周公《谥法》相并列，以显示二者之间差异。由此可见，贺琛《新谥法》与此前谥法略有差异。贺琛《新谥法》中"成"字有 3 条，表明，其书内容远较《谥法解》条目丰富。

（4）直道不挠曰贞，事君无猜曰贞，清白守节曰贞，固节干事曰贞。

《通鉴》卷四十八《汉纪四十》注引《谥法·臣谥》："直道不挠曰贞，事君无猜曰贞，清白守节曰贞，固节干事曰贞。"《通鉴》卷一百九十九《唐纪十五》注引贺琛《谥法》："直道不桡曰贞。"

《逸周书·谥法解》中"贞"字有 3 条："清白守节曰贞，大虑克就曰贞，不隐无屈曰贞"。蔡邕《独断》："清白自守曰贞。"[1] 贺氏《新谥法》保存了《谥法解》中的"清白守节曰贞"条，抛弃了"大虑克就曰贞，不隐无屈曰贞"，新增补了"直道不挠曰贞，事君无猜曰贞，固节干事曰贞" 3 条。这表明，贺氏《新谥法》对旧谥法有较多摒弃，删除了一些后世少用的条目，同时又增加了一些条目。

（5）恭敬行善曰简注：《旧谥》"简"字无此条，注引贺琛《臣谥》。

《通鉴》卷五十一《汉纪四十三》注引《臣谥》曰："恭敬行善曰简。"《谥法解》："壹德不解曰简，平易不疵曰简"。蔡邕《独断》："一德不懈曰简。"[2] "解"与"懈"通。可见《独断》同于《谥法解》。《臣谥》即贺琛《新谥法》中的《臣谥》卷。《谥法解》"简"字共有 2 条，贺氏《新谥法》"解"字有几条，不得而知。但《通鉴》注引这条不同于《谥法解》。

（6）败乱百度曰纵，怠政败礼曰纵。注：《旧谥法》无"纵"字。

《通鉴》卷一百九十六《唐纪十二》注引：贺琛《谥法》："败乱百度

---

① （东汉）蔡邕：《独断》，（明）程荣辑：《汉魏丛书》，吉林大学出版社 1992 年版，第187 页。

② 同上。

曰纵，怠政败礼曰纵。"

案：《谥法解》及《独断》均无"纵"字。此可能后出条目。

（7）俭啬无德曰褊，心隘政急曰褊。注：《旧谥法》无"褊"。

《通鉴》卷一百九十九《唐纪十五》注引贺琛《谥法》："直道不挠曰贞，俭啬无德曰褊，心隘政急曰褊。"

案：《谥法解》及《独断》均无"褊"字。此可能为后出条目。

（8）有功安民曰熹。注：《旧谥法》无"熹"字。见蔡邕《和熹皇后谥议》）。

此条见于《通鉴》注引。卷五十《汉纪四十二》注引《谥法》："有功安民曰熹。"案《谥法解》及《独断》中均无"熹"字，但《谥法解》："有功安民曰烈"。《通鉴》中多次引用此条。卷一《周纪一》注引《谥法》："猛以刚果曰威，有功安名曰烈。"卷一《周纪一》注引《谥法》："有功安民曰烈，秉德尊业曰烈。"卷四十三《汉纪三十五》注引《谥法》："好廉自克曰节，有功安民曰烈。"卷七十《魏纪二》注引《谥法》："昭德有劳曰昭，有功安民曰烈。"卷七十三《魏纪五》、卷一百五十《梁纪六》注引《谥法》："有功安民曰烈，秉德尊业曰烈。"卷一百六十九《陈纪三》注引《谥法》："布义行刚曰景，有功安民曰烈，猛以刚果曰威，有威可畏曰威，以刑服远曰威。"这些都同于《谥法解》。可见"有功安民曰熹"当为后出谥法，王谟将其归入贺琛《谥法》颇为可信。

虽然众多《谥法》著作多亡佚，而《逸周书·谥法解》保存完整，蔡邕《独断》存有四十余条（46条），这些现存条目是考察贺琛《新谥法》佚文的重要依据。仔细考察之后，便可发现，除上述条目之外，王氏所辑《新谥法》还有不少条目可以确定为出自贺琛《新谥法》。唐初陆德明（550—630）《经典释文》中所引7条亦较为可信。如《经典释文》卷十六引：旧《谥》："慈惠爱民曰文，忠信接礼曰文"。《谥法解》："经纬天地曰文，道德博闻曰文，学勤好问曰文，慈惠爱民曰文，愍民惠礼曰文，锡民爵位曰文。"《独断》："经纬天地曰文。"① 《经典释文》注引

① （东汉）蔡邕：《独断》，（明）程荣辑：《汉魏丛书》，吉林大学出版社1992年版，第187页。

《谥法》前半"慈惠受民"同于《谥法解》，而后半"忠信接礼"不见于《谥法解》，表明此为后出条目。初唐陆德明所引《谥法》为当世流行的贺琛《新谥法》无疑。再如《经典释文》卷十七引《谥法》："因事有功曰襄，辟土有德曰襄"。《谥法解》："辟地有德曰襄，甲胄有劳曰襄"。《独断》："辟地有德曰襄。"① 从以上比较可以看出，《经典释文》所引《谥法》后半"辟土有德"同于《谥法解》及《独断》，仍是对前代著作继承的结果，而前半"因事有功"则为新出条目。不仅如此，《经典释文》注引的其他《谥法》条目，亦可能出于贺琛《新谥法》，只是因其与《逸周书·谥法解》等相同，王谟故弃而不取。

再如"昏乱纪度曰荒"。《通鉴》卷一百三十七《齐纪三》注引：《谥法》："昏乱纪度曰荒。"《谥法解》："外内从乱曰荒，好乐怠政曰荒。"《独断》无"荒"字。晋时已有"荒"谥。《晋书·秦秀传》：《谥法》"昏乱纪度曰荒。"请谥（贾充）荒公，不从。此事亦见于《资治通鉴》卷八十一《晋纪三》。从以上比较可以看出，晋时"荒"谥不同于先秦，衍生新义。故此条当为贺琛《新谥法》收入无疑。再如，"贪以败官曰墨。"《谥法解》及《独断》均无"墨"字。晋代有"墨"谥记载。《晋书·儒林列传·范弘之传》："案《谥法》：因事有功曰襄，贪以败官曰墨。"可见"墨"为后出谥字，当收入贺琛《新谥法》无疑。

此外，还有些显然是贺琛《新谥法》佚文，惜王氏未收，现补充如下。苏洵《谥法》中有两则资料：

（1）卷四："睦于兄弟曰友"。新改。旧《法》：有孝而无友。贺琛以友为朋友之友，易之云耳。②

案：此条不见于《逸周书·谥法解》及《独断》。苏氏所言表明，旧《谥法》当为"睦于兄弟曰孝"，而贺琛改为"友"。可见此条见于贺琛《新谥法》。

（2）卷四："菲薄废礼曰俭"。新改。贺琛旧以"俭"为善谥。夫俭

① （东汉）蔡邕：《独断》，（明）程荣辑：《汉魏丛书》，吉林大学出版社1992年版，第187页。

② （北宋）苏洵：《谥法》，《文渊阁四库全书》第646册，台湾商务印书馆1986年版，第917页。

而中礼，则不曰俭矣，惟俭而不中礼，乃得为俭。①

案：苏氏所言表明，贺琛《新谥法》中有此条，不过贺氏将此条归为善谥，而苏氏不赞同，改为恶谥。

另，陆德明《经典释文》中有一则：

"贱而得爱曰嬖"（《经典释文》卷五）②

贺琛之前，诸谥法著作均无妇谥，此条妇谥当出于贺琛《新谥法》无疑。

从以上分析可以看出，王谟《汉魏遗书钞》中所辑贺琛《新谥法》百条不仅大体可信，并且还有一些条目王谟因重见未收，亦可能见于贺琛《新谥法》。

四 《谥法》思想

以上对贺琛《新谥法》作了简单考察，下面对其《新谥法》体系及特征作一简单归纳。贺琛《新谥法》对前代谥法著作摒弃的情况有以下三种：

（一）与前代《谥法》条目全同

因为王谟辑贺氏《新谥法》时，有意识地剔除与《谥法解》相同者，因此，此类情况不是很多，但依然可找出一些例子。

1. 清白守节曰贞

《通鉴》卷四十八《汉纪四十》注引《谥法·臣谥》："直道不挠曰贞，事君无猜曰贞，清白守节曰贞，固节干事曰贞。"《逸周书·谥法解》中"贞"字有3条："清白守节曰贞，大虑克就曰贞，不隐无屈曰贞"。贺氏《新谥法》保存了《谥法解》中的"清白守节曰贞"。

2. 慈惠爱亲曰孝

《通鉴》卷一注引《谥法》："慈惠爱亲曰孝。"《谥法解》："五宗安之曰孝，慈惠爱亲曰孝，协时肇享曰孝，秉德不回曰孝。"贺氏《新谥法》全同于《谥法解》。

---

① （北宋）荀洵：《谥法》，《文渊阁四库全书》第646册，台湾商务印书馆1986年版，第920页。

② 黄焯：《经典释文汇校》，中华书局2006年版，第130页。

3. 博闻多能曰宪

《通鉴》卷二十注引《谥法》："博闻多能曰宪。"《谥法解》："博闻多能曰宪。"二者全同。

（二）对前代谥法略有修订

贺氏《新谥法》中有不少条目，与前代《谥法》条目大意相同，只不过有个别字差异，可能是流传过程中传写之误造成的。这样的例子不少。

1. 在国遭难曰闵

《经典释文》卷十五引："在国遭难曰闵。"《逸周书·谥法解》中关于4条："在国逢难曰愍，使民折伤曰愍，在国连忧曰愍，祸乱方作曰愍"。贺氏此条不过是对"在国遭难"稍作了修改罢了。

2. 夙夜勤事曰敬

《左传正义》闵公元年注引："夙夜勤事曰敬。"《逸周书·谥法解》中有4条："夙夜警戒曰敬，夙夜恭事曰敬，象方益平曰敬，善合法典曰敬"。贺氏"夙夜勤事"显然是对"夙夜恭事"的修改。

这样的例子有不少。再如，"爱民好兴曰惠"与"爱民好与曰惠"；"柔德安众曰靓"与"柔德考众曰静"，"大虑行方曰考"与"大虑行节曰考"等。

（三）增加新条目

有些谥字见于《谥法解》等前代著述，但贺氏《新谥法》增加了新条目。

1. 胜敌克乱曰庄（《经典释文》卷十五引）

《谥法解》中"庄"字有6条："兵甲亟作曰庄，睿圉克服曰庄，胜敌志强曰庄，死于原野曰庄，屡征杀伐曰，武而不遂曰庄"。而贺氏又增加了新意。

2. 忠信接礼曰文（《经典释文》卷十六引）

《谥法解》："经纬天地曰文，道德博闻曰文，学勤好问曰文，慈惠爱民曰文，愍民惠礼曰文，锡民爵位曰文。"于众多条目之外，贺氏《新谥法》又增加了一条。

这样的例子很多，如"不尸其位曰隐""因功有功曰襄""敬长事上曰共""动静乱常曰幽""道德无为曰帝"等。

（四）增加新谥字

贺氏《新谥法》中收录了一些谥字，不见于《谥法解》等前代著述，可能是新出谥字。如，"贱而得爱曰嬖"（《经典释文》卷五引），"经典不易曰祁"（《左传正义》庄公六年注引），"行见中外曰显，受禄于天曰显，百辟惟刑曰显""思虑深远曰慎""贵贤亲亲曰仁""景物四方曰世""武而不遂曰壮""不醉而怒曰嚣""色取行违曰闻""言行相违曰僭""怠礼败度曰纵""俭啬无德曰褊"等。

（五）改用谥字

有时，大意相同，但贺氏《新谥法》所用谥字却不同于前代。

1. 睦于兄弟曰友

苏洵《谥法》卷四："睦于兄弟曰友"。新改。旧《法》：有孝而无友。贺琛以友为朋友之友，易之云耳。① 案：此条不见于《逸周书·谥法解》及《独断》。苏氏所言表明，旧《谥法》当为"睦于兄弟曰孝"，而贺琛改为"友"。可见此条见于贺琛《新谥法》。

2. 有功安民曰熹

《通鉴》卷五十《汉纪四十二》注引《谥法》："有功安民曰熹。"

案《谥法解》及《独断》中均无"熹"字，但《谥法解》："有功安民曰烈。"《通鉴》注多次引用此条。卷一《周纪一》注引《谥法》："猛以刚果曰威，有功安名曰烈。"卷一《周纪一》注引《谥法》："有功安民曰烈，秉德尊业曰烈。"卷四十三《汉纪三十五》注引《谥法》："好廉自克曰节，有功安民曰烈。"卷七十《魏纪二》注引《谥法》："昭德有劳曰昭，有功安民曰烈。"卷七十三《魏纪五》、卷一百五十《梁纪六》注引《谥法》："有功安民曰烈，秉德尊业曰烈。"卷一百六十九《陈纪三》注引《谥法》："布义行刚曰景，有功安民曰烈，猛以刚果曰威，有威可畏曰威，以刑服远曰威。"这些都同于《谥法解》。可见"有功安民曰熹"当为后出谥法，改其谥字。

较之以前诸《谥法》，贺琛《新谥法》的确有不少"新"之处。

---

① （北宋）苟洵：《谥法》，《文渊阁四库全书》第 646 册，台湾商务印书馆 1986 年版，第 917 页。

(1) 将妇谥列入《谥法》

在沈约《谥例》的基础上,"贺琛又加妇人谥二百三十八条"①。这显然是一个很重要的突破与创举。在先秦两汉时期,女性地位不高,往往依附于男性。妇人有三从之义,既嫁后从夫,"故妇人无爵,从夫之爵,坐以夫之齿"(《礼记·郊特牲》)。张家山汉墓竹简《二年律令·置后律》:"女子比其夫爵。"② 妇人之谥亦随夫。《五经通义》云:"妇人以随从为义,夫贵于朝,妇贵于室,故得蒙夫之谥。"③ 古代妇女唯有后夫人有谥。《白虎通·谥·谥后夫人》:"后夫人何处谥之?以为于朝廷。"④"夫人一国之母,修闺门之内,则下以化之,故设谥章其善恶。《公羊》曰:葬宋恭姬,称其谥,贤之也。卿大夫妻,命妇也,无谥也,以贱也。妾无谥,亦以卑贱,无所能与,犹士卑小不得谥也。"(《通典》卷一百四)尽管春秋时期便有加谥后夫人之举,但毕竟不太普遍。至东晋穆帝时,彭城国上言,为太妃求谥,太常王彪之以为妇人无谥,春秋妇人有谥,周末礼坏耳。今彭城妃不应谥。(《通典》一百四)其实,不仅春秋时期有妇谥,汉代以来一直存在。《汉书·外戚传上》:"(宣帝)即尊位后,追尊母王夫为谥曰悼后,祖母史良娣曰戾后。"《建康实录》卷三载,孙休继位后,"有司奏请立皇后,帝乃尊所生王夫人,谥为敬怀皇后,改葬敬陵"。⑤《晋书·后妃列传》载,东晋司马睿继大位后,亦追谥其生母虞氏为敬后。上述数种情况都是登帝位后加谥其生母之例,这些显然是特例,故史书加以记载。其实,自东汉以来,诸皇后皆有谥号,这在《三国志》《后汉书》《晋书》等正史中皆有明确记载。如《三国志·魏书·后妃传》中便有武宣卞皇后、文昭甄皇后、文德郭皇后、明悼毛皇后、明元郭皇后等,这些"宣""昭""德""悼""元"等显然都是谥号。这些谥号与

---

① (南宋)晁公武:《郡斋读书志》,《文渊阁四库全书》第 674 册,台湾商务印书馆 1986 年版,第 171 页。

② 张家山二四七号汉墓竹简整理小组编:《张家山汉墓竹简〔二四七号墓〕》(释文修订本),文物出版社 2006 年版,第 59 页。

③ 转引自(唐)杜佑《通典》卷一百四。杜佑撰,王文锦等点校:《通典》,中华书局 1988 年版,第 2713 页。

④ (清)陈立:《白虎通疏证》,中华书局 1994 年版,第 76 页。

⑤ (唐)许嵩撰,张忱石点校:《建康实录》,中华书局 1986 年版,第 82 页。

男性相同，显然是共用的。当然也有一些妇人专用的谥号，如上文提到的"嫠"等。有些谥号，可能用于男性和用于女性时内涵所指并不相同。正因如此，实有将妇谥与男谥加以区分的必要。贺琛《新谥法》适应时代的需要，开创独列妇谥之先例。遗憾的是，这一做法并没有为后世所继承，如苏洵《谥法》中并无妇谥。

（2）浓郁的时代气息

随着时代发展，一些旧谥号，必然会退出历史舞台。如《逸周书·谥法解》："执应八方曰侯。"这显然只对适合于诸侯混战的战国时期，那些称霸四方的霸主可以加以此谥，但进入大一统的封建帝国之后，显然不可能出现这样的霸主。再如，"辟土服远曰桓""内处宾服曰正"等，亦是如此。与此同时，随着时代发展，也产生了一些新谥号。如"忠信接礼曰文"。这显然是汉代以来重儒家教化的结果。再如，"受禄于天曰显""民和神福曰成"等，显然是汉代君权神授、天人合一等思想的产物。再如，"温柔恕恭曰康""贵贤亲亲曰仁""中和纯淑曰德""温和圣善曰懿"等，显然都是儒家教化盛行之后的产物。贺琛将这些新出条目都收入《新谥法》，显然适应了时代发展之需要，同时也体现出浓郁的时代气息。

从以上分析可以看出，贺氏《新谥法》既对前代谥法做了大量继承，又将新的成果采纳其中，故形成了庞大的体系，多达数千条，可谓当时谥法之集大成者。不仅如此，贺氏还适应时代需要，将妇谥收入其中，并列专章加以罗列。这些显然是一大进步。总之，无论是在体系上，还是在内容上，贺琛《新谥法》颇有胜出前人之处，故不仅当时被予以施行，而且对后世影响深远，后世著作多受其影响。

结　　语

随着士大夫的家族化和地方大族的士大夫化，到了魏晋时期，各地皆出现了一系列的世家大族，即士族。① 因受政治、经济和地域等因素影响，各地士族地域特征逐渐形成。西晋短暂的统一并没有很好地实现地域文化的融合。东晋以降，南北对峙，地域文化差异变得更为明晰。就士族而言，北方士族（即侨姓）与南方士族（即吴姓）虽然在东晋之后，二者在文化方面有双向互融的倾向，但其差异性依然较为明显。不仅如此，由于受到政治、经济、地域、文化等因素影响，江东各地士族亦呈现出不同的发展命运和家族特征。吴郡士族以陆氏、顾氏、张氏、朱氏为代表，会稽士族则以孔氏、虞氏、贺氏、谢氏为代表，吴兴士族则以沈氏、姚氏为代表。相比较而言，由于受地域因素影响，吴郡士族与侨姓士族交流较多，故其受侨姓士族影响较大，因而显得更为开放，吴郡士族多受玄学影响便是明证。而会稽士族却一直比较保守，往往保持着汉魏儒学传统，直至南朝后期，这一情形方才略有所改变。吴兴士族地位远不如吴郡士族和会稽士族，唯有沈氏是例外。就会稽士族而言，山阴贺氏最具有代表性。山阴贺氏不仅是会稽士族的典型代表，也可以说是江东士族的代表。贺氏家族的政治地位、社会影响、学术风格与家学传统的变迁，很好地展示了贺氏家族独特的家学传统和家族特征。

---

① 唐长孺认为"士族形成在魏晋时期"。参见唐长孺《士族的形成和升降》，载其著《魏晋南北朝史论拾遗》，中华书局 1983 年版，第 54 页。

（一）贺氏家族特征

与其他士族相比，会稽贺氏在为官、社交、学术等方面都展现了其家族优良的家学传统和鲜明的家学特征。

（1）在仕途上，贺氏不因朝代更替而兴衰

东晋以降，江东士族都经历了艰难的发展历程。如上所述，贺氏原为齐公族庆氏之后，后庆封避罪奔吴。西汉末庆氏徙居会稽山阴，东汉安帝时因避讳改为贺姓。如果再考察其他江东士族便可发现，三吴著名士族，如吴郡陆氏、朱氏、张氏，会稽虞氏、孔氏、魏氏、谢氏以及吴兴沈氏、丘氏、姚氏等，皆为北方南迁者。① 这些南迁者，往往具有较高的文化素养，其中不乏一些南迁后为高官者，如虞翻之父虞歆为日南太守，孔愉祖父孔竺为吴豫章太守等。这些显然为这些家族的发展奠定了良好的文化基础。六朝时期，贺氏发展大体比较平稳，没有因朝代更替而呈现出明显的大起大落。孙吴时期，贺氏较早与孙氏合作，故贺氏仕途较为通达，出现了贺齐、贺邵等名流。后贺邵受陷害致死，家属流放海隅。这是贺氏所受到的唯一的较大打击。西晋平吴，贺循得以还乡。东晋建国江南，给江东士族提供了很好的发展机会。贺循以其学术而深得晋元帝器重，贺循名位俱归，成为一代儒宗。由于贺循早亡（东晋建国仅三年便亡），其子尚幼，故贺氏家族渐趋衰微。直至百余年后，贺场和贺琛的出现，贺氏再次兴盛。此后，贺氏一直长盛不衰，直至唐代。与此形成鲜明对比的是，一些家族因投靠政治，随朝代更替而兴衰。如吴郡陆氏、顾氏，因得地域优势（东吴和东晋皆建都于建康），而大兴于东吴和东晋时期，但进入南朝之后，便少有闻名于世者。再如吴兴沈氏，因卷入政治斗争而几次大起大落。东晋时沈氏因支持王敦谋反而遭到沉重打击，后因支持刘裕而再度振兴，后又因与萧道成争权败北，沈氏再次遭到灭顶之灾。直至梁代，沈氏弃武习文，沈氏家族方才得以比较平稳地发展。会稽贺氏，因与政治保持着一定的距离，虽为高官者较少，但亦很少卷入高层政治斗争，故能比较平稳地发展，而较少受到朝代更替的影响。

---

① 参见方北辰《江东世家大族渊源表》，载其著《魏晋南朝江东世家大族述论》，台北：文津出版社 1991 年版，第 14—15 页。

（2）在社交方面，贺氏不善结交权贵，而多结好乡里

六朝时期，社交和婚姻是士族提升和保持社会地位的重要手段。山阴孔氏因多次结好于君主而仕途通达。如东晋时期，孔愉、孔坦等因支持晋元帝而仕途通达；刘宋时期，孔季恭因支持刘裕而深受器重。众多士族则往往借助婚姻来维护其社会地位，吴郡士族，如陆氏、顾氏等，一方面以婚姻结好于侨姓士族，另一方面又以婚姻来结成利益集团，以维护其地位与利益。会稽士族，如孔氏、虞氏等亦是如此。唯有贺氏例外。贺氏仅贺循和贺琛因居高位，故与达官权贵交往颇多，而其他人则很少与权贵交游。贺氏亦不借助婚姻来结好于侨姓士族和江东士族。相反，在友情方面贺氏一方面深得乡友提携，另一方面他们也竭力举荐乡友。如贺循曾先后获得吴郡陆机、顾荣等人举荐，而他亦曾举荐荀组、虞喜、陆玩、丁潭、杨方等南人。如贺琛发达后曾举荐南人沈洙、沈峻、孔子祛等人。不善结交权贵，使得贺氏很少官至高位；相互关照提携是在侨姓统治下江东士族寻求生存发展的必由途径。可见，在社会交游方面，贺氏既体现了江东士族的共性，但也保持着自身的个性。

（3）在学术方面，贺氏坚守传统儒学，世代以礼学闻名

在为官和社交方面，贺氏显然不如会稽孔氏和虞氏，更不用说与吴郡陆氏、顾氏等相比了。但是在学术方面，江东士族则少有能与山阴贺氏并提者。贺氏有着深厚的家学传统。贺氏源出庆氏，而庆普创立的庆氏礼学博大精深，影响深远。六朝贺氏很好地继承了这一优良家学传统，贺氏世代以儒学为业，以礼学名世，少有例外。东汉贺纯便以儒学而闻名。东吴贺邵因"奉公贞正"（《三国志·贺邵传》），为群小所畏。晋代贺循自幼"操尚高厉，童龀不群，言行进止，必以礼让"（《晋书·贺循传》），后虽居高位，依然以礼自律，以致元帝称其"清直履道，秉尚贞贵，居身以冲约为本，立德以仁让为行，可躬训储宫，默而成化"①。不仅如此，贺循精于礼学，为一代儒宗，为东晋礼乐建设作出了巨大的贡献。梁代贺玚和贺琛皆为一代礼学大师，贺玚《礼记新义疏》影响深远，《礼记正义》引用颇多。贺琛《新谥法》撰成后在很长时间内一直为官方所用。晋代贺

---

① （北宋）李昉等：《太平御览》，中华书局1960年版，第1156页。

隰、梁代贺革以及陈代贺德基等，皆精于礼学，为当时著名礼学家。正如李慈铭所云，山阴贺氏"六世以三礼名家，为南土儒宗"①。

（二）贺氏学术成就

会稽山阴贺氏是典型的学术世家，六朝时期贺氏家族礼学名家辈出，其中最著名的当数东晋贺循、梁代贺玚和贺琛，他们不仅著述甚丰，而且皆在融前人之长的基础上形成了自己的礼学体系，对后世礼学发展产生了极其深远的影响。

（1）贺循礼学

贺循是东晋时期最具权威的丧礼学家之一，其丧礼学体系广博精密。贺循幼罹家难，流放海隅。西晋平吴，得归乡里。贺循自幼勤于礼学，常以礼自律。西晋时虽然出仕，却因不受重用而无所作为。东晋初期，深受晋元帝器重，不仅官至高位，而且言计多从，故其为东晋礼乐建设作出了巨大的贡献，如藉田礼、郊祀礼、宗庙制度、祭祀用乐、丧葬礼等。贺循尤精于丧葬礼，有《丧服谱》《丧服要记》《葬仪》等著作多种，对丧葬的整个程序作了详细的记录。虽然贺循这些著作皆亡佚，但《通典》《礼记正义》《太平御览》《玉海》等典籍收录颇多，这些片断成为后世研究晋代丧葬文化的重要资料。

（2）贺玚礼学

梁代贺玚乃贺循玄孙，其自幼习礼学，为一代礼学大师，入室弟子较多，皇侃便是其中佼佼者。梁武帝制礼，贺玚掌管宾礼，朝廷议礼遇惑，多向其咨询。其所著《礼记新义疏》是南朝时期重要的《礼记》注疏著作。《礼记新义疏》，以郑注为宗，为广纳众说，锐意出新，对许多问题提出了新的见解。此书虽早佚，但《礼记正义》《经典释文》引录不少，其许多见解广为后世学者所采纳，如宋代卫湜《礼记集说》、元代陈澔《礼记集说》以及清代朱彬《礼记训纂》、孙希旦《礼记集解》等皆对其观点引用较多。

（3）贺琛礼学

贺玚之侄贺琛亦是一代礼学大师。贺琛受命编撰《新谥法》。在此之

---

① （清）李慈铭：《越缦堂读书记》，中华书局1963年版，第264页。

前，《谥法》颇多，如《逸周书·谥法解》，刘熙载《谥法》，沈约《谥例》等。贺琛在继承前人成果的基础之上，重新编撰《新谥法》。其书之"新"在于依据对象将全书分为君谥、臣谥、妇人谥三卷，并且各卷之内又分为美谥、平谥、恶谥三类。这是谥法史上第一次将谥字分类的开创性工作。不仅如此，在沈约《谥例》的基础之上，贺琛又增加妇人谥二百三十八条，使得全书条目总计达一千余条。正因如此，《新谥法》形成之后，便成为官方加谥法典，直至宋代，为官方新定《谥法》所取代。

　　总而言之，会稽山阴贺氏是六朝时期典型的学术世家，不仅保持着良好的悠久的家学传统，而且与时俱进，勇于创新，为礼学和礼制的发展作出了巨大的贡献。深厚的家学传统和鲜明的家风特征以及长盛不衰的发展历程，使得会稽贺氏成为六朝时期极具影响和魅力的世家之一。

附录一 贺氏谱系表

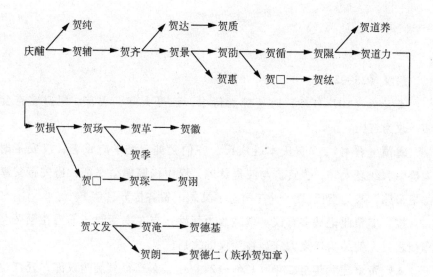

参考资料

（清）周嘉猷：《南北朝世系表·贺氏》，《二十五史补编》（5），中华书局 1986 年版，第 6093 页。

王伊同：《高门权门世系婚姻表》七一《会稽山阴贺氏》，载其著《五朝门第》，中华书局 2006 年版。

刘淑芬：《表七：山阴贺氏》，《六朝会稽士族》，载其著《六朝的城市与社会》，台湾学生书局 1992 年版，第 267 页。

傅振照：《六朝贺氏家世梗概》，载其著《绍兴思想史》，中华书局 2004 年版，第 136 页。

渠晓云：《六朝会稽山阴贺氏世系表》，载其著《六朝文学与越地文化》，人民出版社 2010 年版，第 389 页。

附录二 贺氏年表

东汉（25—220）

▲安帝（107—125）时贺纯为侍中，江夏太守，去官。因避安帝父讳，改为贺氏。

虞预《晋书》："贺氏本姓庆氏。齐伯父纯，儒学有重名，汉安帝时为侍中、江夏太守，去官。与江夏黄琼，汉中杨厚俱公车征，避安帝父孝德皇帝讳，改为贺氏。"（《三国志·吴志·贺齐传》注引）

按：虞预此记载多有误。贺纯改为贺姓，当在安帝时，不当在顺帝公车征之后。贺纯为江夏太守当在为议郎之后。

▲顺帝永建元年至二年（126—127）中，公车征贺纯为议郎，迁江夏太守。

《后汉书·黄琼传》："永建中，公卿多荐（黄）琼者，于是与会稽贺纯、广汉杨厚俱公车征。……三年，大旱。"

虞预《晋书》：贺纯"与江夏黄琼，汉中杨厚俱公车征"。（《三国志·吴书·贺齐传》注引）

谢承《后汉书》："（贺）纯字仲真，会稽山阴人。少为诸生博极群艺。十辟公府，三举贤良方正，五征博士，四公车征，皆不就。后征拜议郎，数陈灾异，上便宜数百事，多见省纳。迁江夏太守。"（范晔《后汉书·李固传》注引）

▲桓灵时期，贺辅为宁永长。

虞预《晋书》："（贺）齐父辅，为永宁长。"（《三国志·吴书·贺齐

传》注引）

▲桓灵时期，贺齐少为郡吏，守剡长，县吏斯从为奸，诛之，平定其族党叛。

《三国志·吴书·贺齐传》

▲建安元年（196），贺齐察孝廉。后代南部都尉事，劝降商升，破张雅、詹强叛乱。

《三国志·吴书·贺齐传》

▲建安八年（203），贺齐进兵建安，立都尉府。郡发属县五千兵，各使本县长将之，皆受齐节度。后大破洪明等。复立县邑。拜为东平校尉。

《三国志·吴书·贺齐传》

▲建安十年（205），贺齐讨上饶，分以为建平县。

《三国志·吴书·贺齐传》

▲建安十三年（208），贺齐迁威武中郎将，讨丹黟、歙。大破之。贺齐表言以叶乡为始新县。又表分歙为新定、黎阳、休阳。并黟、歙凡六县。孙权遂割为新都郡，贺齐为太守，立府于始新，加偏将军。

《三国志·吴书·贺齐传》

▲建安十六年（211），贺齐平余杭民郎稚叛乱，表言分余杭为临永县。孙权赐辖车骏马。

《三国志·吴书·贺齐传》

▲建安十八年（213），贺齐平豫章东部民彭材等叛乱。迁奋武将军。

《三国志·吴书·贺齐传》

▲建安二十年（215），贺齐从孙权征合肥。

《三国志·吴书·贺齐传》

▲建安二十一年（216）贺齐平定鄱阳等地叛乱。拜安东将军，封山阴侯，出镇江上，督扶州以上，督扶州以上至皖。

《三国志·吴书·贺齐传》

东吴（220—280）

▲孙权黄武初（222），贺齐拒魏将曹休。

《三国志·吴书·贺齐传》

▲孙权黄武二年（223）贺齐督糜芳、鲜于丹等袭蕲春，生虏晋宗。

《三国志·吴书·吴主传》

▲大帝孙权黄武六年（227），贺齐卒。贺邵生。

《三国志·吴书·贺齐传》：贺齐破晋宗。后四年卒。其子达及弟景皆有令名，为佳将。

《吴书》曰："邵，贺齐之孙，景之子。"（《三国志·吴书·贺邵传》注引）

按：《三国志·吴书·贺邵传》载，贺邵卒于孙皓天册元年（275），年四十九岁。以此推之，贺邵当生于此年。

▲贺景、贺达皆有令名，为佳将。

《三国志·吴书·贺齐传》：贺邵子达及弟景皆有令名，为佳将。

《会稽典录》："（贺）景为灭贼校尉，御众严有恩，兵器精饰，为当时冠绝，早卒。（贺）达颇任气，多所犯迕，故虽有征战之劳，而爵位不至。然轻财贵义，胆烈过人。子质，位至虎牙将军。景子邵，别有传。"（《三国志·吴书·贺齐传》注引）

按：此《三国志·贺邵传》所云"及弟"当指贺景之弟，而非贺齐之弟。

▲景帝孙休（258—264）时，贺邵从中郎为散骑中常侍，出为吴郡太守。

《三国志·吴书·贺邵传》

▲景帝孙休永安三年（260），贺循生。

据《晋书·贺循传》载，贺循卒于东晋元帝大兴二年（319），年六十岁。以此推之，贺循当生于此年。亦见于《三国志·贺邵传》注引虞预《晋书》。

▲末帝孙皓时，贺邵入为左典军，迁中书令，领太子太傅。贺邵上书谏孙皓，获罪。

《三国志·吴书·贺邵传》

▲末帝孙皓建衡元年（269）陆凯病将卒，孙皓使使问，陆凯称贺邵为社稷之臣。

《三国志·吴书·陆凯传》："建衡元年，（陆凯）疾病，皓遣中书董朝问所欲言，凯陈：'……姚信、楼玄、贺邵……或清白忠勤，或姿才卓茂，皆社稷之桢干，国家之良辅。'"

▲末帝孙皓天册元年（275），贺邵中风不能言，去职数月，见收，被杀，年四十九岁。家属徙临海。其子贺循亦流放海滨。

《三国志·吴书·贺邵传》载，贺邵于天册元年被诛，年四十九岁。家属徙临海。

《晋书·贺循传》："父邵，中书令，为孙皓所杀，徙家属边郡。循少婴家难，流放海隅，吴平，乃还本郡。"

虞预《晋书》："循丁家祸，流放海滨。吴平，还乡里。"（《三国志·吴书·贺邵传》注引）

西晋（280—316）

▲晋武帝咸宁六年（280），吴平，贺循得以还乡。

《晋书·贺循传》："循少婴家难，流放海隅。吴平，乃还本郡。"

虞预《晋书》："循丁家祸，流放海滨。吴平，还乡里。"（《三国志·吴书·贺邵传》注引）

▲贺循为五官掾。嵇喜举秀才，除阳羡令，后为武康令。

《晋书·贺循传》：贺循操尚高厉，童龀不群，言行进止，必以礼让。国相丁义请为五官掾。刺史嵇喜举秀才，除阳羡令。……后为武康令。

虞预《晋书》："（贺循）好学博闻，尤善《三礼》。举秀才，除阳羡、武康令。"（《三国志·吴书·贺邵传》注引）

▲惠帝永平元年（291），著作郎陆机等荐贺循。

《晋书·贺循传》："著作郎陆机上疏荐循曰……"

《晋书·陆机传》：杨骏诛后，陆机累迁太子洗马，著作郎。据《晋书·惠帝纪》记载，永平元年（291）三月太傅杨骏被诛。故将陆机荐贺循系于此年。

▲惠帝元康八年（298），召补太子舍人。

《晋书·贺循传》："著作郎陆机上疏荐循曰……久之，召补太子舍人。"

按：《晋书·惠帝纪》：元康九年（299）十二月，废皇太子遹为庶人。贺循为太子舍人当在此前。"久之"表明上距陆机时间较久。据此，贺循入洛为官当在元康八年（298）左右。

▲惠帝永宁元年（301），贺循为侍御史，除南中郎长史，皆不就。

《晋书·贺循传》"赵王伦篡位后，转贺循为侍御史，辞疾去职。后除南中郎长史，不就。"

《晋书·晋帝纪》：永宁元年春正月乙丑，赵王伦篡帝位。

▲惠帝太安二年（303），石冰叛乱，贺循合众讨之，劝降抗宠，平定叛乱，迎还太守。

《晋书·贺循传》：石冰逐会稽太守张景。前南平内史王矩、吴兴内史顾秘、前秀周玘等起兵讨之，贺循合众应之。贺循移书劝降石冰将抗宠。一郡悉平，贺循迎太守张景还郡。即谢遣兵士，杜门不出，论功报赏，一无豫焉。

《晋书·惠帝纪》：太安二年秋七月，石冰寇扬州，刺史陈徽与战，大败，诸郡皆没。十一月，扬州秀才周玘、前南平内史王矩、前吴兴内史顾秘等起义军讨之。

▲惠帝永兴三年（306），贺循拒陈敏任职。

《晋书·贺循传》：及陈敏之乱，诈称诏书，以循为丹杨内史。贺循辞以脚疾。陈敏不敢逼。

虞预《晋书》："陈敏作乱，以（贺）循为丹杨内史，循称病固辞，敏不敢逼。"（《三国志·吴书·贺邵传》注引）

《晋书·惠帝纪》：永兴三年十二月，右将军陈敏举兵反。《晋书·怀帝纪》：永嘉元年三月，平东将军周馥斩送陈敏首。

▲晋怀帝永嘉元年（307）贺循领会稽相、吴国内史、公车征，皆不就。

《晋书·贺循传》："及敏破，征东将军周馥上贺循领会稽相，寻除吴国内史，公车征贤良，皆不就。"

虞预《晋书》："（贺循）后除吴国内史，不就。"（《三国志·吴书·贺邵传》注引）

《晋书·怀帝纪》：永嘉元年三月，平东将军周馥斩送陈敏首。

按：据《晋书·惠帝纪》载：永嘉元年三月，平东将军周馥斩送陈敏首。《晋书·元帝纪》：元帝受东海王司马越之命，讨"征东将军周馥"。

可见，周馥迁为征东将军当在平定陈敏之乱之后。《晋书·怀帝纪》多次提到"镇东将军周馥"，如"镇东将军周馥表迎大驾迁都寿阳"，"安东将军、琅邪王睿使将军甘卓攻镇东将军周馥于寿春，馥众溃"。可见，"镇东将军"和"征东将军"所指相同。

▲晋怀帝永嘉元年（307），贺循为参佐，复为吴国内史。

《晋书·元帝纪》：永嘉初，用王导计，始镇建业，以顾荣为军司马，贺循为参佐。

《晋书·贺循传》："元帝为安东将军，复上循为吴国内史。"

《晋书·怀帝纪》：永嘉元年秋七月，以平东将军、琅邪王睿为安东将军。

按：《晋书·贺循传》载安东将军问及贺循父贺邵之死。此亦见于《世说新语·纰漏》注引。这些记载与《三国志·贺邵传》记载不同，学者多疑之。①

▲怀帝永嘉二年（308）东海王越命为参军，征拜博士，贺循不就。

《晋书·贺循传》："东海王越命为参军，征拜博士，并不起。"

按：东海王越征拜贺循时间，史书无载。《晋书·怀帝纪》：永嘉元年十二月，东海王越自为丞相。征拜贺循之事当于此时，故系于次年。

▲怀帝永嘉五年（311）司马睿为镇东大将军。以贺循为军司马，称疾不起。

《晋书·贺循传》：元帝为镇东大将军，以军司顾荣卒，引贺循代之。循称疾笃，笺疏十余上，帝遗之书，不就。

虞预《晋书》：元皇帝为镇东将军，请循为军司马。（《三国志·吴书·贺邵传》注引）

《晋书·怀帝纪》：永嘉五年五月，以安东将军、琅邪王睿为镇东大将军。

▲怀帝永嘉六年（312），司马睿承制，以贺循为军咨祭酒。责廷尉张闿私作都门。

---

① 参见卢弼《三国志集解》，中华书局 1982 年版，第 1136 页，以及王士鉴《晋书斠注》，中华书局 2008 年版，第 1173 页。

《晋书·贺循传》：及帝承制，复以为军咨祭酒。循称疾，王敦逼不得已，乃舆疾至。廷尉张闿私作都门，人多患之。连名诣贺循质之。贺循曰："当为言及之。"张闿闻之而毁门，致谢。

按：廷尉张闿一事亦见于《世说新语·规箴》。

《晋书·怀帝纪》：永嘉六年（312）二月，镇东大将军、琅邪王睿上尚书，檄四方以讨石勒。大司马王浚移檄天下，称被中诏承制。

▲怀帝永嘉六年（312），贺循征讨华轶，有功。

《晋书·贺循传》："及愍帝即位，征为宗正。元帝在镇，又表为侍中，道险不行。以讨华轶功，将封乡侯。"

《晋书·怀帝纪》：永嘉五年（311）六月，帝蒙尘平阳，刘聪以（元）帝为会稽公。荀藩移檄州镇，以琅邪王为盟主。六年（312）二月，大司马王浚移檄天下，称被中诏承制，以荀藩为太尉。

《晋书·元帝纪》：怀帝蒙尘于平阳，司空荀藩等移檄天下，推帝为盟主。江州刺史华轶不从，使豫章内史周广、前江州刺史卫展讨禽之。

《晋书·华轶传》：寻洛都不守，司空荀藩移檄，而以（元）帝为盟主。既而帝承制改易长吏，轶又不从命，于是遣左将军王敦、都督甘卓、周访、宋典、赵诱等讨之。

▲愍帝建兴元年（313），征为宗正，司马睿表为侍中，道险不行。将封侯，固辞。

《晋书·贺循传》："及愍帝即位，征为宗正。元帝在镇，又表为侍中，道险不行。以讨华轶功，将封乡侯，循自以卧疾私门，固让不受。"

东晋（317—420）

▲元帝建武初（317），为中书令，加散骑常侍，以老疾固辞。于是改拜太常，常侍加故。贺循辞加官，惟拜太常。东晋建国后，贺循参与各种礼仪制定，如论宗庙制度，论虞庙，论即大位告庙制度，论太常祭祀用乐，论郊祀礼，论藉田礼等。荐荀组为司徒。

《晋书·贺循传》：建武初，为中书令，加散骑常侍，又以老疾固辞。帝令之，于是改拜太常，常侍如故。贺循辞加官，于是惟拜太常而已。时宗庙始建始，旧仪多阙，或以为惠怀二帝应各为世，事下太常，循议曰……

虞预《晋书》："帝为晋王，以循为中书令，固让不受，转太常，领太子太傅。时朝廷初建，动有疑议，宗庙制度皆循所定，朝野咨询，为一时儒宗。"（《三国志·吴书·贺邵传》注引）

《通典》卷一百四十一：至江左初立宗庙，尚书下太常祭祀所用乐名，太常贺循答云……

《通典》卷四十七：东晋元帝初为晋王，妃虞氏先亡。王导与贺循书，论虞庙云。贺循答曰……

《通典》卷五十五：东晋元帝为琅邪王，将即极位告庙，王导书问贺循，循答曰……

《通典》卷四十二：东晋元帝即位于建康，议立南郊于巳地。太常贺循定制度，多依汉及晋初仪注。

《晋书·礼志上》：东晋初，元帝将修耕藉，于是向臣下咨询藉田之礼。尚书符问："藉田至尊应躬祠先农不？"贺循答……

《荀氏家传》曰：组字大章，中宗为晋王时将征为司徒，问太常贺循，循曰："组旧望清重，勤劳显著，迁顺五品，以统人伦，实充人望。"诏以组为司徒。（《太平御览》卷二百八）

《册府元龟》卷七十二：晋元帝建武元年二月以抚军大将军西阳王羕为太保，太尉荀组为司徒。时帝即晋王位，欲以组为司徒，问太常贺循。循曰："组旧望清重，忠勤显著，迁训五品，实允众望。"于是拜之。

▲元帝大兴元年（318）贺循上书反对招魂葬，建议增立众经博士。

《通典》卷一百三：大兴元年（318），诏书下太常详处。贺循答启辞："宜如瑰所上，自今以后禁绝，犯者依礼法。"

《通典》卷五十三：东晋元帝时，太常贺循上言："今宜《周礼》《仪礼》二经置博士二人，《春秋》三传置博士三人，其余则经置一人，合八人。"

按：《晋书·元帝纪》载，大兴四年（321）三月，"置《周易》《仪礼》《公羊》博士"。贺循卒于大兴二年（319），故建议增立众经当在大兴元年（318）左右。

▲元帝大兴二年（319）六月，加太常贺循开府仪同三司。

《晋书·元帝纪》：大兴二年六月，加太常贺循开府仪同三司。

《晋书·贺循传》：贺循病笃，上还印绶，改授左光禄大夫、开府仪同三司。帝临轩，遣使持节，加印绶。

▲元帝大兴二年（319）七月，贺循卒。

《晋书·贺循传》：大兴二年卒，时年六十。

《晋书·元帝纪》：大兴二年秋七月乙丑，太常贺循卒。

▲康帝时（343—344），贺隰为临海太守。

《晋书·贺循传》："子隰，康帝时官至临海太守。"

刘宋（420—479）

▲贺道力为尚书三公郎，建康令，为太子定礼，撰《五经义》。

《梁书·儒林列传·贺玚传》

《南史·贺玚传》

▲宋文帝元嘉二十九年（452），贺玚生。

据《梁书·儒林列传·贺玚传》载，贺玚卒于梁武帝天监九年（510），时五十九岁。以此推之，贺玚当生于此年。

南齐（479—502）

▲齐高帝建元元年（479），贺革生。

据《梁书·儒林列传·贺玚传》：贺革大同六年，卒官，时年六十二岁。以此推之，贺革当生于479年。479年4月，萧道成以禅让形式建立南齐，改元建元。因史籍未记载贺革出生月份，故系于此。

▲齐高帝建元三年（481），贺琛生。

据《梁书·贺琛传》记载，贺琛卒于梁武帝太清三年（549），年六十九岁。以此推之，贺琛当生于此年。

▲贺玚为扬州祭酒、国子助教、太学博士、太常丞等职。

《梁书·儒林列传·贺玚传》：齐时沛国刘瓛为会稽府丞，见贺玚深器异之。荐之为国子生。举明经，扬州祭酒，俄兼国子助教。历奉朝请，太学博士，太常丞，遭母忧去职。

▲齐明帝建武二年（495）贺玚为太学博士，参与南郊坛祭之议。①

《南齐书·礼志上》：建武二年……太学博士贺玚议："《周礼》'王族上帝，张毡案。'国有故而祭，亦曰旅。毡案，以毡为床于幄中，不闻郊所置宫宇。"

梁（502—557）

▲梁武帝天监初（502），贺玚为太常丞，预华林讲。

《梁书·儒林列传·贺玚传》：天监初，复为太常丞。有司举宾礼，召见说《礼》义，高祖异之，诏朝朔望，预华林讲。

▲梁武帝天监四年（505），贺玚兼《五经》博士，为皇太子定礼，撰《五经义》。

《梁书·儒林列传·贺玚传》：四年，初开五馆，以玚兼《五经》博士，别诏为皇太子定礼，撰《五经义》。

▲梁武帝天监六年（507），贺玚掌宾礼，议东宫宴会等用乐。

《通典》卷一百四十一：梁武帝天监六年，东宫新成，皇太子出宫后，于崇正蓼殿宴会。天监中，掌宾礼贺玚议……制曰："宜同。"

▲梁武帝天监七年（508），贺玚拜步兵校尉，领《五经》博士。

《梁书·儒林列传·贺玚传》七年，拜步兵校尉，领《五经》博士。

▲梁武帝天监九年（510），贺玚卒，时五十九岁。

《梁书·儒林列传·贺玚传》：九年，遇疾，遣医药省问，卒于馆，时年五十九岁。

▲贺革为侍读、尚书仪曹郎、国子博士、平西长史、南郡太守等职。

《梁书·儒林列传·贺玚传》：贺革起家晋安王国侍郎、兼太学博士，侍湘东王读。敕于永福省为邵陵、湘东、武陵三王讲礼。稍迁湘东王府行参军，转尚书仪曹郎。寻除秣陵令，迁国子博士。出为西中郎湘东王谘议参军，带江陵令。前后再监南平郡，为民吏所德。寻加贞威将军，兼平西长史、南郡太守。

▲贺季，任尚书祠部郎、步兵校尉、中书黄门郎等职。

①　《通典》卷四十二将此事系于永明元年（483），似不可信。

《梁书·儒林列传·贺玚传》：历官尚书祠部郎，兼中书通事舍人，累迁步兵校尉，中书黄门郎，兼著作。

▲梁武帝天监间，到溉荐之于湘东王，请补郡功曹吏，贺琛辞不就。

《南史·贺琛传》：湘东王行事到溉闻贺琛美名，会之，值其讲学。言之王，请补郡功曹吏。琛辞以母老，终于固执。

▲梁武帝普通后，贺琛任祭酒从事史、太学博士、尚书左丞、御史中丞、太府卿等职。

《梁书·贺琛传》：普通中，刺史临川王辟为祭酒从事史。补王国侍郎，俄兼太学博士，稍迁中卫参军事、尚书通事舍人，参礼仪事。累迁通直正员郎，舍人如故。又征西鄱阳王中录事，兼尚书左丞，满岁为真。迁员外散骑常侍。迁御史中丞，参礼仪事如先。坐免官，俄复为尚书左丞，迁给事黄门侍郎，兼国子博士。未拜，改为通直散骑常侍，领尚书左丞，并参礼仪事。迁散骑常侍。上书谏，武帝怒。久之，迁太府卿。

▲梁时，贺文发、贺淹为尚书祠部郎。

《陈书·儒林列传·贺德基传》：贺德基祖文发，父淹，仕梁俱为祠部郎。

▲梁武帝大同六年（540），贺革子贺徽卒。不久贺革卒，年六十二岁。

《梁书·儒林列传·贺玚传》：大同六年，卒官，时年六十二岁。

《南史·贺玚》：贺革子诩徽，美风仪，能谈吐，深为革爱，先革卒。革哭之，因遭疾而卒。

▲梁武帝太清初（547），贺诩卒。

《梁书·贺琛传》：太清初，贺诩自仪同西侯掾，出为巴山太守，在郡遇乱，卒。

▲梁武帝太清二年（549），贺琛迁云骑将军、中军宣城王长史。兵败被俘，受伤，劝城降。

《梁书·贺琛传》：太清二年，迁云骑将军、中军宣城王长史。侯景举兵袭京师，王移入台内，留琛与司马杨曒守东府。贼陷城，琛被枪未至死，贼得之，舆之阙下，劝仆射王克、领军朱异开城纳贼。克等让之，涕泣不止，贼复舆送庄严寺疗治之。

▲梁武帝太清三年（549），贺琛逃归乡里，侯景执之，以为金紫光禄

大夫。遇疾卒，年六十九岁。

《梁书·贺琛传》：明年，台城不守，琛归乡里。其年冬，贼进寇会稽，复执琛送出都，以为金紫光禄大夫。后遇疾卒，年六十九岁。

陈（557—589）

▲贺德基为尚书祠部郎。

《陈书·儒林列传·贺德基传》：贺德基于《礼记》称为精明，居以传授，累迁尚书祠部郎。

▲贺朗，为散骑常侍。

《旧唐书·文苑列传·贺德仁传》：父朗，为陈散骑常侍。

▲贺德仁，仕陈，至吴兴王友。

《旧唐书·文苑列传·贺德仁传》

隋（589—618）

▲隋文帝时，贺德仁为豫章王府记室参军。

《旧唐书·文苑列传·贺德仁传》：入隋，仆射杨素荐之，授豫章王府记室参军。

▲隋炀帝大业二年（606），贺德仁为齐王府属出补河东郡司法。

《旧唐书·文苑列传·贺德仁传》：及炀帝即位，豫章王改封齐王，又授齐王府属。

《隋书·炀帝纪》：大业二年六月，进封豫章王暕为齐王。

▲隋炀帝大业四年（608）时，出补河东郡司法。

《旧唐书·文苑列传·贺德仁传》：及齐王获谴，府僚皆被诛责，唯贺德仁以忠谨免罪，出补河东郡司法。

《隋书·齐王暕传》："至时，事皆发，帝大怒，斩（乔）令则等人，妃姊赐死，暕府皆斥之边远。"

▲入唐后，贺德仁为陇西公友、太子中舍人，太子洗马等职。

《旧唐书·文苑列传·贺德仁传》：及高祖平京师（617），隐太子封陇西公，用德仁为陇西公友。寻迁太子中舍人，以衰老不习吏事，转太子洗马。……贞观初（627），德仁转赵王友。无几卒。年七十余。

附录三　贺氏著述辑佚

（一）贺循著述辑佚

贺循《贺氏丧服谱》①

▲贺循《宗义》曰："古者诸侯之别子，及起于是邦为大夫者，皆有百代祀之，谓之太祖。太祖之代，则为大宗，宗之本统故也。其支子旁亲，非太祖之统，谓之小宗。小宗之道，五代则迁。当其为宗，宗中奉之，加于常礼。平居则每事谘告，死亡则服之齐衰，以义加也。"（《通典》卷七十三）

▲晋贺循《宗义》曰："奉宗加于常礼，平居即每事谘告。凡告宗之例，宗内祭祀、嫁女、娶妻、死亡、子生、行来、改易名字，皆告。若宗子时祭，则宗内男女毕会，丧故亦如之。若宗内吉凶之事，宗子亦普率宗党以赴役之。若宗子时祭，则告于同宗，祭毕，合族于宗子之家，男子女子以班。宗子为男主，宗妇为女主，故云'宗子虽七十，无无主妇'，以当合族纠宗故也。凡所告子生，宗子皆书于宗籍。大宗无后，则支子以昭穆后之；后宗立则宗道存，而诸义有主也。立主义存，而有一人不惇者，则会宗而议其罚。族不可以无统，故立宗。宗位既定，则常尊归之，理其

_____

① 马国翰《玉函山房辑佚书》辑有贺循《贺氏丧服谱》一卷（3 条）、《葬礼》一卷（8 条）、《贺氏丧服要记》一卷（38 条）。由于各种原因，马氏所辑虽有些不足，如佚文不完整、漏辑、语句误辑等现象，但毕竟为学者研究提供了方便。本书贺循著作三种以马氏辑本为底本，核之原书，将原文上下语境补充完整，校正明显错误。

亲亲者也。是故义定于本，自然不移，名存于政，而不继其人，宗子之道也。故为宗子者，虽在凡才，犹当佐之佑之，而奉以为主。虽有高明之属，盛德之亲，父兄之尊，而不得干其任者，所以全正统而一人之情也。若奸回淫乱，行出轨道，有殄宗废祀之罪者，然后乃告诸宗庙，而改立其次，亦义之权也。"（《通典》卷七十三）

▲贺循《祫祭图》："太祖东向，昭北行，南向；穆南行，北向。"（《通典》卷四十九）

贺循《葬礼》

▲晋贺循云："饰棺衣以布，玄上纁下。画帷荒云气，不为龙。荅帷易布以绀缯。池以象承霤，以竹为笼，如今车荅，惟以青绢代布。纽，玄纁二。其明器：凭几一，酒壶二，漆屏风一，三谷三器，瓦唾壶一，脯一笾，屦一，瓦樽一，屐一，瓦杯盘杓杖一，瓦烛盘一，箸百副，瓦𥁔一，瓦灶一，瓦香炉一，釜二，枕一，瓦甒一，手巾赠币玄三纁二，博充幅，长尺，瓦炉一，瓦盥盘一。"（《通典》卷八十六）

▲晋贺循云："载枢于辒，未明而行迁于祖庙者，乃将告辞于先君也。登自西阶，正枢于两楹间，北首，纳辒车于阶下，载之以适墓。启奠从设于西方。质明，灭烛，更设迁奠如启奠。"（《通典》卷八十六）

▲晋贺循曰："祖奠竟，厥明又大奠。大奠者，加于常一等，士以少牢，大夫太牢，盛葬礼也，是谓遣奠。奠毕，包牲下体以为藏备，大夫苞五，士苞三，遂行如墓。初设遣奠，士陈五鼎，用少牢，庶物备苞之以葬。今虽不能备礼，宜加于常奠，以盛送终也。其以葬日晨而设之。"（《通典》卷八十六）

▲晋贺循云："丧车前后四引，引十人，合四十人。十人一紼，合四十四人。皆素服白帽，紼手执练幡以部伍所主，禁欢呼嬉戏。四紼，一吏主之也。"（《通典》卷八十六）

▲贺循《葬礼》曰："大夫五旒吉韦车之所建也，通而以下，不为龙画。"（《太平御览》卷五百五十二）

▲贺循《葬礼》曰："杠，今之旒也。古者以缁布为之，命以绛缯，题姓字而已，不为画饬也。"（《太平御览》卷五百五十二）

▲晋贺循《葬礼》云："至墓之位，男子西向，妇人东向。先施幔屋于埏道北，南向。柩车既至，当坐而住。遂下衣几及奠祭。哭毕柩进，即圹中神位。既窆，乃下器圹中，荐棺以席，缘以绀缯，植翣于墙，左右挟棺，如在道仪。"（《通典》卷八十六）

▲晋贺循云："卒哭祭之明日，以其班祔于祖庙，各以昭穆之次，各有牲牢，所用卒哭。今无庙，其仪：于客堂设亡者祖坐，东向；又为亡者坐于北，少退。平明持馔具设及主人之节，皆如卒哭仪。先向祖座拜，次向祔座拜，讫，西面南上伏哭。主人进酌祖座，祝曰：'曾孙某，敢用洁牲嘉荐于曾祖某君，以隮祔某君之孙某。'又酌亡者座，祝曰：'哀子某，夙兴夜处不宁，敢用洁牲嘉荐，祔事于皇祖某君，适明祖某君，尚飨。'皆起再拜，伏哭尽哀，复各再拜，以次出。妻妾妇女以次向神座再拜讫，南向东上，异等少退，哭尽哀，各再拜还房。遂彻之。自祔之后，惟朔日月半殷奠而已，其馔如来时仪，即日彻之。"（《通典》卷八十七）

贺循《贺氏丧服要记》

▲贺循云："出居庐，论称杖者必庐，庐者必禫。"此明杖章寻常之礼，谓杖章之内，居庐必禫。若别而言之，则杖有不禫，禫有不杖者。按《小记》篇云："宗子，母在为妻禫。"则其非宗子，其余嫡庶母在，为妻并不得禫也。《小记》又云："父在，为妻以杖即位。"郑玄云："庶子为妻。"然父在为妻犹有其杖，则父没母存，有杖可知。此是杖有不禫者也。《小记》篇云："庶子在父之室，则为其母不禫。"若其不杖，则《丧服》不杖之条，应有庶子为母不杖之文。今无其文，则犹杖可知也。前文云"三年而后葬"者，但有练、祥而无禫，是有杖无禫。此二条是杖而不禫。（《礼记正义·丧服小记》引）

▲贺循又云："妇人尊微，不夺正服，并厌，其余哀。"（《礼记正义·丧服小记》引）

▲《丧服小记》："久而不葬者，唯主丧者不除。"

庾（蔚之）云："谓昔主，《要记》按《服问》曰：'君所主夫人、妻、大子、嫡妇'，故谓此在不除之例。"（《礼记正义·丧服小记》引）

▲《丧服小记》："与诸侯为兄弟者服斩。"注云："谓卿大夫以下也，

与尊者为亲，不敢以轻服服之。言诸侯者，明虽在异国，犹来为三年也。"

案下《杂记》云："外宗为君夫人，如内宗。"注云："谓嫁于国中者。"此云"异国"，二注不同者，《杂记》据妇人，故云"嫁于国中"；此据男子，故得云"异国"。是以郑注云"谓卿大夫以下"，惟谓男子。贺循云："以郑二注不同，故著《要记》以为男子及妇人皆谓在国内者。"谯周亦以为然，并非郑义，今所不取也。（《礼记正义·丧服小记》引）

▲故贺循等以为，妇人不杖，谓出嫁之妇人不为主，则不杖，其不为主而杖者，唯姑在为夫杖，故此《记》特明之。（《礼记正义·丧服小记》引）

▲《杂记下》："外宗为君、夫人，犹内宗也。"注云："皆谓嫁于国中者也。为君服斩，夫人齐衰，不敢以其亲服服至尊也。外宗，谓姑、姊妹之女，舅之女及从母皆是也。内宗，五属之女也。其无服而嫁于诸臣者，从为夫之君，嫁于庶人，从为国君。"

若贺循、谯周之等云在己国则得为君服斩，夫人齐衰；若在他国则不得也。今并存焉，任贤者择之，此外宗与《丧服》外宗为君别也。故郑注彼云"外宗是君之外亲之妇"，此外宗唯据君之宗。（《礼记正义·杂记下》引）①

▲中书舍人周舍议曰："贺彦先称：'慈母之子不服慈母之党，妇又不从夫而服慈姑，小功服无从故也。'"（《南史·儒林列传·司马筠传》引）

▲《丧服要记》曰："公子之二宗，皆一代而已。庶兄弟既亡之后，各为一宗之祖也。嫡继其正统者，各自为大宗，乃成百代不迁之宗也。"（《通典》卷七十三）

▲晋贺循《丧服要记》曰："凡诸侯之嗣子，继代为君，君之群弟不敢宗君，君命其母弟为宗，诸弟宗之，亦谓之大宗，死则为齐衰九月。若无母弟，则命庶弟之大者为宗，诸弟宗之，亦如母弟，则为之大功九月。此二宗者，一代而已。庶兄弟既死之后，各为一宗之祖。"（《通典》卷七十三）②

---

① 马氏本将此条与第四条"与诸侯为兄弟者服斩"合为一条。
② 《通典》附有谢徽注释三则，马书未录。

▲晋贺循《丧服要记》曰："公之庶兄弟父卒为其母，大夫之庶子父在为母，皆大功九月。凡降服，既降，心丧如常月。又天子诸侯贱妾子为其母，厌于父，不得制衰粗之服，三月而葬，葬已而除，居处饮食言语，心丧三年。"（《通典》卷八十一）

▲晋贺循云："诸侯女以为天王后，以尊还降其族人。"（《通典》卷八十一）

▲护军江霦云："按贺公《记》，天子诸侯，五属之内，虽不服职为臣，皆服斩衰，为夫人则齐衰周。"（《通典》卷八十一）

▲侍中孔汪问徐邈曰："……贺循云：'虽不立，位在嫡正，父之所继，己之所承，故为三年。'"（《通典》卷八十二）

▲魏颙又云："《要记》称母为长子齐衰三年，其服节如父为子者。"（《通典》卷八十七）

▲贺循又引《小记》，自释为祖父母后者，服之如母，不为祖父母后，不得为祖母三年。（《通典》卷八十九）

▲晋贺循云："父在为母，厌尊，故屈而从周。出母服不减者，以本既降，义无再厌故也。父在为母既已杖矣，若父在母出宜重降者，则宜在不杖条。今在杖条，明不再降。杖者必居庐，居庐者必禫。"（《通典》卷八十九）

▲晋贺循按："郑注《丧服》云：'凡妻从夫降一等。夫合三月，则妻宜无服，而犹三月者，古者大夫不外娶，其妻则本国之女也。虽从夫而出，妇人归宗，往来犹人，故从人服也。长子有服，谓未去者也。'循以为以道去君，非罪之重，其子尚可以留，值君薨则服也。"（《通典》卷九十）

▲王肃、贺循皆言老疾三谏去者为旧君服齐。……王、贺《要记》犹自使老疾三谏去者为旧君服齐。（《通典》卷九十）[1]

▲晋贺循云："庶母，士父之妾也，服缌麻。大夫以上无服。按马融引《丧服》云，大夫以上庶母无服。"（《通典》卷九十二）

▲贺循云："为乳母缌三月，士与大夫皆同，不以尊卑降功服故也。"

（《通典》卷九十二）

▲晋贺循云："大夫妻，其娣似其夫为士者，服亦降一等。"（《通典》卷九十三）

▲贺循云："诸侯于其旁亲，一无所服，唯父母、妻、长子、长子之妻及为父之后者、姑姊妹嫁于诸侯及始封之君所未臣诸父昆弟，皆以其服服之。大夫为其外亲为士者，尊虽不同，亦不降。大夫女国夫人，唯父母及昆弟为父后者不降。士女为大夫妻者，不降高祖、曾祖、祖、父母、兄弟为父后者及大宗子而已。"（《通典》卷九十三）

▲殷仲堪答宗氏庶子服出母："按王、贺以父在服齐衰周，父没不服。"（《通典》卷九十四）①

▲晋贺循云："庶子为人后，为其母缌麻三月。庶子之妻自如常礼，尊所不降也。自天子通于大夫皆然。"（《通典》卷九十五）

▲晋贺循云："其夫为祖、曾祖、高祖后者，妻从服如舅姑②。齐衰周也。"（《通典》卷九十六）

▲孔（德泽）又答云："继母出为服周，是父没而嫁。贺循《要记》亦谓之出。当以舍此适彼，不独在嫁。"（《通典》卷九十六）③

▲贺循云："父之丧服未竟，又遭母之服，当父服应竟之月，皆服祥祭之服，如除丧之礼，卒事，反母之丧服也。"（《通典》卷九十七）

▲庾氏问徐广曰……答曰：按贺循云："父未殡而祖亡，承嫡犹周，此不忍变父在也。"（《通典》卷九十七）

▲晋虞喜按："贺循《丧服记》云：'父死未殡而祖父死，服④祖以周；既殡而祖父死，则三年。此谓嫡子为父后者也。父未殡服祖以周者，父尸尚在，人子之义，未可以代重也。"（《通典》卷九十七）

▲晋贺循云："虽有父母之丧，皆为周大功之服祥除，各服其除丧之服，如常除之节。小功以下则不除，转轻也。降而为小功则除之。"（《通典》卷九十七）

---

① 马氏原文："庶子服出母，父在，服齐衰周；父没，不服。"
② 马氏脱"姑"字，据《通典》补。
③ 马氏原文："出母出，当以舍此适彼，不独在家。"
④ 马氏脱"服"字，据《通典》补。

▲晋贺循云：“生于地方，不及见祖父母、诸父、昆弟，若闻丧之月，日已过，不为税服；以未尝相见恩情轻也。若日月未过，服之如常。”（《通典》卷九十八）①

▲贺循曰：“小功不税者，谓丧月都竟乃闻丧者耳。若在服内，则自全五月。”（《通典》卷九十八）

▲（齐）王俭又答（尚书令褚渊）曰：“……郑、射、王、贺唯云周则没闻。”（《通典》卷一百）②

▲晋贺循谓：“如朋友之礼。异者，虽出行，犹经，所以尊师也。按《礼记》：‘夫子之丧，门人疑所服。子贡曰：“昔夫子丧颜回，若丧子而无服。请丧夫子若丧父而无服。”于是门人庐于墓所，心丧三年。’盖师徒之恩重也。无服者，谓无正丧之服也。孔子之丧，二三子皆经而出。注曰：‘为师也。’然则凡吊服如麻者，出则变服矣。”（《通典》卷一百一）

▲东晋贺循答傅纯云：“郑玄云三月者，以亲睹尸枢，故三月以序其余怀。但迟速不可限，故不在三月章也。王氏虞毕而除，且无正文。郑得从重，故《要记》从之。”（《通典》卷一百二）③

▲贺循《丧服要记》曰：“始吊朝，玄端之服也。皮弁经，素而加环经也。始死而往朝服者，主人未变，宾未可以变也。”（《太平御览》卷五百六十一）

▲又曰：“古之吊者皆因朝夕哭而入吊。宾至，主人出即中门外，西面，北上，拜。宾入门，即位于堂下，当阼阶，西面。宾入即位，皆哭。哭止，主人拜之。”（《太平御览》卷五百六十一）

▲又曰：“大夫吊于大夫，始死而往，朝服裼裘如吉时也。当敛之时而至，则弁经服，服皮弁之服以袭裘也；主人成服而往，则皮弁经而加锡裘也。大夫于士有朋友之恩，乃得弁经。”（《太平御览》卷五百六十一）

---

① 马氏注明出处有误，实出于《通典》九十八卷。
② 马氏原文：“周则没闻。”
③ 马氏原文：“改葬服。郑元（玄）云：三月者，以亲睹尸枢，故三月序其余怀，但迟速不可限，故不在三月章也。”

贺循著述拾遗①

▲又《礼论》说晋太常贺循上言："积柴旧在坛南，燎祭天之牲，用犊左胖。汉仪用头，今郊天用胁之九个。太宰令奉牲胁，太祝令奉珪瓒，俱奠燔薪之上。"（《通典》卷四十三）

▲（庾亮）又问："别子有十人，一族之中可有十大宗乎？""然"。贺答傅纯云："别子为祖，不限前后，此谓每公之子皆别也。"（《通典》卷七十三）②

▲张祖高问："士服天王云何？《要记》唯道大夫服君及家臣服大夫耳，不说士，恐有脱误。郑云'士服君亦斩衰'。无明文，而《杂记》云'士居垩室'，此则士制周耶？士下吏服士，恐未应同。"谢沈答曰："朝廷之士服天王斩衰，礼之明文也。邑宰外任之士居垩室，制周。《要记》非脱误，是简略耳。"（《通典》卷八十一）

▲殷仲堪问范宁曰："荀讷议太后改葬，既据言不虞，朝廷所用，贺《要记》云三月便止，何也？"宁答曰："贺无此文，或好事者为之邪？不见马、郑、贺、范说改葬有虞。神已在庙，虞何为哉！"（《通典》卷一百二）

▲东晋元帝建武二年，袁瑰上《禁招魂葬表》云……大兴元年，诏书下太常详处。贺循："今启辞宜如瑰所上，自今以后禁绝，犯者依礼法。"（《通典》卷一百三）

▲晋时，广昌乡君丧……有诏，以远表议示太常贺循……循言："臣按《礼·杂记》'君于卿大夫，比卒哭不举乐。'今虽降而无服，三月之内，犹锡衰以居，不接吉事，如远所启。咸宁诏书虽不合古义，然随时立宜，已为定制，诚非群下所得诮论。"（《通典》卷一百四十七）

▲太常丞朱膺之议："……又贺循制太尉由东南道升坛，明此官必预郊祭。"（《宋书·礼志三》）

---

① 有些条目，可能出于贺氏《丧服要记》，但严可均《全晋文》已作辑录，故不作重复。另有少量佚文或佚语，马国翰《玉函山房辑佚书》及严可均《全晋文》皆未加辑录，故附录于后，以供读者参考。

② 此为谢徽所作贺循《丧服要记注》所引。

▲祠部朱膺之议以为："……贺循云，古礼异庙，唯谒一室是也"（《宋书·礼志四》）

▲永明六年（488）太常丞何甄之议："……贺循《祭义》犹用鱼十五头。"（《南齐书·礼志上》）

▲贺循《藉田仪》曰："汉耕日，以太牢祭先农于田。"（《后汉书·礼仪志上》注引，又见《玉海》卷一百二）

▲贺循曰："所种之谷，黍、稷、稑、穤。穤，早也。稑，晚也。"（《后汉书·礼仪志上》注引，又见《玉海》卷一百八十四）

▲贺循曰："汉仪，亲耕青衣帻。"（《后汉书·舆服志上》注引，又见《玉海》卷七十六、七十九、八十二）

▲《后汉志》注：贺循曰："车必有鸾，而春独鸾路者，鸾凤类而色青，故以名春路也。"（《后汉书·舆服志上》注引，又见《玉海》卷七十八、七十九）

▲贺循《上郊坛制度》曰："《汉旧仪》：'南郊圆坛八陛，于宫南七里；北郊方坛四陛，于城北四里。'依汉故事，柴于坛二十步，高二丈，大二丈。"（《艺文类聚》卷三十八）

▲《礼论》曰：问："君将临墓，主人先以除，身无服，将若不哭，主人当哭否？"贺循答之云："凡君临民，皆须先君哭，礼也。此祭，君宜哭，则主人不敢以哭烦君耳。"（《太平御览》卷五百六十）

▲《通礼义纂》曰："晋贺循奏登歌之簴，采玉造小磬，宗庙殿用玉，郊丘用石，本法堂上乐以歌焉。故名歌钟、歌磬。"（《太平御览》卷五百七十六）

▲贺循《葬礼》曰："藏物今用瓦唾壶一枚。"（《太平御览》卷七百三）

▲晋贺循议："积柴之坛，宜于神坛南二十步丙地，当太微明堂之位。"（《玉海》卷一百一）

▲贺循奏置登歌簴虡，造玉磬，盖取舜庙鸣球之制。（《玉海》卷一百九）

▲贺循云："和以钟律，文之以五声，咏于歌辞，陈于舞列，宫县在庭，琴瑟在堂，八音迭奏，雅乐并作，登歌下管，各有常咏，周人之旧也。汉氏以来，依仿此礼，自造新诗而已。（《玉海》卷一百六）

▲晋太常贺循奏置登歌簨虡，采玉造小磬。（《玉海》卷一百九）

▲晋太兴中，贺循言郊坛之上尊卑杂位，千五百神。（顾起元《说略》卷十）

（二）贺玚《礼记新义疏》①

马国翰《序》（节录）："从《正义》《释文》所引辑为一卷，内有显言贺玚，亦有只称贺氏及贺云者。《正义序》云为义疏者，南人有贺循、贺玚。考循撰《丧服谱》《丧服要记》，《隋志》皆著录，而不见义疏之目。《正义》于说《丧服》引贺循并是《要记》之文，而与贺玚并言为义疏者，义疏是通辞。庾蔚之作《略解》，崔灵作《三礼义宗》，孔氏亦言义疏可证。故除贺循说别辑入《要记》外，凡言贺氏悉采入玚《疏》，明注于下，俾有改焉。"

▲郑序："礼者，体也。"

贺玚云：其体有二，一是物体，言万物贵贱高下小大文质各有其体；二曰礼体，言圣人制法，体此万物，使高下贵贱各得其宜也。（《正义》）

▲《曲礼上》：别同异。

贺玚云："本同今异，姑姊妹是也。本异今同，世母叔母及子妇是也。"（《正义》）

▲《曲礼上》：六十曰"耆"，指使。

贺玚云："耆，至也，至老之境也。六十耳顺，不得执事，但指事使人也。"（《正义》）

▲《檀弓下》：君于大夫，将葬，吊于宫，及出，命引之，三步则止。注："出"谓枢已在路。

贺玚以路为载枢之车，义亦通也。（《正义》）

▲《檀弓下》：虞人致百祀之木，可以为棺椁者斩之。

必取祀木者，贺玚云："君者德著幽显，若存，则人神均其庆，没，

---

① 以马国翰《玉函山房辑佚书》辑本为主，校以《礼记正义》《经典释文》等。

则灵祇等其哀伤也。"（《正义》）

▲《月令》：天子乃荐鞠衣于先帝。①

其所祭之处，王权、贺玚、熊氏等并以为在明堂，以大酺祭在明堂故也。（《正义》）②

▲《月令》：律中黄钟之宫。

贺玚云："黄钟是十一月管，何缘复应此月？正以士义居中，故虚设律于其月，实不用候气也。十二律互相为宫，据律主言之也。"（《正义》）

▲《郊特牲》：蜡也者，索也。岁十二月，合聚万物而索飨之也。注：飨者，祭其神也，万物有功加于民者，神使为之也，祭之以报焉，造者配之也。

云"造者配之也"者，贺玚云：谓造此腊祭，配此八神而祭。（《正义》）③

▲《郊特牲》：冠而字之，敬其名也。注：重以未成人之时呼之。

贺氏云：重，难也。难未成人之时呼其名，故以字代之。（《正义》）

▲《内则》：雉兔鹑鷃。

皇氏用贺氏之说"鷃，蝙蝠"。（《正义》）④

▲《内则》：芝栭、菱、椇。

贺氏云："栭，软枣，亦云芝，木椇也。"（《正义》）

▲《内则》：三牲用藙。注：藙，煎茱萸也。《汉律》："会稽献焉。"《尔雅》谓之樧。

贺氏云："今蜀郡作之，九月九日取茱萸，折其枝，连其实，广长四五寸，一升实，可和十升膏，名之藙也。"（《正义》）

▲《内则》：鲂鱮烝雏。

《经典释文·礼记》：贺读"鲂鱮烝雏"为句。

▲《玉藻》：君在不佩玉，左结佩，右设佩。注：谓世子也。出所处而君在焉，则去德佩而设事佩。辟德而示有事也。结其左者，若于事有未

---

① 马书此句前无"天子"二字。

② 马氏原文："在明堂。"

③ 此句是解说郑玄注的，马氏并未引用郑玄注。

④ 马氏原文："注又以'鷃'为鴱也。鴱，蝙蝠。"

能也。结者，结其绶不使鸣也。①

　　贺云："事佩绶且不鸣，今云'结绶不使鸣'，则犹在佩玉也。"（《正义》）

　　▲《玉藻》：庙中齐齐。

　　《经典释文·礼记》："贺（齐）在启反"。

　　▲《玉藻》：立容德。注：如有予也。

　　贺云："德，有所施与之名也"。立时身形小俯向前，如授物与人时也，故注云"如有予也。"会前两注也。（《正义》）

　　▲《明堂位》：俎用梡嶡。

　　贺云："直有脚曰梡，加脚、中央横木曰嶡。"（《正义》）

　　▲《丧服小记》：男子冠而妇人笄，男子免而妇人髽。其义：为男子免，为妇人则髽。注：别男女也。

　　贺场云："男去冠，犹妇人去笄，义尽于此，无复别义，故云其义也。"（《正义》）

　　▲《丧服小记》：故期而祭，礼也。期而除丧，道也。祭不为除丧也。

　　庾氏、贺氏并云："祭为存亲，幽隐难知。除丧事显，其理易识。"恐人疑祭之为除丧而祭，故记者特明之，云"祭不为除丧也"。（《正义》）

　　▲《丧服小记》：夫为人后者，其妻为舅姑大功。

　　贺云："此谓子出时已昏，故此妇还。则服本舅姑大功。若子出时未昏，至所为后家方昏者，不服本舅姑，以妇本是路人，来又恩义不相接，犹臣从君而服，不从而税，人生不及祖之徒②，而皆不责非时之恩也。"（《正义》）

　　▲《丧服小记》：宗子，母在为妻禫。

　　贺场云：父在，嫡子为妻不杖。不杖则不禫。若父没母在，则为妻得杖又得禫。凡嫡子皆然。嫌畏嫡子尊厌其妻，故特云"宗子，母在为妻禫"。宗子尚然，则其余嫡子母在为妻禫可知。（《正义》）

　　▲《丧服小记》：为慈母后者，为庶母可也，为祖庶母可也。

---

　　①　马氏引郑注："结者，结其绶，使不鸣。"
　　②　此句马氏作："人生不相及之徒。"

贺玚云："虽有子道，服于慈庶母三年，而犹为己母不异，异于后大宗而降本也。"（《正义》）

▲《丧服小记》：下殇小功，带澡麻不绝，诎而反以报之。①

贺玚云："下殇小功，男子经牡麻而带澡，妇人带牡而经澡。"故小功殇章云："牡麻经。"若依其次，不应前带，故知前言男子之带，后言妇人之经也。（《正义》）

▲《少仪》：凡羞有渚者，不以齐。

贺玚云："凡渚皆谓大羹，大羹不和也。"（《正义》）

▲《少仪》：饮酒者、机者、醮者，有折俎不坐。

贺云："折俎则殽馔尊。"故《冠礼》：庶子冠于房户之前，而冠者受醮不敢坐，及机者并不敢坐也。案《乡饮酒》《燕礼》有折俎者皆不坐，独云机者、醮者不坐者，以机者、醮者无酒俎之时则得坐，嫌畏有折俎亦坐，故特明之，云"有折俎不坐"。（《正义》）

▲《学记》：强而弗抑则易。

贺氏以为，师但劝强其神识，而不仰之令晓，则受者和易，和易亦易成也。（《正义》）

▲《乐记》：礼、乐、刑、政，其极一也。

贺云："虽有礼、乐、刑、政之殊，及其检情归正，同至理极，其道一也。"（《正义》）

▲《乐记》：欣喜欢爱，乐之宫也。

贺玚云："八音克谐，使物欢欣，此乐之事迹也。"在心则伦类无害，故为乐情。在貌则欣喜欢爱，故为乐事也。（《正义》）

▲《乐记》：礼者别宜，居鬼而从地。注：别宜，礼尚异也。居鬼，谓居其所为，亦言循之也。鬼神，谓先圣先贤也。

贺云：以为居鬼者，居其所为，谓若五祀之神，各主其所造而受祭，不得越其分，是不变化也。五祀之神造门，故祭于门；造灶，故祭于灶，故云"居"。（《正义》）

▲《乐记》：大小相成。

---

① 马国翰辑本"诎"前衍一"本"字。

贺玚云："十二月律，互为宫羽而相成也。"（《正义》）

▲《乐记》：终始相生。

贺玚云："五行宫商，迭相用为终始。"（《正义》）

▲《乐记》：夫《武》之备戒之已久，则既闻命矣，敢问迟之迟而又久，何也？

"迟之迟"者，贺氏云：备戒已久是迟，久立于缀亦是迟。而又久，何意如此？（《正义》）

▲《杂记上》：有三年之练冠，则以大功之麻易之，唯杖、履不易。

贺玚之意，以三等大功，皆得易三年练衰。其三等大功，衰虽七升、八升、九升之布，有细于三年之练衰，以其新丧之重，故皆易之。（《正义》）

▲《杂记上》：女君死，则妾为女君之党服。摄女君，则不为先女君之党服。

贺玚云："虽是徒从而抑妾，故为女君党服，防觊觎也。摄女君，则不为先女君之党服者，以摄女君差尊，故不为先女君之党服也。"（《正义》）

▲《杂记上》：素端一。①

贺玚云："以素为衣裳也。"（《正义》）

▲《杂记上》：玄端一。

"玄端一"者，贺云：燕居之服，玄端朱裳也。（《正义》）

▲《杂记上》：纁裳一。

"纁裳一"者，贺云："冕服之裳也，亦可鷩、毳，任取中间一服也。"（《正义》）

▲《杂记下》：如有服而将往哭之，则服其服而往。

贺玚云："若新死者服轻，则不为之制服。虽不为重，变而为之制服。往奔丧哭之，则暂服所制之服。往彼哭之事毕，反服故服也。"（《正义》）

▲《杂记下》：已虽小功，既卒哭，可以冠，取妻，下殇之小功则不可。

---

① 马氏误作"皮弁一"。

贺氏云："小功下殇，本是期亲，以其重，故不得冠、取。"推此而言之，降在大功，理不得冠、嫁矣。（《正义》）

▲《杂记下》：女虽未许嫁，年二十而笄，礼之；妇人执其礼。

贺玚云："十五许嫁而笄者，则主妇及女宾为笄礼。主妇为之著笄，女宾以醴礼之。未许嫁而笄者，则妇人礼之，无主妇、女宾，不备仪也。"（《正义》）

▲《丧大记》：皆升自东荣。注：荣，屋翼。升东荣者，谓卿大夫、士也。

贺玚云："以其体下于屋，故谓上下在屋，两头似翼。故名屋翼也。"（《正义》）

▲《丧大记》：吊者袭裘，加武带绖。

贺氏云："武，谓吉冠之卷。主人既素冠素弁，故吊者加素弁于武。"（《正义》）

▲《丧大记》：抲用浴衣。

贺氏云："以布作之。生时有此也。"《士丧礼》云："浴衣于箧"，注云："浴衣，已浴所衣之衣，以布为之，其制如今通裁"是也。（《正义》）

▲《丧大记》：妻于夫抲之。

贺云"抲其衣衾领之交也"。（《正义》）

▲《丧大记》：夫于妻、于昆弟执之。

贺云："夫于妻执其心上衣也，于兄弟亦执心上衣。"（《正义》）

▲《丧大记》：诸父兄弟之丧，既卒哭而归。

贺氏云："此弟谓嫡弟，则庶兄为之次，云至卒哭乃归也。下云兄不次于弟，谓庶弟也。"（《正义》）

▲《丧大记》：大夫画帷，二池。

贺云："前后各一。"（《正义》）

▲《中庸》：天命之谓性。

贺玚云：性之与情，犹波之与水，静时是水，动则是波；静时是性，动则是情。案《左传》云天有六气，降而生五行。至于含生之类，皆感五行生矣。唯人独禀秀气，故《礼运》云：人者五行之秀气，被色而生。既有五常仁、义、礼、智、信，因五常而有六情，则性之与情，似金与镮印，镮印之用非金，亦因金而有镮印。情之所用非性，亦因性而有情，则性者静，情者动。故《乐记》云："人生而静，天之性也。感于物而动，性之欲也。"故《诗序》云"情动于中"是也。但感五行，在人为五常，得其清气备者则为圣人，得其浊气简者则为愚人。降圣以下，愚人以上，所禀或多或少，不可言一，故分为九等。孔子云："唯上智与下愚不移。"二者之外，逐物移矣，故《论语》云"性相近，习相远也"。亦据中人七等也。（《正义》）

（三）贺琛《谥法》①

王谟《序》（节录）：胡三省《通鉴注》独多引贺琛《谥法》，今故据以为主，而以诸书所引《谥法》为旧《谥法》所无，及文有异同者，并以入贺琛书。以诸家皆在贺前，递相祖述，唯户蒙宋人中有一二条，不复置辨也。但贺书原分君、臣、妇人三卷，复分美、平、恶三等。今本书既亡，无分卷帙，姑仍诸书次第采录，凡钞出《史记集解》六条，《左传释文》七条，《左传正义》八条，《后汉书注》六条，《通鉴注》六十七条，又诸史谥议引谥法六条。

▲翼善传圣曰尧。

案：裴骃《史记集解·五帝本纪》"帝尧者，放勋，其仁如天"注引。

▲仁圣盛明曰舜。

案：裴骃《史记集解·五帝本纪》"虞舜者，名曰重华"注引。

▲受禅成功曰禹。

案：裴骃《史记集解·夏本纪》"夏禹，名曰文命"注引。

▲除残去虐曰汤。

案：裴骃《史记集解·殷本纪》"主癸卒，子天乙立，是为成汤"注引。②

▲贼人多杀曰桀。

---

① 以王谟《汉魏遗书钞》辑本为主，校以《史记集解》《经典释文》《左传正义》《后汉书注》等原文，并补充具体出处。如文字与王氏所辑有出入者，则作注加以说明。

② 《史记集解》：《谥法》："除虐去残曰汤"。

案：裴骃《史记集解·夏本纪》"帝发崩，子帝履癸立，是为桀"注引。

▲残义损善曰纣。

案：裴骃《史记集解·殷本纪》"帝乙崩，子辛立，是为帝辛，天下谓之纣"注引。

▲不尸其位曰隐。

案：《经典释文·左传释文》卷十五引。

▲胜敌克乱曰庄。

案：《经典释文·左传释文》卷十五引。①

▲在国遭难曰闵。

案：《经典释文·左传释文》卷十五引。

▲忠信接礼曰文。

案：《经典释文·左传释文》卷十六引。

▲善闻周达曰宣。

案：《经典释文·左传释文》卷十六引。②

▲因事有功曰襄。

案：《经典释文·左传释文》卷十七引。

▲威仪共明曰昭。

案：《经典释文·左传释文》卷十七引。③

▲敬长事上曰共。

案：《左传正义》隐公元年"生庄公及公叔段"注引。

▲暴慢无亲曰厉。

案：《左传正义》隐公三年"又娶于陈，曰厉妫，生孝伯，早死"注引。

▲经典不易曰祁。

---

① 《经典释文·左传释文》：《谥法》："法胜敌克曰庄"。
② 《经典释文·左传释文》：《谥法》："善问周达曰宣"。"问"当为"闻"之误。《后汉书》卷四十三《朱穆传》："初穆父卒，穆与诸儒考依古义，谥曰贞宣先生"注引《谥法》："清白守节曰贞，善闻周达曰宣。"
③ 《经典释文·左传释文》：《谥法》："威仪恭明曰昭"。

案：《左传正义》庄公六年楚文王伐申，过邓。邓祁侯曰："吾甥也"注引。

▲夙夜勤事曰敬。

案：《左传正义》闵公元年"狄人伐邢。管敬仲言于齐侯曰"注引。

▲动静乱常曰幽。

案：《左传正义》宣公十年"改葬幽公，谥之曰灵"注引。

▲内外宾服曰平。

案：《左传正义》昭公十一年"冬，十二月，宋平公卒"注引。

▲慈仁和民曰顷。①

案：《左传正义》昭公三十年《经》"秋八月，葬晋顷公"注引。

▲外内用情曰贞。

案：《左传正义》昭公二十年"卫候赐北宫喜谥曰贞子"注引。

▲能绍前叶曰光。

案：《后汉书·光武帝纪》："世祖光武讳秀，字文叔"注引。

▲温克令仪曰章。

案：《后汉书·章帝纪》："肃宗孝章皇帝讳炟，显宗第五子也"注引。

▲不刚不柔曰和。

案：《后汉书·和殇帝纪》"孝和皇帝讳肇"注引。

▲宽容和平曰安。

案：《后汉书·安帝纪》"恭宗孝安皇帝讳祜"注引。

▲幼少在位曰冲。

案：《后汉书·冲帝纪》："孝冲皇帝讳炳"注引。

▲忠正无邪曰质。

案：《后汉书·孝质纪》："孝质皇帝讳缵"注引。

▲温柔恕恭曰康。

案：《资治通鉴》卷一《周纪一》注引。

▲克敌服远曰桓。

案：《资治通鉴》卷五十三《汉纪》四十五注引。

---

① 王谟辑本作"项"，误。

▲有劳定国曰襄。注：《旧谥》甲胄有劳曰襄。

案：《资治通鉴》卷一《周纪一》注引。

▲知质有圣曰献。

案：《资治通鉴》卷一《周纪一》注引。

▲爱民好与曰惠。

案：《资治通鉴》卷一《周纪一》注引。

▲慈惠爱亲曰孝。

案：《资治通鉴》卷一《周纪一》及卷四十三《汉纪三十五》注引。

▲强毅讯正曰威。

案：《资治通鉴》卷一《周纪一》注引。

▲行见中外曰显。

案：《资治通鉴》卷二《周纪二》注引《十一家谥法》："行见中外曰显，受禄于天曰显，百辟惟刑曰显。"

▲受禄于天曰显。

案：同上。

▲百辟惟刑曰显。

案：同上。

▲敬以敏曰慎。①

案：《资治通鉴》卷一《周纪一》及卷三《周纪三》注引《谥法》："敏以敬曰慎。"

▲思虑深远曰慎。

案：《资治通鉴》卷一《周纪一》注引《戴记》："思虑深远曰慎。"

▲柔德安众曰靓。②

案：《资治通鉴》卷三《周纪三》注引。

▲有始有卒曰终。

案：《资治通鉴》卷十二《汉纪四》注引。

▲克成令名曰终。

---

① 此"敬以敏"当作"敏以敬"。

② "靓"当作"靖"。

案：《资治通鉴》卷十二《汉纪四》注引：（户）蒙曰："克成令名曰终。"

▲佐相克终曰成。

案：《资治通鉴》卷十二《汉纪四》注引：周公《谥法》："安民立政曰成。"贺琛《谥法》："佐相克终曰成"。卷四十三《汉纪三十五》注引：贺琛曰："佐相克终曰成。惇庞纯固曰成。"卷一百九十三《唐纪九》注引：贺琛《谥法》："佐相克终曰成，民和臣福曰成。"

▲惇庞纯固曰成。

案：同上。

▲能优其德曰于。

案：《资治通鉴》卷二十一《汉纪十三》注引。

▲不思念曰戾。

案：《资治通鉴》卷二十四《汉纪十六》注引。

▲见善坚长曰隐。

案：《资治通鉴》卷十《汉纪二》及卷五十《汉纪四十二》注引。

▲耆意大虑曰景。

案：《资治通鉴》卷十四《汉纪六》及卷七十五《魏纪七》注引。

▲甄心动慎曰顷。①

案：《资治通鉴》卷四《周纪四》注引《谥法》："甄心动惧曰顷，敏以敬慎曰顷。"又见卷十四《汉纪六》注引同。

▲博闻多能曰宪。

案：《资治通鉴》卷二十《汉纪二十》、卷二十六《汉纪十七》及卷一百九十九《唐纪十四》注引。

▲大虑行方曰考。

案：《资治通鉴》卷二十九《汉纪二十一》注引。

▲茂德丕绩曰元。

案：《资治通鉴》卷四十四《汉纪三十六》注引《谥法》："行义说民曰元，主义行德曰元"……后世《谥法》始有"茂德丕绩曰元。"

---

① "慎"当为"惧"之误。

▲直道不挠曰贞。

案：《资治通鉴》卷四十八《汉纪四十》注引《谥法·臣谥》："直道不挠曰贞，事君无猜曰贞，清白守节曰贞，固节干事曰贞。"

▲事君无猜曰贞。

案：同上。

▲固节干事曰贞。

案：同上。

▲谋虑不愆曰思。

案：《资治通鉴》卷五十一《汉纪四十三》注：（李）贤曰：《谥法》："谋虑不愆曰思。"

▲恭敬行善曰简。

案：《资治通鉴》卷五十一《汉纪四十三》注：《臣谥》曰："恭敬行善曰简。"

▲贵贤亲亲曰仁。

案：《资治通鉴》卷五十六《汉纪四十八》注引。

▲执义行善曰德。

案：《资治通鉴》卷五十《汉纪四十二》注引《谥法》："执义行善曰德，绥柔士民曰德。"

▲绥柔士民曰德。

案：同上。

▲中和纯淑曰德。

案：《资治通鉴》卷四十六《汉纪三十八》注：（李）贤曰：《谥法》："中和纯淑曰德。"

▲温和圣善曰懿。

案：《资治通鉴》卷五十四及《汉纪四十六》注：（李）贤曰：《谥法》："温和圣善曰懿。"

▲明一德者曰皇。

案：《通鉴》卷六十九《魏纪一》注引《谥法》："明一德者为皇，明一合者为皇。明一曰帝。案道无为曰帝。"

▲明一合道曰皇。

案：同上。

▲案道无为曰帝。

案：《资治通鉴》卷六十《汉纪五十二》注引《谥法》："德象天地曰帝，按道无为曰帝。"

▲景物四方曰世。

案：《资治通鉴》卷六十九《魏纪一》注引《谥法》："景物四方曰世，承命不迁曰世。"

▲承命不迁曰威。

案：同上。

▲服叛定功曰威。

案：《资治通鉴》卷七十《魏纪二》注引《谥法》："猛以刚果曰威，服叛定功曰威。"

▲肆行无礼曰悼。

案：《资治通鉴》卷七十三《魏纪五》注引《谥法》："中年早夭曰悼，肆行无礼曰悼。"

▲柔质慈民曰惠。

案：《资治通鉴》卷十二《汉纪四》注：应劭曰：《礼·谥法》："柔质慈民曰惠。"卷八十二《晋纪四》注引《谥法》：柔质慈民曰惠。

▲思虑果远曰明。

案：《通鉴》卷九十《晋纪十二》、卷一百四十一《齐纪七》及卷一百九十二《唐纪八》注引。

▲刚克为伐曰肃。

案：《通鉴》卷九十七《晋纪十九》注引《谥法》："刚克为伐曰肃，执心决断曰肃。"

▲生而少断曰安。

案：《资治通鉴》卷一百零九《晋纪三十一》注引《谥法》："好和不争曰安"，又曰："生而少断曰安"。

▲敬慎高明曰章。

案：《资治通鉴》卷一百二十《宋纪二》注引。

▲勇以果毅曰威。

案：《资治通鉴》卷一百三十七《齐纪三》注引。

卷一《周纪一》注引《谥法》："猛以刚果曰威。"卷七十《魏纪二》注引《谥法》："猛以强果曰威，服叛定功曰威。"卷一百六十《梁纪》十六注引《谥法》："猛以强果曰威。"卷一百六十九《陈纪三》注引《谥法》："猛以强果曰威，有威可畏曰威，以刑服远曰威。"

▲服敌公庄曰严。

案：《资治通鉴》卷一百四十九《梁纪五》注引《谥法》："服敌公庄曰严，威而不猛曰严。"

▲威而不猛曰严。

案：同上。

▲有威可畏曰威。

案：见前"勇以果毅曰威"条。

▲以刑服远曰威。

案：见前"勇以果毅曰威"条。

▲武而不遂曰壮。

案：《资治通鉴》卷一百五十五《梁纪十一》注引《谥法》："武而不遂曰庄，死于原野曰庄，兵甲亟作曰庄。"卷一百七十《陈纪四》注引《谥法》："武而不遂曰庄。"

▲暴慢无亲曰剌。

案：《资治通鉴》卷七十四《魏纪六》注：户蒙曰："暴慢无亲曰剌。"

▲不醉而怒曰曩。

案：《资治通鉴》卷一百七十四《陈纪八》注引。

▲色取行违曰闻。

案：《资治通鉴》卷一百七十四《陈纪八》注引。

▲言行相违曰僭①。②

---

① "僭"当作"替"。

② 王谟原注：旧《谥法》无"僭字"，并《通鉴·陈纪》注。按：《通鉴》周毕刺王贤与五王谋杀杨坚，坚杀诸王，加以恶谥。五王谓赵僭王招、越野王盛、陈惑王纯、代曩王远、滕闻王逌也。"内惑"字见《旧谥》。僭、野二王注不引《谥法》。而《梁书》萧晔谥字已引《谥法》：言行相违曰僭。固知贺书必有此谥，注自失采。

案：《南史》卷五十二《萧晔传》：有司案《谥法》"言行相违曰替"。

▲好内违礼曰炀。

案：《资治通鉴》卷二十八《汉纪二十》注引《谥法》："好内违礼曰炀，去礼违众曰炀。"卷一百七十三《陈纪七》注引《谥法》："好内违礼曰炀。"卷一百八十《隋纪四》"炀帝"注引《谥法》："好内殆政曰炀，去礼远众曰炀，逆天虐民曰炀。"

▲民和神①福曰成。

案：《资治通鉴》卷一百九十三《唐纪九》注：贺琛《谥法》："佐相克终曰成，民和臣福曰成。"

▲有伐有还曰僖。

案：《资治通鉴》卷二百零二《唐纪十八》注：戴《记》："有伐有还曰僖。"

▲使民悲伤曰闵。

案：《资治通鉴》卷一《周纪一》注引。

▲夙夜警惕曰憼。

案：《资治通鉴》卷二百四十三《唐纪五十九》注引。

▲蔽仁伤贤曰缪。

案：《资治通鉴》卷一百九十七《唐纪十三》注引《谥法》："名与实爽曰缪，蔽仁伤贤曰缪。"

▲败乱百度曰纵。

案：《资治通鉴》卷一百九十六《唐纪十二》注引：贺琛《谥法》："败乱百度曰纵，怠政败礼曰纵。"

▲怠礼败度曰纵。

案：同上。

▲俭啬无德曰褊。

案：《资治通鉴》卷一百九十九《唐纪十五》注引：贺琛《谥法》："直道不桡曰贞，俭啬无德曰褊，心隘政急曰褊。"

▲心隘政急曰褊。

---

① "神"当作"臣"。

案：同上。

▲有功安民曰熹。

案：《资治通鉴》卷五十《汉纪四十二》注引《谥法》：有功安民曰熹。

▲昏乱纪度曰荒。

案：《资治通鉴》卷一百三十七《齐纪三》注引。《晋书》卷五十《秦秀传》：《谥法》"昏乱纪度曰荒"，请谥（贾充）荒公，不从。

▲贪以败官曰墨。

《晋书》卷九十一《儒林列传·范弘之传》：案谥法，因事有功曰"襄"，贪以败官曰"墨"。

▲博闻多见曰文。

《魏书》卷五十六《郑羲传》：依《谥法》"博闻多见曰文"，"不勤成名曰灵"。可赠以本官加谥文灵。

▲情怀不尽曰隐。

《梁书》卷十三《沈约传》：有司谥曰文，帝曰："怀情不尽曰隐"，故改为隐云。《资治通鉴》卷一百三十七《齐纪三》：有司谥曰：文上曰情，怀不尽曰隐，改谥隐侯。

▲居敬行简曰简。

《南史》卷五十《徐勉传》：有司奏谥"居敬行简曰简"，帝益"执心决断曰肃，因谥简肃公。"

▲纯行不差曰定。①

《后汉书》卷六十下《蔡邕传》注引《谥法》：清白守节曰贞，纯行不差曰定。

《谥法》补遗

▲睦于兄弟曰友

苏洵《谥法》卷四："睦于兄弟曰友"。新改。旧《法》：有孝而无友。贺琛以友为朋友之友，易之云耳。

案：此条不见于《逸周书·谥法解》及《独断》。苏氏所言表明，旧

---

① "差"，王氏辑本误作"羞"。

《谥法》当为"睦于兄弟曰孝",而贺琛改为"友"。可见此条见于贺琛《谥法》。

▲菲薄废礼曰俭

苏洵《谥法》卷四:"菲薄废礼曰俭"。新改。贺琛旧以"俭"为善谥。夫俭而中礼,则不曰俭矣,惟俭而不中礼,乃得为俭。

案:苏氏所言表明,贺琛《谥法》中有此条,不过贺氏将此条归为善谥,而苏氏不赞同,改为恶谥。

▲贱而得爱曰嬖(《经典释文》卷五)

案:"嬖"显然为妇谥。贺琛之前,诸《谥法》著作无妇谥,此条妇谥当出于贺琛《谥法》无疑。

附录四 贺氏评论选辑①

"贺邵厉志高洁，机理清要。"（陈寿《三国志·吴书贺邵传评》）

陆机《荐贺循表》："伏见武康令贺循德量邃茂，才鉴清远，服膺道素，风操凝峻，历试二城，刑政肃穆。"（《晋书·贺循传》）

虞预《晋书》："时朝廷初建，动有疑议，宗庙制度皆循所定，朝野咨询，为一时儒宗。"（《三国志·贺邵传》注引）

会稽贺生，体识清远，言行以礼，不徒东南之美，实为海内之秀。（《世说新语·言语》）

何法盛《晋中兴书》："贺循，字士彦，会稽人也，节操尚厉，童龀不群，言行举动，必以礼让，行有余力，则精书学。由是博览群书，尤明三礼，为江表儒宗，拜右光禄大夫。"（《太平御览》卷二百四十三）

何法盛《晋中兴书》："贺循，字彦先，拜太常，每存问议先朝旧事，以此比较循所奏，绝不符同，朝野咸叹循之渊学。"（《北堂书钞》卷五十三）

何法盛《晋中兴书》曰：贺循，字彦先，为太子太傅。诏曰："循清直履道，秉尚贞贵，居身以冲约为本，立德以仁让为行，可躬训储宫，默而成化。"（《太平御览》卷二百四十四）

何法盛《晋中兴书》曰：元帝以循为太常，而散骑常侍如故，循以九

---

① 贺循、贺玚、贺琛等人《晋书》《梁书》《南史》等正史有传，此类传记易于翻检，故不录。

卿旧不加官，唯拜太常而已。中宗践阼，下令曰："循冰清玉洁，行为俗表，加以位处上卿，服物章身而已，屋才庇风雨。孤常造其庐，特以为赐以六尺床席褥，并钱二十万，以表至德。"（《太平御览》卷二百二十八）

何法盛《晋中兴书》曰：薛兼与同郡纪瞻、广杨闵鸿、吴郡顾荣、会稽贺循，同志友善。初入洛，司空张华见而叹息，曰南金也。（《太平御览》卷四百七）

徐广《晋记》曰：中宗令曰：太常贺循冰清玉洁，行为俗表，孤曾造其庐，屋室、服物周身而已。赐床褥钱二十万。（《太平御览》卷四百二十五）

孙绰《贺司空循像赞》：公应天纵之德，系命世之期，质与荆玉参贞，鉴与南金等照。若其好学之性，不劝而成，弱不珍玩，雅好博古。慨洙泗之邈远，悼礼乐之不举。于是覃思深讲，锐精幽赞，虽齐孝之归孟轲、汉王之宗仲舒，无以加焉。赞曰：思文公侯，诞保休祥。素质玉洁，华藻金章。总角韫德，被褐韬光。自昔丧乱，征鼓日震。礼乐藏器，诗书蒙尘。哲人遐慨，垂幕澄神。仰观洙泗，扬波绝津。方曜金铉，协赞衡机。昊天不吊，曾不慭遗。缙绅颓范，皇德莫毗。公之云祖，华裔同悲。（《艺文类聚》四十七，《初学记》十一）

会稽贺道养，皆托志经书，见称于后学。（《宋书·臧焘徐广傅隆传论》）

梁简文帝《请尚书左丞贺琛奉述制旨毛诗义表》："臣闻乐由阳来，性情之本，诗以言志；政教之基。故能使天地咸亨，人伦敦序，故东鲁梦周，穷兹删采，西河邵魏，著彼缵述，叶星辰而建诗，观斗仪而命礼。以为陈徐雅颂，膏肓匪一，燕韩篇什，痼疾多端，北海郑君，徒逢笺释，南郡太守，空为异序。庶今中和永播，硕学知宗，大胥负师，国子咸绍，孝敬之德，化洽天下，多识之风，道行比屋。"（《艺文类聚》五十五）

为时儒者，严植之、贺玚等首膺兹选。（《梁书·儒林传序》）

东晋时所用人才，皆中州浮诞者之后，惟顾荣、贺循有人望，不得已而用之。（《朱子语类》卷一百三十六）

贺循之论，可为后王之式矣。（顾炎武《日知录》卷十四"兄弟不相为后"条）

山阴贺氏，自晋司空循，至孙道力，曾孙损，玄孙玚，玚子革、季，

及从子梁太府卿琛，六世以三礼名家，为南土儒宗。（李慈铭《越缦堂读书记》史部正史类《南史》二）

贺循订制，疑难立解。（刘师培《汉魏六朝专家文研究》）

经术已不行于王路，丧祭尚在，冠昏朝觐犹弗能替旧常，故议礼之文亦独至。陈寿、贺循、孙毓、范宣、范汪、蔡谟、徐野人，雷次宗者，盖二戴闻人所不能上。（章太炎《国故论衡·论式》）

晋朝礼家最有权威的是挚虞与贺循等人。（陈戍国《中国礼制史》魏晋南北朝卷）

主要参考文献

一 古代典籍（包括今人辑校、注释、今译等）

（清）阮元校刻：《十三经注疏》，中华书局 1980 年版。

李学勤主编：《十三经注疏》，北京大学出版社 1999 年版。

（清）阮元、王先谦编：《清经解、清经解续编》（十三册），凤凰出版社 2005 年版。

黄怀信、张懋镕、田旭东：《逸周书汇校集注》，上海古籍出版社 2007 年版。

（清）胡培翚撰，段熙仲校点：《仪礼正义》，江苏古籍出版社 1993 年版。

（清）王聘珍：《大戴礼记解诂》，中华书局 1983 年版。

（清）陈立：《白虎通疏证》，中华书局 1994 年版。

（清）徐乾学：《读礼通考》，《文渊阁四库全书》第 112—114 册，台湾商务印书馆 1986 年版。

（南宋）卫湜：《礼记集说》，《文渊阁四库全书》第 117—120 册，台湾商务印书馆 1986 年版。

（元）陈澔：《礼记集说》，凤凰出版社 2010 年版。

（元）元澄：《礼记纂言》，《文渊阁四库全书》第 121 册，台湾商务印书馆 1986 年版。

《钦定礼记义疏》，《文渊阁四库全书》第 124—126 册，台湾商务印书馆 1986 年版。

（清）王夫之：《礼记章句》，《续修四库全书》第 98 册，上海古籍出版社

2002 年版。

（清）万斯同：《礼记偶笺》，《续修四库全书》第 98 册，上海古籍出版社
　　2002 年版。

（清）纳兰性德：《陈氏礼记集说补正》，《文渊阁四库全书》第 127 册，
　　台湾商务印书馆 1986 年版。

（清）杭世骏：《续礼记集说》，《续修四库全书》第 101—102 册，上海古
　　籍出版社 2002 年版。

（清）孙希旦：《礼记集解》，中华书局 1989 年版。

（清）朱彬：《礼记训纂》，中华书局 1998 年版。

（清）郝懿行：《礼记笺》，《续修四库全书》第 104 册，上海古籍出版社
　　2002 年版。

（清）秦蕙田：《五礼通考》，《文渊阁四库全书》第 135—142 册，台湾商
　　务印书馆 1986 年版。

杨伯峻：《春秋左传注》（修订本），中华书局 1990 年版。

杨伯峻：《论语译注》，中华书局 1980 年版。

杨伯峻：《孟子译注》，中华书局 1960 年版。

黄焯：《经典释文汇校》，中华书局 1980 年版。

吴承仕：《经典释文序录疏证》，中华书局 1984 年版。

（清）皮锡瑞著，周予同注释：《经学历史》，中华书局 2004 年版。

（东汉）班固：《汉书》，中华书局 1962 年版。

（南朝宋）范晔：《后汉书》，中华书局 1965 年版。

（清）王先谦：《后汉书集解》，中华书局 1984 年版。

（清）汪文台辑，周天游校：《七家后汉书》，河北人民出版社 1987 年版。

张烈点校：《两汉纪》（荀悦《汉纪》、袁宏《后汉纪》），中华书局 2002
　　年版。

（西晋）陈寿撰，（南朝宋）裴松之注：《三国志》，中华书局 1959 年版。

（清）卢弼：《三国志集解》，中华书局 1982 年版。

任乃强校注：《华阳国志校补图注》，上海古籍出版社 1987 年版。

（唐）房玄龄等：《晋书》，中华书局 1974 年版。

王士鉴：《晋书斠注》，中华书局 2008 年版。

（清）汤球辑，杨朝明校补：《九家旧晋书辑本》，中州古籍出版社 1991
　　年版。

乔治忠校注：《众家编年体晋史》，天津古籍出版社 1989 年版。

（南朝宋）沈约：《宋书》，中华书局 1974 年版。

（南朝梁）萧子显：《南齐书》，中华书局 1972 年版。

（唐）姚思廉：《梁书》，中华书局 1973 年版。

（唐）姚思廉：《陈书》，中华书局 1972 年版。

（唐）魏征等：《隋书》，中华书局 1973 年版。

（北齐）魏收：《魏书》，中华书局 1974 年版。

（唐）李延寿：《南史》，中华书局 1975 年版。

（后晋）刘昫等：《旧唐书》，中华书局 1975 年版。

（北宋）欧阳修、宋祁：《新唐书》，中华书局 1975 年版。

（元）脱脱等撰：《宋史》，中华书局 1977 年版。

（北宋）司马光等：《资治通鉴》，中华书局 1956 年版。

（唐）许嵩撰，张忱石点校：《建康实录》，中华书局 1986 年版。

（唐）林宝：《元和姓纂》，《文渊阁四库全书》第 890 册，台湾商务印书
　　馆 1986 年版。

（唐）林宝撰，岑仲勉校记：《元和姓纂（附四校记）》，中华书局 1994 年版。

（南宋）宋施等：《嘉泰会稽志》，《文渊阁四库全书》第 486 册，台湾商
　　务印书馆 1986 年版。

（南宋）张淏：《续会稽志》，《文渊阁四库全书》第 486 册，台湾商务印
　　书馆 1986 年版。

（清）沈翼机等：《浙江通志》，《文渊阁四库全书》第 519—526 册，台湾
　　商务印书馆 1986 年版。

（唐）杜佑撰，王文锦等点校：《通典》，中华书局 1988 年版。

（唐）杜佑撰，颜品忠等点校：《通典》，岳麓书社 1995 年版。

（北宋）苟洵：《谥法》，《文渊阁四库全书》第 646 册，台湾商务印书馆
　　1986 年版。

（南宋）王应麟：《玉海》，《文渊阁四库全书》第 943—948 册，台湾商务
　　印书馆 1986 年版。

（北宋）王尧臣：《崇文总目》，《文渊阁四库全书》第 674 册，台湾商务
　　印书馆 1986 年版。

（南宋）晁公武：《郡斋读书志》，《文渊阁四库全书》第 674 册，台湾商
　　务印书馆 1986 年版。

（清）朱彝尊：《经义考》，中华书局 1998 年版。

（清）永瑢等：《四库全书总目》，中华书局 1965 年版。

（唐）刘知几撰，（清）浦起龙释：《史通通释》，上海古籍出版社 1978 年版。

王树民校证：《廿二史札记校证》（订补本），中华书局 2007 年版。

（清）王夫之：《读通鉴论》，中华书局 1975 年版。

（清）唐晏：《两汉三国学案》，中华书局 1986 年版。

（唐）虞世南：《北堂书钞》，学苑出版社 1998 年版。

（北宋）李昉等：《太平御览》，中华书局 1960 年版。

（清）马国翰：《玉函山房辑佚书》，广陵书社 2006 年版。

（清）王仁俊：《玉函山房辑佚书续编三种》，上海古籍出版社 1989 年版。

（清）李慈铭：《越缦堂读书记》，中华书局 1963 年版。

（清）严可均辑：《全上古三代秦汉三国六朝文》，中华书局 1965 年版。

（清）严可均辑：《全汉文》，商务印书馆 1999 年版。

（清）严可均辑：《全后汉文》（上下），商务印书馆 1999 年版。

（清）严可均辑：《全晋文》（上中下），商务印书馆 1999 年版。

（清）严可均辑：《全梁文》（上下），商务印书馆 1999 年版。

（南朝宋）刘义庆著，（南朝梁）刘孝标注，余嘉锡校笺：《世说新语校
　　笺》（修订本），上海古籍出版社 1993 年版。

上海古籍出版社编：《汉魏六朝笔记小说大观》，上海古籍出版社 1996 年版。

二　今人研究论著（按作者姓名音序排列）

曹道衡：《兰陵萧氏与南朝文学》，中华书局 2004 年版。

曹文柱：《六朝时期江南社会风气的变迁》，《历史研究》1988 年第 2 期。

陈爱平：《浙江学术文化通史》，重庆出版社 2008 年版。

陈明：《儒学的历史文化功能：以中古士族现象为个案》，中国社会科学出
　　版社 2004 年版。

陈其泰等：《二十世纪中国礼学研究论集》，学苑出版社 1998 年版。

陈桥驿：《吴越文化论丛》，中华书局 1999 年版。

陈戌国：《先秦礼制研究》，湖南教育出版社 1991 年版。

陈戌国：《中国礼制史》（秦汉卷），湖南教育出版社 1993 年版。

陈戌国：《中国礼制史》（魏晋南北朝卷），湖南教育出版社 1995 年版。

陈寅恪：《金明馆丛稿初编》，生活·读书·新知三联书店 2001 年版。

陈寅恪：《金明馆丛稿二编》，生活·读书·新知三联书店 2001 年版。

［日］川胜义雄：《六朝贵族制社会研究》，徐谷芃、李济沧译，上海古籍
　　出版社 2007 年版。

丁鼎：《〈仪礼·丧服〉考论》，社会科学文献出版社 2003 年版。

丁凌华：《中国丧服制度史》，上海人民出版社 2000 年版。

董平：《浙江思想学术史——从王充到王国维》，中国社会科学出版社
　　2005 年版。

方北辰：《魏晋南朝江东世家大族述论》，台北：文津出版社 1991 年版。

方北辰：《吴姓门阀士族集团形成试探》，《研究生论文选集》（中国历史
　　分册一），江苏古籍出版社 1984 年版。

傅振照：《绍兴思想史》，中华书局 2004 年版。

甘怀真：《魏晋时期官人间丧服礼》，《中国历史学会史学集刊》1995 年第
　　27 期。

甘怀真：《汉唐间的丧服礼与政治秩序》，载其著《皇权、礼仪与经典诠
　　释：中国古代政治史研究》，华东师范大学出版社 2008 年版。

葛兆光：《中国思想史》，复旦大学出版社 2005 年版。

［日］谷田孝之：《中国古代丧服基础研究》，风间书房 1970 年版。

郭善兵：《汉唐皇帝宗庙制度研究》，博士学位论文，华东师范大学，2005 年。

郭善兵：《中国古代帝王宗庙礼制研究》，人民出版社 2007 年版。

韩国河：《秦汉魏晋丧葬制度研究》，陕西人民出版社 1999 年版。

韩国河：《魏晋时期丧葬礼制的传承与创新》，《文史哲》1999 年第 1 期。

何德章：《论梁陈之际的江南土豪》，载其著《魏晋南北朝史丛稿》，商务
　　印书馆 2010 年版。

何启明：《中古门第论集》，台湾学生书局 1978 年版。

何希淳：《〈礼记正义〉引佚书考》，台北：嘉新水泥公司文化基金会 1966
　　年版。

黄以周：《礼书通故》，中华书局 2007 年版。

［日］吉川忠夫：《六朝精神史研究》，江苏人民出版社 2010 年版。

简博贤：《今存三国两晋经学遗籍考》，台北：三民书局 1986 年版。

简博贤：《今存南北朝经学遗籍考》，台北：黎明文化事业股份有限公司
　　1975 年版。

姜广辉主编：《中国经学思想史》（卷一、卷二），中国社会科学出版社
　　2003 年版。

焦桂美：《南北朝经学史》，上海古籍出版社 2009 年版。

［日］井上彻：《中国的宗族与国家礼制——从宗法主义角度所作的分
　　析》，钱杭译，上海书店出版社 2008 年版。

柯金虎：《贺循及其礼学》，《玄奘人文学报》2004 年第 3 期。

柯金虎：《魏晋南北朝礼学书考佚》，博士学位论文，政治大学，1984 年。

李衡眉：《昭穆制度研究》，齐鲁书社 1996 年版。

李衡眉：《兄弟相继为君的昭穆异同问题》，载其著《昭穆制度研究论
　　集》，泰山出版社 2004 年版。

李磊：《六朝士风研究》，武汉大学出版社 2008 年版。

李如森：《汉代丧葬制度》，吉林大学出版社 1995 年版。

李威熊：《中国经学发展史论》（上），台北：文史哲出版社 1987 年版。

李小红：《余姚虞氏研究》，《宁波师院学报》1997 年第 2 期。

李小红：《六朝会稽孔氏家族研究》，《湖州师范学院学报》2002 年第 5 期。

李玉洁：《先秦丧葬制度研究》，中州古籍出版社 1991 年版。

李曰刚等：《三礼研究论集》，台北：黎明文化事业股份有限公司 1981 年版。

梁满仓：《魏晋南北朝五礼制度考论》，社会科学文献出版社 2009 年版。

梁满仓、杜明才：《三国仪礼习俗研究》，湖北人民出版社 2009 年版。

林素英：《古代生命礼仪中的生死观——以〈礼记〉为主的现代诠释》，
　　台北：文津出版社 1997 年版。

林素英：《丧服制度的文化意义——以〈仪礼·丧服〉为讨论中心》，台
　　北：文津出版社 2000 年版。

林素英：《古代祭祀中之政教观——以〈礼记〉成书前为论》，台北：文津出版社 2006 年版。

刘柏宏：《开创与影响：王肃礼学义理及中古传播历程》，台北：稻香出版社 2009 年版。

刘驰：《六朝士族探析》，中央广播电视大学出版社 2000 年版。

刘淑芬：《六朝会稽士族》，载其著《六朝的城市与社会》，台湾学生书局 1992 年版。

刘松来：《礼记漫谈》，台北：顶渊文化事业有限公司 1997 年版。

刘松来：《两汉经学与中国文学》，百花洲文艺出版社 2001 年版。

刘跃进：《从武力强宗到文化士族——吴兴沈氏的衰微与沈约的振起》，载其著《门阀世族与永明文学》，生活·读书·新知三联书店 1996 年版。

刘正：《金文庙制研究》，中国社会科学出版社 2004 年版。

吕思勉：《两晋南北朝史》，上海古籍出版社 1983 年版。

马增强：《〈仪礼〉思想研究》，博士学位论文，西北大学，2003 年。

毛汉光：《中国中古社会史论》，上海书店出版社 2002 年版。

毛汉光：《中国中古政治史论》，上海书店出版社 2002 年版。

蒙思明：《魏晋南北朝的社会》，上海人民出版社 2007 年版。

彭林：《中国古代礼仪文明》，中华书局 2013 年版。

钱杭：《周代宗法制度史研究》，学林出版社 1991 年版。

钱穆：《略论魏晋南北朝学术文化与当时门第之关系》，载其著《中国学术思想史论丛》（三），安徽教育出版社 2004 年版。

钱玄：《三礼名物通释》，江苏古籍出版社 1987 年版。

钱玄：《三礼通论》，南京师范大学出版社 1996 年版。

钱宗范：《周代宗法制度研究》，广西师范大学出版社 1989 年版。

秦跃宇：《六朝士大夫玄儒兼治研究》，广陵书社 2008 年版。

瞿同祖：《中国法律与中国社会》，中华书局 2003 年版。

渠晓云：《六朝文学与越地文化》，人民出版社 2010 年版。

任继愈主编：《中国哲学发展史》（魏晋南北朝），人民出版社 1988 年版。

史应勇：《郑玄通学及郑王之争研究》，巴蜀书社 2007 年版。

苏绍兴：《两晋南朝的士族》，台北：联经出版事业公司 1987 年版。

唐长孺：《魏晋南北朝史论丛》，河北教育出版社 2000 年版。

唐长孺：《魏晋南北朝史论拾遗》，中华书局 1983 年版。

唐燮军：《六朝吴兴沈氏及其宗族文化研究》，中国社会科学出版社 2008 年版。

唐燮军、翁公羽：《汉唐之际的余姚虞氏及其宗族文化》，浙江大学出版社 2010 年版。

〔日〕藤川正数：《魏晋时代丧服礼研究》，敬庄社 1960 年版。

田余庆：《秦汉魏晋史探微》（重订本），中华书局 2004 年版。

田余庆：《东晋门阀政治》，北京大学出版社 2005 年版。

万绳楠整理：《陈寅恪魏晋南北朝史讲演录》，黄山书社 1987 年版。

汪惠敏：《三国时代之经学研究》，台北：汉京文化事业有限公司 1981 年版。

汪受宽：《谥法研究》，上海古籍出版社 1995 年版。

王邦志：《六朝江东史论》，中国青年出版社 1989 年版。

王邦志：《浙江通史》（秦汉六朝卷），浙江人民出版社 2006 年版。

王葆玹：《今古文经学新论》（增订版），中国社会科学出版社 1997 年版。

王翠：《南北朝丧葬典礼考》，硕士学位论文，浙江大学，2009 年。

王锷：《三礼研究论著提要》（增订本），甘肃教育出版社 2007 年版。

王锷：《〈礼记〉成书考》，中华书局 2007 年版。

王国维：《殷周制度论》，载其著《观堂集林》，河北教育出版社 2003 年版。

王明珂：《慎终追远——历代的丧礼》，载蓝吉富、刘增贵主编《敬天与亲人》，台北：联经出版事业公司 1982 年版。

王宁玲：《两汉丧仪辑考》，硕士学位论文，南京师范大学，2013 年。

王伊同：《五朝门第》，中华书局 2006 年版。

王永平：《六朝江东世族之家风家学研究》，江苏古籍出版社 2003 年版。

王永平：《孙吴政治与文化史论》，上海古籍出版社 2005 年版。

王永平：《六朝家族》，南京出版社 2008 年版。

王永平：《两汉时期江南士人行迹述略》，《中国史研究》1997 年第 4 期。

王永平：《东汉时期江南士人群体的兴起》，《江苏社会科学》1997 年第 2 期。

王永平：《孙吴时期江东之经学风尚考论》，《史学集刊》2003 年第 4 期。

王永平：《汉魏六朝时期江东大族的形成及其地位的变迁》，《扬州大学学报》2000 年第 4 期。

王永平：《"江表儒宗"：会稽贺氏之家风与家学》，《许昌学院学报》2002 年第 6 期。

王仲荦：《魏晋南北朝史》，上海人民出版社 1980 年版。

王洲明：《先秦两汉文学与文化》，山东大学出版社 1996 年版。

吴从祥：《王充经学思想研究》，中国社会科学出版社 2012 年版。

吴从祥：《汉代女性礼教研究》，齐鲁书社 2013 年版。

吴建伟：《六朝会稽虞氏家族述略》，《绍兴文理学院学报》2005 年第 1 期。

吴丽娱：《终极之典：中古丧葬制度研究》，中华书局 2012 年版。

吴正岚：《六朝江东士族的家学门风》，南京大学出版社 2003 年版。

夏增民：《南朝经学家分布与文化变迁》，《中国历史地理论丛》2006 年第 4 期。

[日] 小南一郎编：《中国古代礼制研究》，东京大学人文科学研究所 1995 年版。

阎爱民：《汉晋家族研究》，上海人民出版社 2005 年版。

杨辉：《中国丧服服叙制度研究》，博士学位论文，华东政法大学，2009 年。

杨志刚：《中国礼仪制度研究》，华东师范大学出版社 2001 年版。

余方德、嵇发根：《六朝吴兴郡大族和文化》，昆仑出版社 2003 年版。

余英时：《士与中国文化》，上海人民出版社 2003 年版。

乐胜奎：《皇侃与六朝礼学》，博士学位论文，武汉大学，2002 年。

章景明：《先秦丧服制度考论》，台湾中华书局 1986 年版。

章权才：《魏晋南北朝隋唐经学史》，广东人民出版社 1996 年版。

张波：《皇侃哲学思想研究》，博士学位论文，陕西师范大学，2010 年。

张承宗：《魏晋南北朝妇女丧葬礼仪考》，《苏州大学学报》2010 年第 2 期。

张承宗、孙中旺：《会稽孔氏与晋宋政治》，《浙江学刊》2000 年第 5 期。

张焕君：《魏晋南北朝丧服制度研究》，博士学位论文，清华大学，2008 年。

张焕君：《制礼作乐：先秦儒家礼学的形成与特征》，中国社会科学出版社 2010 年版。

张焕君、刁小龙：《武威汉简〈仪礼〉整理与研究》，武汉大学出版社
　　2009 年版。

张钧德：《会稽贺氏》，中国文史出版社 2006 年版。

张帅：《南北朝三礼学研究》，博士学位论文，山东师范大学，2013 年。

郑雅如：《情感与制度：魏晋时期的母子关系》，台湾大学出版社 2001
　　年版。

周一良：《魏晋南北朝史论集》，北京大学出版社 1997 年版。

周一良：《魏晋南北朝史札记》，中华书局 1985 年版。

邹远志：《经典与社会的互动：两晋礼学议题研究》，博士学位论文，湖南
　　大学，2010 年。

邹远志：《两晋礼学议题研究》，中国地质大学出版社 2013 年版。

邹远志：《略论两晋兄弟相承应否为后议题》，《求索》2008 年第 11 期。

邹远志：《论两晋天子宗庙迁毁议题》，《北方论丛》2009 年第 6 期。

邹远志：《论两晋礼家关于立宗资格的分歧》，《齐鲁师范学院学报》2011
　　年第 4 期。